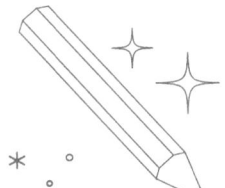 「관계의 재구성」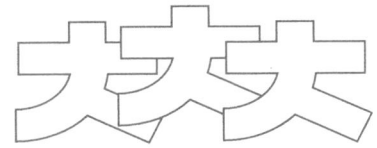

```
나뭇잎필기구정정어학유감진정유화
인정서로우연갈등지인음악정열과정
연락수료연필원인사제인과연속인사
이사커피거울가방기억여름참새재연
안경별똥별지우개공존동물색깔소리
자연그림편지반지사연긴급자존심빛
과일채송화안색고유진리정서노트북
가식친구고생전화재롱영원사죄소양
밤톨의자별자리곽연인무지개기차역
의심접시비행기제일시선유영개선정
영화고리진화연결거절선생님수식어
가족날씨배달손절노트질투과식발열
과잉재질사제참조어플메일이별카페
통장숙소비밀집오솔길택시메세지밖
사이트캐리어스타일인연제목고사리
```

갈등   서로   편지   이별
연락   비밀   거절   연인
사제   질투   시선   공존
인사   손절   친구   의심
가족   인연

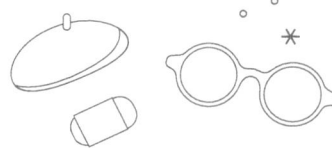

[관계의 재구성]

아차 어차 여차
하면

달라 지는 단어들

머릿말	08

나	2
가족	24
갈등	36
갑과을	48
동료	60

팀ㅊㅊㅊ 제작노트 - 단어 선정 기준편	72

연락	76
연인	88
이별	100
인연	112
서로	124

팀ㅊㅊㅊ 제작노트 - 단어 정렬 기준편	136

친구	140
표현	152
거절	164
거짓말	176
권태	188

팀장 인터뷰 - 총괄팀장 김재유   200

반려   204
비밀   216
사과   228
사제   240
선후배   252

팀장 인터뷰 - 작가팀장 김희진   264

손절   268
시선   280
약속   292
양보   304
오해   316

팀장 인터뷰 - 디자인팀장 이수연   328

외로움   332
의심   344
인사   356
질투   368
SNS   380

팀장 인터뷰 - 기획팀장 변희철	392

맺음말	396
특별 감사	399
판권 페이지	400

머릿말

안녕하세요, 독자님들. 저는 팀 ㅊㅊㅊ 프로젝트의 작가 팀장 김희진입니다. 첫 번째 책으로 여러분을 찾아뵙던 게 엊그제... 같진 않지만 오랜만에 뵙게 되어 반갑습니다. 두 번째 책으로 인사드릴 수 있어서 정말 영광이네요.

이 책을 펼쳐 본 지금, 하늘을 한 번만 올려다보시겠어요? 오늘 날씨는 어떤가요? 맑나요, 흐린가요? 아니면, 맑지도 흐리지도 않은 그 중간쯤의 날씨가 당신을 맞이하고 있나요?

그럼, 질문을 조금만 바꿔보겠습니다.

당신의 관계들은요? 당신과 이어진 관계는 날씨가 어떤가요? 맑은 관계도 있고, 흐린 관계도 있으려나요. 모르겠어도 괜찮습니다. 오히려 좋아요. 이 책을 읽으면서 차차 알아가면 됩니다. 그러면 왜 저희가 먼저 관계에 대해 여러 이야기를 써 내려갔는지 궁금하실 텐데요. 첫 시작은 이랬습니다. '저는 이런 의도로 그런 말을 한 적이 없는데, 친구가 오해했어요.' '친구가 나쁜 의도로 그러지 않은 건 아는데, 왜인지 모르게 짜증 나요.' 이런 적 다들 한 번쯤 있지 않나요? 하루 종일 인생 내내 사용하는 '말' 말이라는 수단은 아주 섬세한지라 제대로 사용하기가 힘들기도 한데요. 저희 팀은 이 언어의 예민성을 눈여겨보고 고찰해보기 시작했어요. 그리고 이런 생각을 했죠. 말을 하면서 가장 고민이 많은 순간은 언제일까? 우리가 정말 진지하게 생각해봐야 하는 말은 무엇일까? 저희는 답을 찾았어요. 관계에 있어서 가장 조심스러워지니까, 그 조심스러워지는 관계를 이야기하는 거예요.

딱 이맘때쯤 저희가 만났네요. 이 책을 세상에 나오게 하겠다고 약속한 순간이죠. 벚꽃이 흐드러지게 핀 4월 초에 만나, 사계절을 함께 보내니 또다시 봄이에요. '일 년밖에 안 했나?' 하면서도 '일 년이나 했나?' 하는 기분이 드는 건 아쉬움과 통쾌함이 동시에 자리 잡았다는 거겠죠. 사실 마냥 순탄하진 않았지만, 그렇다고 소란스럽지도 않았어요. 시골의 마을버스처럼 조용히, 잔잔하게 봄과 여름, 가을과 겨울이라는 정류장을 지나쳐 왔습니다.

저 혼자 온 게 아니에요. 진솔한 목소리로 자신들의 이야기를 들려준 작가 팀, 글밖에 없는 심심한 도화지에 저희 팀의 정체성이 담긴 색으로 채워준 디자인팀, 팀이 올바른 방향으로 나아갈 수 있는 발판이 되어준 기획팀, 모든 팀에 발 담그며 프로젝트가 성황리에 끝나기까지 가장 큰 역할을 해 준 총괄팀. 하고픈 말은 넘치지만 두 마디로 말을 줄이자면, 지칠 순간을 주지 않으셔서 감사합니다. 팀원들과 함께하는 한 해 동안 넘쳐나서 전부 담아낼 수 없는 그런 짙은 행복을 느끼면서 살았습니다.

그리고 무엇보다 이 책이 세상에 나올 수 있게 해 주신 독자분들께 감사합니다. 저희가 다 같이 발을 맞춰나간 건 당신의 이야기를 듣기 위해서였습니다. 이 책은 아직 완성되지 않았어요. 반은 채워졌지만 반은 비어있습니다. 바로 당신의 이야기에요. 저희의 이야기와 당신의 이야기가 만날 때, 그때가 비로소 책이 완성되는 순간입니다. 처음에 제가 했던 질문 기억하시나요? 당신과 이어진 관계의 날씨는 어떤지요. 책을 덮고 나면 알 수 있을 겁니다. 그렇게 알게 된 날씨 중에 흐린 관계가 없길, 되도록 맑은 관계가 당신을 온통 둘러싸면 좋겠습니다. 혹여나 흐리다면, 그 흐림이 당신을 갉아먹으려고 한다면 이 책을 찾아주세요. 비를 피할 수 있는 오두막이 되어드릴게요. 조금이나마 위로된다면 더할 나위 없이 기쁘겠네요. 가장 개인적인 사전을 오늘 유난히 사랑스러운 당신에게 바칩니다. 다시 한번 감사합니다.

2023년 3월의 어느 멋진 날에.
김희진 드림.

「1」남이 아닌 자기 자신.
「2」『철학』대상의 세계와 구별된 인식·행위의 주체이며, 체험 내용이 변화해도 동일성을 지속하여, 작용·반응·체험·사고·의욕의 작용을 하는 의식의 통일체. =자아.

• 지금까지 당신이 생각했던 '나'는 어떤 의미인가요?

단순한 획에 비해 복잡하고 구체적인 의미를 담은 단어

하나의 자음과 하나의 모음. 'ㄴ'과 'ㅏ'의 조합. '나'라는 단어는 단순하고 명쾌한 획으로 이루어져 있다. 하지만 막상 '나'가 무엇이냐고, 혹은 누구냐고 물으면 쉽게 대답할 수 없을 때가 많다. '나'라는 존재는 복잡하고 구체적으로 얽혀있기 때문이다.

유년 시절에는 '나'를 정의하는 게 쉬웠다. 잘 웃는 나. 매사에 긍정적인 나. 부모님의 말씀을 잘 듣는 나. 친구들과 사이가 좋은 나. 왜 그렇게 쉬웠나 생각해보니 '나'의 앞에 붙은 수식어들은 모두 남들이 내게 해준 말이었다. 서진이 너는 잘 웃는 것 같아. 서진이 너는 항상 긍정적인 것 같아. 서진이는 부모님 말씀을 잘 듣는 딸인 것 같아. 서진이 너는 친구들이 많은 것 같아. 남이 하는 말이 곧 내가 하는 말이 되고, 남에게 보이는 내가 곧 내가 바라보는 '나'가 되는 시기였다. 그때는 스스로를 의심하거나 자신에 대해 깊게 탐구할 필요를 느끼지 못했다.

하지만 고등학생 때부터 '나'에 대한 정의를 내리기 어려워졌다. 고등학교에 막 입학했을 때 자기소개서를 작성하는 시간이 있었다. 그 안에 자신의 장단점을 적는 칸이 있었는데 무엇을 적어야 할지 갈피가 잡히지 않았다. 나는 잘 웃는 것 같으면서도 잘 우는 사람이었다. 매사에 긍정적이면서도 한없이 부정적일 때가 있었다. 부모님의 말씀을 잘 듣는 딸이라기엔 부모님의 속을 썩이는 일도 적지 않았다. 친구들이 많은 것 치곤 반드시 혼자 있을 시간이 필요했다. 이런 것도 같고 저런 것도 같고. 장단점을 딱 잘라 말하기엔 나는 너무 복잡하고 구체적인 사람이었다.

왜 고등학생 때부터 '나'를 정의하기 어려워졌을까. 나는 예술고등학교에 다녔다. 전국 각지에서 재능 있다는 아이들은 모두 모인 곳이었다. 그곳에 입학하기 전까지 세상은 나를 중심으로 돌아간다고 생각했다. 하지만 세상은 그렇게 다정하게 돌아가지 않았다. 그곳에는 나보다 실력이나 재능이 뛰어난 아이들이 많았다. 칭찬만 받아왔던 나는 자연스레 타인과 나를 비교하게 되었다. 스스로에게 질문하는 횟수도 점점 늘었다. 나는 이 공부를 정말 좋아서 하는 걸까? 내가 잘하는 게 또 있지 않을까? 나는 어떤 사람이 되고 싶은 걸까? 남들이 정의해주지 않던 나의 일부를 그때부터 맞닥뜨리게 되었다.

 고등학교 3학년 때, 스스로를 가장 많이 의심하고 스스로에게 끊임없이 질문했다. 나 자신을 질책하고 다그치는 의심과 질문이 아니었다. 담임선생님, 실기 선생님, 친구들이 한마디로 정의 내린 '나'를 그대로 믿지 않고 재해석했다. 나는 착하면서도 나쁘고 선하면서도 악하며 밝으면서도 어두웠다. 그리고 두 개의 정의 사이에 있는 수많은 스펙트럼 속 나를 발견했다. 나는 한 마디로 정의할 수 없는 존재였다. 한 마디보다 열 마디, 열 마디보다 백 마디, 백 마디보다 그 이상의 마디로 정의할 수 있는 존재였다. '나'는 복잡하고 입체적인 존재였다.

 여전히 나는 '나'를 완벽하게 정의할 수 없다. '나'라는 단어를 정의하는 것은 추상적이고 관념적으로 느껴진다. 하지만 닿을 수 없을 것만 같은 '나'를 조금이라도 더 알아가기 위해 나는 '나'라는 단어를, 그 존재를 끈질기게 쪼개보고 싶다. '나'를 뭉텅이로 두기에 '나'는 복잡하고 입체적이며 구체적인 존재니까.

가장 잘 알고 있지만 한편으로는 가장 모르는 사람

　어렸을 때, 나는 잠에 들기 전 이런저런 잡다한 생각을 하곤 했다. 그 잡다한 생각들 중에서 아직도 기억나는 생각이 있는데, 바로 내가 살아가는 곳은 사실 '현실이 아니라 만들어진 가상공간'일지도 모른다는 생각이다. 그때 그런 생각을 했던 이유는 당시 내가 하던 게임 때문이었다.

　그 게임은 1인칭 시점으로 진행되는 게임이었는데, 게임 속 캐릭터를 조종하다 보니 문득 게임 속 캐릭터나 현실을 살고 있는 내 모습이 별다를 바가 없다는 생각이 들었다. 나도, 게임 속 캐릭터도 똑같이 한정된 시각으로만 세상을 볼 수 있었기 때문이다. 한 번 그런 생각을 하고 나니 '게임 시작'은 '출생'과, '일시정지'는 '수면'과, '초기화'는 '기억상실'과, '게임 종료'는 '죽음'과 같다는 생각이 들었다. 자신의 몸뚱어리만 물끄러미 내려다볼 수 있는 캐릭터를 조종하며 문득 나도 내 몸만 볼 수 있지 내 얼굴은 직접 볼 수 없다는 사실을 알게 되었다. 한 번 이 사실을 알고 나니, 나도 나 자신을 직접 보고 싶었다. 거울과 카메라 렌즈의 왜곡으로 일그러진 내 얼굴이 아니라 맨눈으로 나를 바라보는, 타인의 눈에 비치는 나를 말이다.

　타인의 눈에 비치는 나를 보고 싶다는 생각을 한지도 10년이 훌쩍 지났다. 그 긴 시간 동안 타인이 보는 내 얼굴을 보고 싶어 갖은 시도를 했다. 개중에 가장 그럴싸해 보였던 것은, 거울에 또 다른 거울을 90도로 붙여서 보면 된다는 방법이었다. 내가 보는 거울 속 나는 좌우 반전된 모습으로 나오기 때문에 다른 거울로 한 번 더 반전시키면 진짜 내 모습이 나온다는 것이 그 원리였다. 한 번 시도해 봤지만 타인이 본 내 얼굴이 나오지는 않았다. 옆에서 친구가 지켜보고 다른 얼굴이라고 직접 말해주었기 때문이다. 또 한 번은 증명사진을 찍어 원본 그대로 가족에게 보여주었는데, 이 역시 다른 사람같이 나왔다는 반응뿐이었다. 이쯤 되면 내 얼굴을 보고 싶다는 생각에 하는 모든 도전은 안 된다는 걸 알면서도 꾸역꾸역 도전해 보는 오기라는 것을 인정해야 했다.
　누군가 나에게 지금도 살고 있는 곳이 게임 속 가상공간 같냐고 물어본다면 아니라고 답할 것이다. 오랜 시간이 지난 뒤의 나는 '혹시...?', '설마...?'라는 반응보다는 '말이 되는 소리를 해...'라고 답하는 사람에 가까워졌기 때문이다. 그러나 여전히 '타인의 눈에 비치는 나'의 모습은 궁금하다.

 우리는 흔히 나에 대해 가장 잘 아는 사람은 '나'라고 말한다. 그렇게 말하는 이유는 아마 가장 가까운 사람에게도 말하지 않는 것들, 옷에 가려 보이지 않는 점이나 흉터의 위치. 이 모든 것들을 알고 있기 때문일지도 모른다. 좀 더 간단히 말해보자면 '나'에게만큼은 모든 걸 숨길 수 없기에 솔직해질 수 있다는 얘기다. 그러나 우리가 정말 우리 자신에 대해 모두 알고 있을까? 당장 자신의 얼굴이 타인에게 어떻게 보이는지도 모르면서 자기 자신에 대해 다 알고 있다고 말할 수 있을까? 우리는 죽을 때까지 자기 자신의 얼굴을 모를 것이고, 죽어서도 알 수 없을 것이다. 그래서 나는 가장 잘 알고 있지만 동시에 잘 모르는 상대가 될 수 있는 존재가 바로 '나'라고 생각한다.

살아온 흔적

　나에겐 약간 특이한 습관이 하나 있는데, 다시 되물어보는 것이다. 상대방이 무슨 말을 하면 내 나름대로의 논리과정을 거쳐 내가 이해한 게 맞는 것인지 확인을 받는다. 그런데 그것이 그리 좋은 습관이 아니라는 것을 얼마 전에 깨달았다.

　우리 PC방 갈래? 라고 친구가 물었다. 그 말을 듣자마자 나는 계산에 들어갔다. PC방에 가서 무슨 게임을 할지, 얼마나 할지, 그곳에서 무엇을 먹을지 등을 말이다. 약간의 시간이 지난이후에 '근데 가서 뭘, 얼마나 하게?'라고 되물었다. 이 질문을 한 의도는 그곳에서의 명확한 일정을 알고 싶었기 때문이다. 그런데 친구가 받아들이기엔 그것은 너무나도 멍청한 질문이었다. 우리는 늘 PC방에 가면 게임을 했기 때문이다.

　서로가 하고자 하는 말이 어긋났다. 친구가 원한 답은 그래 혹은 아니, 라는 말이었다. 그런데 내가 한 답은 그곳에서의 일정에 대한 말이었다. 나는 PC방에 갈것인지 아닌지를 결정하는 아주 단순한 OX문제를 논술형 문제로 해석했던 것이다.

　나는 그것이 왜 그런가에 대해 생각해보았다. 내가 너무 확대해석하는 것인가? 아니라면 친구가 너무 단순한 답을 원하는 것일까? 결국 나는 친구와 내가 다르기 때문이라는 결론을 내렸다. 우리 둘은 다르기에 생각하는 과정이 다를 수밖에 없던 것이다.

　나는 질문을 하는 것이 당연한 가정에서 살았다. 책을 읽다 궁금한 점이 생기면 부모님께 질문했고 그래도 모르겠으면 학교, 학원 선생님께 달려가 질문했다. 질문하는 행위를 어릴 적부터 반복했다. 그러나 친구는 내가 아니었다. 질문하는 행위를 반복하며 살지 않았고, 나와는 전혀 다른 삶을 살아왔다. 그렇기에 친구는 나의 질문을 이해하지 못했다.

이런 소통의 문제가 나이를 먹어가며 점점 늘어갔다. 내 나름대로는 PC방을 간다는 전제 하에 친구에게 추가적인 생각을 요구하는 말이었지만, 그것을 받아들이는 입장에서는 세상 명청한 질문이었기 때문이다.

댕의 정의

제일 잘 알고 있는, 정말 잘 모르겠는

　아무래도 '나'는 주변 사람들로부터 많은 영향을 받는다. 낯선 곳을 가거나, 새로운 사람을 만나면서 나에 대해 배워간다. 새로운 일상, 익숙한 일상을 동시에 접한다. 집에 박혀 있다가도 때로는 다른 곳으로 여행을 가고, 혼자 다니다가도 언제는 친구들에게 둘러싸여 하루를 보낸다. 매일 다른 일상 속에서 나를 발견하는 건 꽤 흥미로운 경험이다. '아, 나 이런 곳은 싫어하는구나.', '나 생각보다 겁이 없구나.', '나 이런 성격의 사람 좋아하네.' 하며. 그런 자각을 통해 별 감정을 다 느낀다. 죽도록 짜증 나기도 하고 죽도록 좋아하기도 하고, 말로 표현할 수 없는 오묘한 감정도 겪는다. 그리고 그런 감정들이 모여 또 다른 나를 만들어낸다.

　동생과 누워서 수다를 떨 때였다. 같이 여행을 가서 별로인 행동을 했던 친구에 대해 이야기하며 고민과 불만을 털어놓았는데 "언니도 나랑 놀러 갔을 때 그랬던 적 몇 번 있어. 그래서 내가 스트레스 좀 받았지~"라는 동생의 말에 "진짜? 내가 언제?!"하며 벌떡 일어났었다. 나도 모르는 사이에 그런 면을 보였다는 것에 충격을 받고 다신 그러지 않겠다고 동생에게 사과하며 반성했던 기억이 있다. 이처럼 내가 인지하지 못했던 순간의 나를 내가 아닌 누군가가 얘기해준다. 그럼 '나 이런 행동은 고쳐야겠다.', '나 생각보다 괜찮은 사람이구나.'하며 나에 대해 알아가고 이해한다.

　내가 생각한 나, 누군가가 알려준 나로 책이 쌓여가는 거다. 내 이름이 제목으로 된 책 말이다. 나를 구성하는 건 여러 가지이다. 인간관계, 성격, 취미, 입맛, 가치관과 같이 항목별로 책들이 모여 '나'라는 하나의 도서관을 만들어낸다. 낯을 가리는 성격도 나, 꼼꼼하고 깔끔한 것도 나, 고양이를 싫어하는 것도 나, 크림브륄레를 좋아하는 것도 나다. 이러한 것들은 '성격'이라는 항목에 들어갈 일부분, '취향'이라는 항목에 들어갈 일부분, '입맛'이라는 항목에 들어갈 일부분이다. 그리고 하루하루를 보내며 나를 표현할 말은 더 늘어난다. 한두 권으로 채워져 단출했던 공간이 몇 백 권으로 꽉 채워진 공간이 된다.

꼭 긍정적인 말로만 책이 채워져야 하는 건 아니다. 나를 표현하는 말 중에 부정적인 모습이라고 나를 질타할 필요는 없다. 좋은 면도 있는 반면 별로인 면도 있어야 나라는 균형을 맞출 수 있기 때문이다. 중요한 건 나를 아끼는 그 마음이라고 생각하기 때문에 좋은 면이든 별로인 면이든 '이것도 나야.'하고 받아들이면 된다. 이런 모습과 저런 모습이 섞여서 완성되는 게 나니까. 팔레트 위에 색이 다양해도, 피아노 건반이 각자 다 다른 소리를 내도 그것들이 어우러져 한 폭의 그림이 되고, 아름다운 연주가 되는 것처럼 말이다.

나 자신을 찾아가며 만들어가는 과정이 삶 그 자체라고 생각한다. 그 과정을 겪으면서 나는 역시 내가 제일 잘 안다고 생각한다. 하지만 반대로 나의 새로운 모습을 본다거나 남이 말해주는 나에 대해 들으면 나도 날 잘 모르겠는 순간이 많다. 어쩌면 이 세상 어디에도 나를 잘 아는 사람은 없을 수도 있다. 아니, 애초에 저 깊은 곳에 숨어서 꺼내지지 않은 모습이 수두룩하게 남아있을 수도 있다. 그래서 삶의 근본적인 숙제는 나를 아는 것, 나를 알아가는 것이라고 생각한다. 나도 내가 처음이기에 날 알아가는 그 뜀박질이 조금은 어색할 수도 있다. 그렇다고 멈출 수도 없기에 주변을 좀 더 꼼꼼히 살피며 나를 향해 뛰어가야겠다.

당신이 생각하는 '나'는 어떤 의미인가요?

02

가족
[가족]

주로 부부를 중심으로 한, 친족 관계에 있는 사람들의 집단. 또는 그 구성원. 혼인, 혈연, 입양 등으로 이루어진다. ≒처노.

• 지금까지 당신이 생각했던 '가족'은 어떤 의미인가요?

～～～～～～～～～～～～～～～～～～～～～～～～
～～～～～～～～～～～～～～～～～～～～～～～～
～～～～～～～～～～～～～～～～～～～～～～～～
～～～～～～～～～～～～～～～～～～～～～～～～

서로의 이름을 툭하면 잊는 관계

어느 작가의 에세이를 보고 놀랐던 적이 있다. 작가는 부모님을 엄마, 아빠라는 호칭 대신 '~씨'라고 불렀다. 태어나서 지금까지 한 번도 부모님의 이름을 불러본 적이 없었기 때문에 부모님의 이름을 아무렇지 않게 부르는 작가의 태도가 신기했다. 무엇보다 자신의 이름을 부르는 자식에게 아무런 지적도 하지 않는 부모님과 작가의 관계가 인상 깊었다.

가족도 결국 타인이라는 사실을 인정하기는 쉽지 않다. 유교사상과 정상 가족의 이미지가 만연한 한국 사회에서는 더욱 그런 것 같다. 내가 가족을 타인이라고 생각하게 된 계기는 고등학생 때 겪은 아주 사소한 에피소드였다. 아빠가 간만에 친구와 술 약속을 잡아 새벽 늦게 들어온 날이었다. 밤 11시가 되어 겨우 학원에서 집으로 돌아온 나는 저녁을 일찍 먹어 배가 고픈 상태였다. 마침 엄마는 일찍 잠들고 아빠는 외출 중이라, 아빠에게 전화해 옛날 치킨 한 마리를 사와 달라고 부탁했다. 당구를 치다 전화를 받은 아빠는 잠시 대답을 망설이더니 집에 갈 때 쯤 다시 전화를 주겠다고 했다. 술에 취한 아빠는 항상 내가 원하는 물건이나 음식을 망설이지 않고 사줬기 때문에 나는 당연히 아빠가 옛날치킨을 사올 거라고 확신했다. 하지만 아빠는 내게 전화 한 통 없이 빈손으로 돌아왔다. 내가 당황한 얼굴로 신발장에 서 있는 아빠를 올려다보자 아빠는 신발을 벗으며 말했다. "날 아직도 몰라?"

나는 이 에피소드를 통해 깨닫게 되었다. 가족은 알다가도 모르는 존재라는 사실을. '나는 엄마와 아빠에 대해 몇 퍼센트나 알고 있는 걸까?' 라는 궁금증도 들었다. 이전에는 엄마와 아빠에 대해 다 알고 있다고 생각했다. 왜냐하면 우리는 가족이니까. 내가 자라는 동안 가장 깊은 소속감을 느끼는 공동체가 바로 가족이니까. 하지만 막상 부모님이 '엄마'와 '아빠로 불리기 전의 모습은 상상해본 적이 한 번도 없었다.

엄마가 엄마이기 전에, 아빠가 아빠이기 전에, 그들에게도 자신의 이름이 존재한다. 자신의 이름으로 불린다는 것은, 혹은 타인의 이름을 부른다는 것은 '나'와 타인을 분리하고 '나'의 정체성을 확실히 하는 행위라고 생각한다. 서로의 이름을 부르고 너와 내가 다르다는 것을 인지하게 되면 자연스레 서로를 존중하게 된다. 이 과정을 가족과의 관계에서 겪어보지 못 했기 때문에 툭 하면 엄마는 엄마이면서 왜 그렇게 행동하는지, 아빠는 아빠이면서 왜 그렇게 밖에 생각하지 못 하는지를, 그들에게 따져 물었던 것 같다. 서로의 이름을 툭하면 잊어버리는 관계였기 때문에 '엄마' 혹은 '아빠' 혹은 '가족'이라는 잣대를 그들에게 쉽게 들이 밀었던 것 같다.

  요즘 엄마와 아빠에게 편지를 쓸 때, '엄마, 아빠 사랑해요.' '앞으로 효도하는 딸이 될게요.'라는 말은 쓰지 않는다. 대신 '엄마, 아빠가 궁금해요.' 라고 쓴다. 사랑한다는 말 대신 엄마와 아빠에 대해, 가족에 대해, 서로에 대해 궁금해 해보자고 말하게 된다. 엄마와 아빠가 '엄마'와 '아빠'로 불리기 이전에 어떤 성격, 어떤 정체성, 어떤 생각, 어떤 꿈 등을 갖고 있었는지 계속해서 질문해야겠다. 그들의 이름을 잊지 않도록 애써야겠다. 언젠가 편지에 '엄마에게' 혹은 '아빠에게' 대신 이름을 적을 수 있으면 좋겠다.

강제로 맺어지고, 사랑하거나 그렇지 않거나

    톨스토이는 '안나 카레니나'에서 'Happy families are all alike; every unhappy family is unhappy in its own way.'(행복한 가정의 사정은 다들 비슷비슷하지만, 불행한 가정은 저마다 다른 이유가 있다.)라는 문장으로 책을 시작한다. 틀린 말이라고 생각하지 않는다. 행복한 가정이라 하면 대개 서로를 사랑하고 웃음꽃이 피는 가족을 떠올리기 마련이지만, 불행한 가정에 대해서는 불행한 그 이유에 대해 100가지의 다른 답을 낼 수 있기 때문이다.

    나는 '가족'이라는 단어를 들으면 항상 화목한 부모님과 그 밑에서 자란 사람들을 떠올리곤 했다. TV 드라마 속에 나오는 대부분의 가족들은 서로를 아끼고 사랑했으며, '엄격하신 아버지와 자애로운 어머니 밑에서 자라-'는 자기소개서에 너무 많이 사용되어 금지 문장 1번이라는 말이 있을 정도였으니 모두가 그런 가정에서 자란다고 생각했었다. 나도 모르게 매체에 등장하는 가족만을 보편적인 모습이라고 단정 지어 버린 것이다.

    이런 생각은 책을 읽으며 바뀌게 되었다. 하루는 술에 의존하고, 폭력을 일삼는 아버지 밑에서 자라는 주인공이 등장하는 책을 읽게 되었다. 책 속에 등장하는 주인공은 그런 아버지를 싫어하다 못해 증오하고 있었다. 책을 다 읽고 나니, 부모라는 이름을 남용하는 이들은 그 이름만으로 자식의 생명줄을 쥐고 흔드는 존재가 될 수 있다는 것을 알게 되었다. 자식을 학대하고, 심각하게는 자식을 죽음으로 몰아넣는 그들을 부모라고 부를 수 있을까 싶었다. 그러한 가정환경 속에서 괴로움을 느낀 자녀가 그런 부모 밑에서 독립하려 해도 경제적으로든 사회적으로든 모든 부분에서 미성숙하기에 탈출할 수 없을 수도 있다는 것 또한 알게 되었다. 나는 왜 모든 가족이 단 하나의 완벽한 형태뿐일 것이라 생각했을까?

    생각이 바뀌자 보이지 않던 기사들과 책들이 보이기 시작했다. 부모의 학대로 사망한 아이, 알코올중독인 남편에게 맞아 죽은 아내, 할머니와 둘이 사는 손자, 어린 나이에 부모님을 잃은 아이. 어쩌면 나는 지금까지 내가 보고 싶었던 사회의 모습만 걸러 보고 있었던 게 아닐까 싶었다.

'가족'이라는 단어를 보면 대개 부모와 자식 관계를 떠올릴 것이다. 나는 이 부모와 자식이라는 관계, 그러니까 가족이라는 관계는 강제로 맺어지고 서로가 서로를 택할 수 없는 관계라고 생각한다. 낳고 보니(입양이라는 선택지도 있겠지만 이는 부모가 스스로 선택하는 경우이기에 제외하겠다) 이 아이였고, 태어나 보니 이 부모인 그런 관계. 택할 수 없기에 서로가 서로에게 완벽히 만족할 수 없는 관계. 처음부터 잘 맞을 수 없는 관계.

그렇기에 이 관계에는 행복과 불행이 공존하거나 한 쪽으로만 치우쳐버릴 수도 있다. 부모는 부모가 처음이고, 자식은 자식이 처음이라 서로가 서로에게 서툴 수밖에 없는 관계니까. 물론 모든 행동 앞에 '처음이니까'라는 이유를 붙여 정당화하면 안 되지만, 서툰 만큼 이해와 배려가 필요한 관계라는 말이다.

나는 '가족은 사랑해야만 하는 존재'라고만 생각했다. 그러나 이 사실이 모두에게 적용되지 않는 사실이라는 것을 알게 된 이후, 가족에 대한 정의가 바뀌었다. 누군가는 가족을 사랑하는 한편, 다른 누군가는 사랑하지 않을 수도 있다는 것. 사랑하거나, 사랑하지 않거나. 이런 관계 역시 가족일 수도 있다는 것 말이다.

익숙해졌음에도 늘 새로운 감정을 느끼게 하는 존재

　가족. 말만 들어도 참 다양한 감정이 떠오른다. 원망, 슬픔, 안타까움, 기쁨, 행복 등 많은 감정이 내 안에서 공존한다. 어머니께 혼나서 슬펐던 감정, 동생이 내 말을 안 들어서 화났던 감정, 가족과 함께 여행 가서 바다에서 놀며 행복했던 감정들 말이다. 그 어떤 단어도 이런 울림을 줄 수는 없다. 함께 겪은 일의 세월만큼 감정이 떠오르고 앞으로 겪을 세월만큼 감정이 기다리고 있다.

　사람들은 평생 가족과 함께 살아간다. 물리적으로 떨어져있어도 가슴 속에는 항상 가족이 존재한다. 한번은 가족들이 나를 빼고 여행을 간 적이 있었다. 내가 도저히 여행을 갈 시간이 나지 않았기에 불가피하게 나만 빠졌다. 가족은 2박 3일로 여행을 떠나고, 나는 홀로 이틀 밤을 지내야 했다. 처음에 나를 빼고 간다는 말을 들었을 때 '좋은데?' 라고 생각했다. 나는 어딘가에 여행가는 것을 그리 좋아하지 않기 때문이다. 그러나 그 생각이 고쳐지는 데에는 1시간도 걸리지 않았다.

　고요했다. 내가 내는 소리가 집안에서 나는 소리의 전부였다. 그리고 외로웠다. 나의 것이라고 생각했던, 집안의 활기찬 분위기가 나에게서 나오는 게 아니라는 걸 깨달았다. 그 적적함을 달래고자 내 방에 들어가 과제를 했다. 한참이 지나고 잠시 쉬러 바깥에 물을 마시러 나왔는데, 텅 빈 거실에 아무도 없는 소파가 보였다. '그때 억지로 시간을 내서라도 따라갈 걸...' 이라는 생각이 아주 강하게 들었다. 가족이 곁에 없으니 외로웠다. 나는 내가 외로움을 잘 안 타는 줄 알았다. 그러나 그것은 단지 누군가와 떨어져본 적이 없었기 때문이다. 가족과 떨어져있는 경험을 통해 외로움이라는 감정을 느꼈다.

　가족으로부터 새로운 감정을 느낀 적이 또 있다. 어릴 적 나는 동생을 미워했다. 부모님의 사랑을 뺏어간 존재였기 때문이다. 심지어 부모님의 시간을 뺏어간 주제에 하는 것이라고는 늘 엉엉 울기만 했다. 동생이 커가면서 나는 나의 것을 점점 빼앗겼다. 맛있는 반찬을 양보하고, 내가 산 물건을 같이 써야했다. 짜증이 났다. '왜 부모님은 동생한테 저렇게나 신경을 많이 쓰는 거지? 내가 못한 게 있나?'라는 생각과 불만이 점점 쌓여가고 그게 임계점에 달할 때 부모님께서 말씀하셨다. "우리 이사할꺼야."

이사를 한 뒤 어느 날 동생이 내 손을 잡으며 같이 마트를 가자고 부탁했다. 당연히 나는 싫다고 했다. 그러나 부모님께서는 무조건 같이 가라는 엄포를 놓으셨고 나는 억지로 같이 가야만 했다. 집 밖을 나오니 동생이 먼저 손을 뻗어 내 손을 잡았다. 그 순간 '이렇게나 손이 작았나?'라는 생각이 들었다. 짧고 통통한 손가락이 무척 귀엽다고 느꼈다. 동생은 마트에 도착할 때까지 내 손을 놓지 않았다. 새로운 감정이 생겼다. 부성애에 가까운, 소중한 감정이 떠올랐다. 나는 내가 누군가로부터 사랑스러움을 느낄 수 있다는 걸 그때 처음 알았다.

학교가 끝난 뒤 집에 돌아가서 가족들을 보면 여전히 다양한 감정들이 떠오른다. 침대에 누워 TV를 보는 아버지를 보며 오늘의 수고에 대한 감사함이, 저녁 식사를 준비하고 계시는 어머니를 보며 존경이, 숙제를 하고 있는 동생을 보며 흐뭇함이 저절로 느껴진다. 그 모든 것이 합쳐져서 가족이라는 단어가 내게 울림을 준다.

가족은 익숙해졌음에도 늘 새로운 감정을 느끼게 하는 존재이다. 평생을 같이 보냈기에 알 만큼 충분히 알았다고 생각하지만, 가족은 매번 새로운 감정을 느끼게 한다. 이 이상 새로운 것은 없겠지, 라고 매일 생각하면서도 그 생각이 틀렸다는 것을 증명하듯 매일 새로운 감정이 느껴진다. 가족은 곁에 없어서 느끼는 해방감을 외로움으로, 짜증을 사랑으로 바꾸는 힘을 가졌다. 늘 새롭게 느껴진다.

댕의 정의

평생이 없다는 걸 아는데도 자꾸 원하게 하는

  이 단어에 대한 정의를 내리기까지 정말 많은 고민이 필요했다. 무조건 나라는 존재를 사랑해주는 관계를 어떻게 설명해야 할지, 어떤 말이 내 기준에서 가족에 대해 잘 나타내줄지 고민하며 계속 말을 골랐다. 그만큼 소중하고 또 소중한 존재이기에.

  가족은 다양한 경험을 하게하고, 많은 감정을 느끼게 하고, 또 그걸 통해 내가 어떤 사람인지 알려주는 작은 사회 같다. 난 엄마를 통해 사랑을 배우고, 아빠를 통해 의리를 배우고, 동생을 통해 우정을 배웠다. 그렇게 배움을 통해 나라는 사람을 계속 성장시킨다. 물론 그 안에서 좋은 감정만 느끼는 건 아니다. 화나기도 하고, 짜증나기도 하고, 슬프기도 하고, 속상하기도 하다. 하지만 그것 또한 관계에서 피할 수 없는 감정이기 때문에 어쩔 수 없다고 생각한다.

  "진쓰, 오늘 하루도 고생했어. 이건 응원의 비타민~" 고등학생 때 하교하면 종종 내 방 책상에 놓여있는 엄마의 쪽지와 간식이 있었다. "바둑강아지, 시험 보느라 수고 했어~ 맛있는 거 시켜 먹어♥" 대학생 때 일어나서 방문을 열면 식탁 앞에 쪽지와 카드가 있었다. 언젠가 편지의 끝부분에 '영원한 응원자'라고 했던 것처럼 나를 항상 응원하는 엄마가 있다.

  "누구냐고 하길래 내 딸이라고 했지~" 표현은 잘 못 하지만 나를 누구보다 아끼는 아빠의 배경 화면과 휴대폰 뒷면에는 내 사진이 있다. 말 대신 행동으로 감동을 주는 아빠는 내게 잊지 못할 풍경을 자꾸 선물한다. 시야가 꽉 찰 정도로 별이 떠 있는 밤하늘과 고요한 밤바다 같은 황홀한 풍경 말이다. 그리고 그 선물과 소중한 마음에 나는 더 자랑스러운 딸이 되자고 다짐한다.

  "그래서 우리 언제 놀러 가?" 여러 추억을 만들어주고 싶어 중학생 때부터 같이 여기저기 놀러 다니니 다음 여행을 기대하면서 종알종알 떠든다. 동생하고 침대에 누워 도란도란 이야기할 때면 정말 시간 가는 줄 모른다. 서로에게 고민을 털어놓고 조언해주며, 친한 친구에게 못 하는 말도 동생 앞에서는 쉽게 떠들게 된다. 그냥, 항상 내 편일 거 같아서. 어딜 갈 때마다 팔짱을 꼭, 붙드는 것처럼 나를 가장 의지하며 내 편이 돼 주는 동생이 있다.

 같이 있으면 웃기도, 울기도 하며 언제나 날 채워주는 존재들이 벅찰 만큼 소중하다. 그래서 나는 가족들의 부재에 대해 굉장히 걱정하던 때가 있었다. 그 빈자리를 자꾸 생각하게 되고, 존재의 공백을 떠올리다 보니 계속 울컥해서 감정을 주체하지 못할 때가 많았다. 가족을 통해 처음으로 이해하고 공감한 건, 누군가를 아끼고 사랑하는 동시에 그 사람을 위해 슬퍼할 준비가 되어 있어야 한다는 말이다. 정확히 말하자면 동생과 나를 정말 예뻐하시던 할머니, 할아버지에 의해서 공감했다. 내 곁을 떠나셨을 때 처음으로 속 안에서 터져 나오는 슬픔을 느꼈는데 그때 깨달았다. 누군가를 사랑한다는 건 그 사람을 위해 슬퍼할 준비가 되어 있어야 한다는 것과 슬픔과 그리움은 사랑의 대가라는 것을.

 하지만 오지도 않은 어느 날을 걱정하는 것보다 함께 하는 지금 이 순간을 소중히 여기고 좋은 추억을 쌓는 게 훨씬 나을 것 같다는 누군가의 말처럼, 서로를 가장 아낄 수 있는 현재에 전념하며 살아가기로 한다. 만약 내가 두려워하는 그때가 온다면 그 순간에 몇 시간이라도, 아니 며칠이라도 더 많은 시간을 베풀어주길 기도하면서.

당신이 생각하는 '가족'은 어떤 의미인가요?

03

갈등
[갈뚱]

칡과 등나무가 서로 얽히는 것과 같이, 개인이나 집단 사이에 목표나 이해관계가 달라 서로 적대시하거나 충돌함. 또는 그런 상태.

• 지금까지 당신이 생각했던 '갈등'은 어떤 의미인가요?

인간관계를 굴러가게 만드는 원동력

'다투는 것도 결국 애정이나 관심이 있어야 가능하다?' 몇 년 전 엄마가 내게 해줬던 말이다. 처음에는 무슨 말인지 이해를 못 했는데, 이제야 그 말의 의미를 알 것 같다. 갈등은 사람과 사람이 부딪치면서 일어난다. 싫든 좋든 사람에 대한 관심이 있어야 부딪칠 수 있다. 그렇게 부딪쳐 발생한 갈등은 인간관계를 굴러가게 만든다. 결과가 어떻든 인간관계의 원동력은 결국 '갈등'이다.

헤어진 친구와 이별한 이유에 대해 이야기를 나누었던 적이 있다. 친구는 서로 너무 참아주었기 때문에 헤어진 것 같다고 했다. 그러고 보니 친구는 내게 연애 관련 이야기를 할 때마다 다툼과 관련된 이야기는 한 번도 꺼낸 적이 없었다. 친구는 애인과 안 맞는 부분이 있어도 그냥 넘어갔다고 했다. 싸우기 싫어서, 굳이 갈등을 만들고 싶지 않아서라고 했다. 부딪치는 일이 적을수록 좋은 연인관계라고 생각했다고도 했다. 하지만 다투지 않고 항상 참다보니 애인이 무슨 생각을 하는지 알 수 없게 되었다고 했다. 그 친구는 결국 헤어졌다. 부딪치지 않아서, 갈등을 빚지 않아서.

반대로 애인과 거의 매일 다투는 친구도 있었는데, 어느 순간부터는 싸우는 일이 급속도로 줄었다고 했다. 싸우고 부딪치는 과정을 거치고 나니 그제야 서로에 대해 이해할 수 있게 되었다고 했다. 애인이 무엇을 좋아하고 싫어하는지, 어떤 표정을 지을 때 기분이 좋고 나쁜지, 기분이 좋지 않을 때는 어떤 목소리로 말하고, 기분이 좋을 때는 어떤 행동을 보이는지 등을 차근차근 알아갈 수 있게 되었다고 했다. 그 친구는 갈등을 겪었던 과정이 서로에게 꼭 필요한 과정이었다고 말했다.

나는 다투지 않아 헤어진 친구와 다투었기 때문에 지금까지 잘 사귀고 있는 친구의 이야기를 들으며, '갈등'을 인간관계의 필수요소라고 생각했다. 다툼에는 생각보다 더 많은 에너지가 필요하다. 웃어넘길 수 있는 일을 굳이 부여잡고 다투는 것이기 때문에 웃어넘길 때보다 에너지가 배로 든다. 그 다툼으로 인해 인간관계가 끝나게 될 수도 있고, 더욱 돈독한 관계로 이어질 수도 있다. 하지만 결과가 어떻든 간에 인간관계를 대하는 '나의 자세'를 얻게 된다.

나와 맞지 않는 유형의 사람이 누구인지를 파악하고, 반대로 나와 잘 맞는 유형의 사람을 찾을 수도 있다. 또 특정 상황에서 처했을 때 응용할 수 있는 나만의 대처 방식도 갖게 되고, 특정 사람에게는 어떤 태도로 임해야 조금 더 원활한 소통이 가능한지도 알 수 있다. 갈등을 통해 얻게 된 관계를 대하는 나의 태도와 자세를 바탕으로 새로운 인간관계를 만들 수도 있고, 끝나가는 인간관계를 잘 마무리 지을 수도 있다. 이렇듯 갈등은 결국 인간관계를 굴러가게 만든다.

'갈등'은 에너지가 많이 드는 일이지만, 그만큼 에너지를 쏟기 때문에 인간관계가 멈추지 않고 계속해서 굴러가게 만든다. 갈등 없는 인간관계는 앙금 없는 팥빵이라는 생각도 든다. 갈등은 서로에 대한 애정과 관심으로 일어나기에, 무관심 속에서는 결코 일어날 수 없다. 애증이더라도 갈등이 일어난다면 그 인간관계는 계속해서 굴러가게 되어 있다. 때문에 '갈등'은 인간관계를 굴러가게 만드는 원동력이다. 우리의 인간관계는 끊임없이 부딪치고 스파크를 일으키며 조금씩 굴러간다.

해결 방법은 둘 중 하나, 모 아니면 도

    고등학교 한문 시간에 갈등에 대해 배웠던 기억이 난다. '칡 갈'과 '등나무 등'이라는 두 한자를 사용한 단어, 갈등. 선생님께서는 칡과 등나무가 엉망으로 뒤엉켜 풀기 어려운 모습에서 이 단어가 유래했다고 말씀해 주셨다. 나는 그 얘기를 듣고 해결 방법은 두 가지라고 생각했다. 하나는 꼬인 것을 풀어나가는 방법이고, 다른 하나는 풀지 않고 얽힌 매듭을 끊어버리는 것이다.

    갈등은 사소할 수도 있고 그렇지 않을 수도 있다. 어떤 갈등이든지 간에 꼬인 매듭을 푼다는 건 어려운 일이지만, 그런 매듭을 잘 풀어나갔던 경험이 있다. 한 번은 조별 과제를 하다 조원과 갈등이 생긴 적이 있었다. 서로 원하는 바가 달랐기 때문이다. 그 사람은 발표 주제로 A로 하고 싶었다면 나는 C가 하고 싶었다. 다른 조원들의 의견을 모아 발표 주제를 둘 중 하나로 선정하려 했지만, 투표 결과도 동점으로 나와 의견을 하나로 통합하기 어려웠다. 의견을 조율하는 과정에서 묘하게 날이 선 말투를 듣자, 욱하는 마음에 공격적인 어조를 남은 회의를 진행했다. 결국 사다리 타기를 통해 발표 주제가 C로 정해졌지만, 겪었던 갈등 때문인지 집으로 가는 내내 기분이 찝찝했다. 이런 찝찝한 마음으로 조별 과제에 참여한다면 분명 조의 분위기를 흐릴 것 같다는 생각이 들었고, 한 학기 내내 활동하며 친해질 수도 있는 사람과의 관계를 망치고 싶지 않았다.

    그래서 집에 도착한 뒤 그 사람에게 오늘 회의 과정에서 적극적으로 의견을 내주셔서 감사하고, 혹시 의견을 조율하는 과정에서 기분 상하는 일이 있었다면 사과드리고 싶다는 짧은 메시지를 보냈다. 답장은 금방 돌아왔다. 이렇게 따로 연락을 해주셔서 고맙고, 자신도 기분 상하게 하는 말을 했다면 죄송하다는 내용이었다. 이후 조별 모임에서 다시 만났을 때 밝게 인사하고 더 가까운 관계가 될 수 있었다. 나는 풀어내는 것과 끊어내는 것, 이 두 가지 방법 중 풀어내는 방법을 선택했다. 그러나 때로는 끊어내는 것 역시 하나의 방법이 되기도 한다.

얽힌 것을 풀지 않은 채 모두 끊어버린다고 하면 '고르디아스 매듭'이 떠오른다. '고르디아스 왕의 매듭을 푸는 자가 아시아를 정복할 것이다.'라는 예언을 듣고 모두가 그 매듭을 풀기 위해 애썼으나, 아무도 복잡하게 묶인 매듭을 풀지 못했다. 그러나 알렉산더는 그 매듭을 풀지 않고, 칼을 꺼내 매듭을 잘라버렸다는 일화다.

매듭이 칼로 한 번에 잘려버렸듯이, 나 역시 관계가 칼로 잘리듯 한순간에 끊겨버린 경험이 있다. 고등학생 때 친구와의 약속 일정을 조율하는 과정에서 의견이 맞지 않아 긴 대화를 나눈 적이 있었다. 나는 그 과정을 대수롭지 않게 여겼는데, 친구는 아니었는지 그날 이후로 묘하게 나와 거리를 두는 것만 같았다. 연락이 잘 안 되고, 학교에서 마주쳐도 아는 체하지 않았다. 친구는 그 매듭을 풀기보다는 알렉산더처럼 잘라버리는 걸 택한 것이다. 오랜 시간 동안 알고 지낸 친구와의 관계가 이렇게 끊어지는 게 아쉬워 얘기하자고 몇 번 연락도 해봤으나 친구는 계속 피하기만 했다. 결국 사소한 갈등으로 관계가 끝나버렸다.

세상만사가 내가 원하는 대로 흘러가면 좋겠지만 항상 모든 일들이 내가 바라는 대로 풀리지 않는다. 갈등 역시 마찬가지다. 갈등이라는 매듭을 잘 풀어낼 수 있다면 좋겠지만, 그 매듭을 뚝 잘라내야 하는 경우도 있는 것처럼 말이다. 갈등으로 엉망진창 엉켜버린 관계를 잘 풀거나, 뚝 잘라버리거나. 모 아니면 도다.

육수를 내는 과정

집단을 육수라고 생각해보자. 육수 안에는 다양한 사람들이 녹아있다. 간장 같은 사람이, 식초 같은 사람이, 고춧가루 같은 사람이 녹아있다. 그리고 갈등은 육수를 끓이는 동안 나오는 찌꺼기가 걸러지는 과정이다.

모두가 그렇겠지만 학창 시절에는 갈등이 많았다. 남자 고등학교여서 그런지 육체적인 갈등 역시 많았다. 인상이 험악해지며 욕설이 오가는 건 일상이었고, 하루가 멀다 하고 주먹다짐이 일어났다. 조금 신기한 건 평소 사이가 좋지 않던 사람끼리 싸우는 것은 적었다는 것이다. 갈등은 평소 하하호호 웃으며 다니며 꼭 붙어 다니는 무리 안에서 주로 일어났다. 누가 봐도 평소 한 몸처럼 움직이는 무리에서 말이다.

내가 속한 무리 역시 갈등이 많이 일어났다. 우리는 자습 시간 도중 공책에 한 사람이 단어를 쓰고 다음 사람이 이어가는 방식으로 끝말잇기를 자주 했다. 유치하게 보일지 몰라도, 그것은 모두가 조용히 공부하는 시간에 우리가 찾아낸 나름의 놀이였다. 어느 날 한 친구가 맞춤법을 틀렸다. '갯수'가 자꾸 옳다고 끝까지 주장했다. 그에 질세라 다른 친구가 '개수'가 옳다고 주장했다. 자습 시간이었기에 목소리는 작았지만, 열기는 점차 뜨거워졌다.

시간이 지나 목소리는 점점 커져만 갔고, 결국 고함에 가까울 정도로 소리를 키우며 자기가 옳다고 주장했다. 결국 고함에 가까울 정도의 소리를 버럭버럭 지르며 둘은 싸우기 시작했고 주변 친구들도 우리를 살펴보기 시작했다. '무슨 일이지, 싸우는 거 아닌가?'라는 생각을 하며 말이다. 상황은 선생님이 오시고 나서야 겨우 정리가 되었다. 둘은 말도 하지 않은 체 학교가 끝나자마자 곧장 집으로 돌아갔다.

하지만 다음날, 둘은 어제 있던 일이 거짓말인 것처럼 친하게 지냈다. 내가 본 둘의 마지막 모습은 학교에서의 씩씩대며 나간 모습이 다였다. 때문에, 나는 둘의 관계가 어떻게 해서 더 끈끈해진 것인지, 무슨 방법으로 더 친해진 것인지 모른다. 그러나 하나 확실한 건 갈등이 서로의 관계를 더욱 끈끈하게 만들었다는 것이다. 그 사건 이후 그들은 마치 하나가 된 듯 붙어다녔다. 내가 속한 집단 역시 관계가 더욱 끈끈해졌다.

갈등이 일어날 징조는 잘 보이지 않는다. 한 집단 안에서 일어나기 때문이다. 마치 뚜껑을 덮은 냄비에서 수증기가 올라오며 물이 보글거리며 서서히 끓기 시작하는 것처럼 처음에는 잘 모른다. 집단이 뚜껑의 역할을 하며 겉으로 갈등이 벌어지지 않는 것처럼 보이게 하는 것이다. 그러나 5분, 10분이 지나면 부글거리며 끓고 있다는 표시를 아주 강하게 보여준다. 말싸움으로 인해 뚜껑이 달그락거리는 소리를 내고, 부글거리는 소리가 아주 강하게 들린다. 그때가 되면 누가 봐도 '이건 갈등이다.'라고 생각한다. 모두가 달려들어 그것이 끓어 넘치지 않게 불을 끈다.

그 결과 나오는 것은 두 가지다. 찌꺼기와 육수. 갈등의 근본적인 원인은 그 집단 안에서 걸러진다. 사소한 오해가 걸러질 수도 있고, 어쩌면 사람 자체가 걸러질 수도 있다. 그리고 남은 육수는 아주 진한, 관계가 더 끈끈하게 해주는 마법 같은 물약으로 변신한다. 내가 생각한 갈등이란, 관계를 더욱 끈끈하게 만들어 주는 육수를 내는 과정이다.

독으로 남느냐, 약이 되느냐.

   처음부터 잘 맞는 관계는 없다. 친구, 연인, 하다못해 가족과도 삐걱거리며 맞춰간다. 그리고 이 과정에서 갈등은 필수다. 길거리에서 갑자기 시비가 붙고, 언성이 높아지면서 벌어지는 싸움도 갈등이라 할 수 있다. 하지만 그런 '싸움'보단 이어져 온 관계 속에서 발생하는 '갈등'에 초점을 두고 말해보려 한다.

   살면서 갈등을 겪어보지 않은 사람은 아마 없을 것이다. 작은 말싸움이라도 해봤을 거고, 미친 듯이 다퉈보기도 했을 거다. 갈등의 형태도 여러 가지이고, 갈등이 발생한 이유도 가지각색이다. 그렇다고 갈등이 발생한 이후의 상황도 여러 형태일까?

   아무리 생각해 봐도 갈등이 발생한 이후 관계의 형태는 두 가지로 나뉜다고 생각한다. 독으로 남거나, 약이 되거나. 갈등 때문에 관계가 끊어지면 그 사람을 미워하거나 신경 쓰지 않는다. 이건 독으로 남는 것이다. 반대로 '싸움 끝에 정이 붙는다.'라는 말처럼 갈등 덕분에 서로 가지고 있던 오해나 나쁜 감정을 풀어 버리면서 더 가까워지게 된다. 이건 약이 되는 것이다.

   나는 갈등이 독으로 남은 관계도 있고, 약이 된 관계도 있다. 독으로 남은 건 친구와의 관계이다. 같이 있으면 정말 재밌고, 한 번도 다툰 적이 없을 정도로 잘 맞았다. 정말 의지하고 좋아하던 친구였다. 취향이 다르면 그 친구의 취향에 맞춰주고 싶을 정도로. 남은 중학교 시절과 함께할 고등학교 시절이 기대될 정도로. 그러나 세상에 믿을 사람 나밖에 없다는 말을 증명하듯, 분신 같았던 친구는 나에 대한 뒷담을 하고 있었다. 큰 배신감을 느낀 나는 날카로운 말투로 쏘아댔고, 그렇게 말싸움이 시작되었다.

   친구는 뒷담을 정당화하려고 변명했으나 다른 친구와 내 사이를 이간질하려는 의도가 뻔했기 때문에 믿지 않았다. 친구의 말을 믿고 싶었지만 믿을 수 없었다. 우린 당연히 멀어졌고, 평생을 함께할 거라는 믿음은 한순간에 꺼지고 말았다. 같이 찍은 사진을 모조리 지워버리고, 여러 명이 함께 찍은 사진에서는 그 애만 도려낼 정도로 배신감이 컸다. 그 이후로 나는 사람을 잘 믿지 못한다. 남에게 내 이야기를 잘 못한다. 너무나 아꼈던 친구와 겪은 갈등은 관계 자체에도, 나에게도 독으로 남았다.

갈등이 약이 된 건 동생과의 관계이다. 동생과 다퉈본 적 없는 언니는 거의 없을 테지만 우리는 유난히 자주 다퉜고, 그로 인해 유난히 사이가 좋아졌다. 같이 지내면서 축적된 갈등의 경험은 서로를 위해 조심해야 하는 데이터로 저장되었고, 그 덕분인지 다툼이 점점 줄어들었다. 화해한 지금은 '언니 그때 진짜 어이없었던 거 알아?' 하면서 다퉜던 때를 얘기하기도 한다. 나조차도 이해 안 가는 과거의 내가 웃기기도 하고, 동생 입장에서 당시 상황을 듣고 있으면 미안해지는 마음에 괜히 꽉 껴안는다. 서로를 더 배려하게 되니 훨씬 끈끈해지고, 재밌는 얘깃거리가 하나 늘어나니 우리 사이에 특별한 무언가가 생긴 기분이 든다. 그래서 갈등은 관계를 더 가깝게 해주고, 애틋하게 만들어 준다.

이처럼 갈등은 독이 되어 친구와 내 사이를 갈라놨고, 약이 되어 동생과 내 사이를 붙여 놨다. 모든 갈등이 독으로 남지도 않고. 약이 되지도 않는다. 사람과 상황에 따라서 다르겠지만 중요한 건 약이 되든 독이 되든 '갈등은 생기면 안 되는 것 혹은 나쁜 것'이라고 생각하면 안 된다. 갈등은 너라는 사람과 나라는 사람을 맞춰갈 수 있는 방법 중 하나다. 그러니 갈등을 무서워하지 말자. 인간관계를 다듬는 과정으로 여기자. 인간관계를 '갈'고 닦는다는 건 '등'을 맞대거나 맞대지 않는 것, 둘 중 하나일 테니.

나의 정의

당신이 생각하는 '갈등'은 어떤 의미인가요?

갑과을
[갑꽈을]

갑/을
두 개 이상의 사물이 있을 때 그중 하나의 이름을 대신하여 이르는 말.
갑을
갑과 을을 아울러 이르는 말.

• 지금까지 당신이 생각했던 '갑과 을'은 어떤 의미인가요?

계약서에만 묶여 있지 않은 일상 속 관계

 갑과 을은 서류상으로만 존재하지 않는다. 평소 맺고 있는 모든 관계에 자연스레 녹아들어있다. 친구 관계, 연인 관계, 가족 관계 나아가 어린 아이들의 관계에도 '갑과 을'은 존재한다.
 유치원생일 때, 어른이 가르쳐 주지 않았는데도 갑을 관계에 대해 자연스럽게 알게 되었다. 어른들처럼 계약서에 갑과 을이 누구인지 명시하지도 않고 관계를 확실히 하기 위해 도장을 찍지도 않았지만, 어린 아이들의 세계에도 갑을 관계는 분명 존재했다. 유년 시절의 갑은 주로 반 친구들 모두가 함께 놀기를 원하는 아이였다. 반대로 을은 모두가 원하는 그 아이에게 제대로 된 관심을 받지 못 하거나 그와 놀기 위해 애쓰고 그를 쫓아다니는 아이였다.

 몇 살 때 일인지는 정확히 기억나지 않지만, 유독 나를 좋아하는 같은 반 아이가 있었다. 그 아이는 쉬는 시간마다 나의 옆자리에 앉아 내가 좋아할 것 같은 책을 소리내 읽어주었다. 다른 친구와 놀고 있는데도 아랑곳 않고 내 옆에 바짝 붙어 또박또박 열심히 책을 읽어주었다. 그 아이의 표현이 부담스러워 친구와 다른 곳으로 자리를 옮기면 책을 들고 나를 따라왔다.

 그 아이는 공부를 잘 했다. 알이 두꺼운 안경을 쓰고 선생님의 질문에 가장 먼저 손을 들고 대답했다. 숫자와 한글을 빨리 깨우쳤고 글씨도 잘 썼다. 하지만 그 아이의 영특함이 어른들에게는 예뻐 보였을지라도 또래 친구들에게는 큰 매력으로 다가오지 못했다. 아무도 궁금해 하지 않는 과학 지식을 아무나 붙잡고 이야기하고, 세상에서 제일 큰 숫자를 100으로 알고 있는 반 친구들에게 세 자릿수 덧셈 값이 무엇인지 아느냐고 물었다. 친구들은 자연스레 그 아이를 피했다. 나도 피했다. 그런데도 그 친구는 자꾸만 나를 따라다니며 내가 좋다고 했다.
 그 아이는 가장 늦게 하원했기 때문에 항상 신발장 입구에서 먼저 하원하는 나를 배웅해줬다. 선생님보다도 더 적극적으로 손을 흔드는 친구에게 인사하고 싶지 않았지만 어색하게 입꼬리를 올리며 손을 흔들었다. 내 옆에 부모님이 있었기 때문이다.

엄마와 아빠는 내가 반 친구들 모두와 친하게 지낸다고 알고 있었다. 실제로 나는 그랬다. 대부분의 반 친구들과 원만한 관계를 맺었다. 물론 딱 한 명, 알이 두꺼운 안경을 쓰고 어려운 과학 용어를 중얼대는 그 아이와는 어울리지 않았다. 하지만 어린 마음에 부모님을 실망시키고 싶지 않았다. 부모님이 굳게 믿고 있는 나의 이미지를 깨고 싶지 않았다. 그래서 나는 오로지 하원 시간에만 그 아이와 친하게 굴었다.

    수업시간에는 그 아이를 피하다 하원 시간만 되면 내 뒤에서 쭈뼛대고 있는 그 아이에게 다가가 손을 잡았다. 그러면 그 아이는 해맑게 웃으며 손에 힘을 주었다. 그 아이의 웃음은 당연했다. 왜냐하면 나는 그 아이를 싫어했지만, 그 아이는 나를 좋아했으니까. 그 아이를 싫어하는 내가 갑이고, 나를 좋아하는 그 아이는 을이니까. 함께 손을 잡고 계단을 내려가는 동안 그 아이는 나의 손을 절대 놓지 않았다. 부모님은 선생님께 전해 들은 대로 모두와 친하게 지내는 나의 머리를 쓰다듬으며 그 아이에게 물었다. 네가 서진이 친구구나. 내가 알기로 우리는 결코 친구가 아니었지만 그 아이는 고개를 끄덕이며 말했다. 맞아요. 그리고 저는 서진이가 좋아요. 부모님이 웃었다. 나는 부모님을 따라 웃는 척 했다. 그 아이는 내가 웃는 모습을 보며 웃었다.
    그렇게 나는 그 아이와 하원할 때만 친구가 되었다. 어린 나도 분명 알았다. 이게 나쁜 행동이라는 것을. 산타 할아버지가 선물을 주지 않는다는 나쁜 아이의 행동이라는 것도. 하지만 동시에 그 친구가 나를 싫어하지 않을 거라는 사실도 알았기에 거리낌 없이 그 아이의 손을 잡을 수 있었다. 그 아이도 늘 내게 손을 내밀었다.
    유년 시절의 나는 어른도 가르쳐 주지 않은 갑을 관계를 너무도 뚜렷하게 알고 있었다. 어른들의 계약서에만 존재하지 않는 일상 속의 갑을 관계를.

애써 모르는 척하는, 그러나 모두가 눈치채는

　자취방 계약서 위 '(을)'에 내 이름 석 자를 적던 순간이 기억난다. '(갑)' 위에는 붉은 인주가 가득 묻은 집주인의 도장이 꾹 찍혔다. 검은색 볼펜으로 삐뚤빼뚤 흐릿하게 적힌 내 이름, 붉은 인주로 선명하고 반듯하게 찍힌 집주인의 이름. 대비가 선명했다. 부동산 중개인은 나에게 편의상 '을'로 적는 것이니 너무 불편하게 생각하지는 말고 살다가 무슨 일이 생기면 언제든 집주인에게 편하게 연락하라고 했다. 집주인은 옆에서 웃으며 손을 내밀었고, 나는 2년 동안 잘 부탁드린다며 내민 손을 맞잡았다.

　이름만 '을'로 적는다고 했지만, 나는 실제로도 명명백백한 을이었다. 다른 건물에 산다고 했던 집주인이 바로 앞집에 산다는 걸 알게 됐을 때도, 새벽에 집주인의 높은 언성이 벽을 뚫고 들어와 밤새 뒤척여도 나는 참을 수밖에 없었으니까. '갑'과 '을'로 얽힌 관계라고 너무 어렵게 생각하지 말라던 중개인과 집주인의 말이 그저 빈말같이 느껴졌다. 계약자가 계약서에 서명을 마치고 나면, 보이지 않는 서열이 생긴다는 것을 모르는 사람은 없었을 테니 말이다.

　이런 갑을 관계는 계약서를 통해서만 발생하는 게 아니라, 언제 어디서든 발생한다. 심지어 모두가 평등하다고 생각하는 친구 관계에서도 나타나는 게 갑을 관계다. 초등학교, 중학교, 고등학교 도합 12년 동안 학교생활을 하며 다양한 친구들을 만났다. 우리는 '인간은 사회적 동물이다.'라는 말을 증명하듯이 자연스럽게 무리 지어 다녔고, 이건 다른 친구들 역시 삼삼오오 무리 지어 다녔다.

　항상 무리 안에 보이지 않는 서열이 생기는 걸 보면, '사회적 동물'이라는 말에는 계급도 포함되는 말이었나 보다. 무리가 생기면 그 안에는 항상 '갑'을 담당하는 중심인물이 생겼다. 다른 사람들은 항상 중심인물을 챙기기에 급급했다. 놀 때 다른 애들은 없어도 그 애는 있어야 했고, 화장실이든 매점이든 이동수업이든 움직일 때 그 애가 없으면 움직이지 않았다. 그 애의 심기에 거슬리지 않기 위해 눈치를 봤다. 모두가 수평적인 관계라고 생각했지만, 사실은 수직적인 관계였던 거다.

그 사실을 실감했던 건, 이동수업을 가던 중이었다. 음악 수업을 위해 걸어가다 그 친구가 악보 한 장을 떨어뜨렸다. 당연히 스스로 줍겠지라는 생각에 잠깐 걸음을 멈추어 기다렸다. 그런데 그 친구는 악보를 줍지 않고 그 자리에 가만히 서서 "어, 종이 떨어졌다."라고 말하는 게 전부였다. 그 말을 듣자 옆에 있던 다른 친구가 떨어진 악보를 주워 건네주었다. 그러면 그 친구는 당연하다는 듯 악보를 건네받고 고맙다는 말도 하지 않은 채 걸음을 옮겼고, 다른 친구는 그 뒤를 따라갔다. 내가 방금 뭘 본 건가 싶었다.

나중에 악보를 주워주었던 친구에게 말했다. 너와 그 애는 친구 사이지, 다른 관계가 아니라고. 친구는 자기도 안다며 웃었지만, 그 뒤로도 비슷한 일은 계속 있었다. 그때마다 나는 스스로 '을'을 자처하던 친구를 말렸지만, 학년이 끝날 때까지 변함은 없었다. 이런 사실을 나만 알고 있었을까 생각해 봤다. 결론은 그럴 리가 없다는 거였다. 비슷한 일이 생겼을 때 다들 눈치만 보며 우물쭈물하는 모습을 봤기 때문이다. 아무도 입 밖으로 그 사실을 내뱉지 않았을 뿐 모두가 속으로는 저 관계가 평등한 관계는 아니라고, 명백한 갑을 관계라고 생각했을 거다. 그냥 다들 모르는 척했던 거다. 사실은 다들 알고 있었으면서.

볼드모트

　가족끼리 해리포터를 본 적이 있다. 영화는 내가 책으로 본 해리포터보다 더 재미있었다. 작중에는 아주 독특한 '볼드모트'라는 빌런이 있다. 이 빌런이 독특한 이유는 작중 인물들이 그 인물을 언급하는 것조차 두려워했고 만약 언급되면 분위기가 싸늘해졌기 때문이다. 볼드모트는 이름보다 '그 인물' 혹은 '그자'라고 불리는 순간이 더 많았다. 그런데 볼드모트를 인물이 부를 때마다 생각한 게 있다. 저거 딱 갑을 관계인데?

　갑과 을은 명백하게 상하가 있는 관계다. 상급자와 하급자, 채무자와 채권자 같이 말이다. 그런데 종종 평범한 형제, 자매, 친구, 연인 사이가 갑을 관계로 변하는 경우가 있다.

　아주 친한 친구에게 20만 원이라는 꽤 큰 돈을 빌려준 적이 있다. 나는 친구를 믿었기에 돈을 빌려주었고 친구 역시 시간만 준다면 돈을 갚을 능력은 충분한 친구였다. 때문에 나는 그 친구에게 1년이라는 아주 긴 시간을 주며 천천히 갚으라 했다. 우리는 채무자와 채권자의 관계로 변했지만 나는 친구와의 관계가 이전과 똑같을 것이라 생각했고, 어느 정도는 맞는 생각이었다. 일반적인 상황에서 나와 친구는 늘 수평적인 관계를 유지했고 평범한 모습을 유지했으니 말이다. 그러나 대화 주제가 돈, 상사, 선배 등 어떤 방식으로든 갑과 을이 명백하게 드러나는 주제로 가면 그 친구는 불편한 기색을 내비쳤다. 나는 웃으며 신경 쓰지 말라 했지만, 친구는 내가 한 말이 갑이기에 할 수 있는 말이라며 나와 똑같이 웃으며 거절했다. 심지어 상사와 관련된 대화 주제는 늘 나와 친구가 배꼽 빠지게 웃던 대화 주제였기에 나는 다른 주제를 생각해야 했다.

　돈으로 형성된 갑을 관계는 우리를 꽤 오랜 시간 괴롭혔다. 이전까지의 관계라 생각하고 대화 주제를 실수하길 몇 번 반복하면 분위기는 금세 싸늘하게 식어버리고 말도 하기 힘든 상황이 된다. 나는 이런 관계가 마치 '볼드모트' 같다고 생각했다. 가급적이면 언급하지 않으려 하고 언급하는 것만으로도 분위기가 식어버리고 말도 꺼내기 힘들어지니 말이다. 훗날 친구에게 이 얘길 했더니 배꼽을 부여잡으며 실로 옳다고 말했다.

    친구는 정확히 한 달이 지나자 돈을 갚았다. 어떻게든 불편한 관계를 깨뜨리기 위해 꽤 필사적으로 노력했다는 말을 듣고 생각보다 갑을 관계가 불편한 관계라는 것을 깨달았다. 한 달 동안 친구가 돈을 갚기 위해 한 노력을 듣고 저절로 박수가 나왔기 때문이다. 친구의 노력은 단순히 나가는 돈을 줄이는 수준이 아닌, 아르바이트를 추가로 뛰는 수준이었다. 돈을 갚고 난 뒤 우리의 관계는 다시 예전처럼 돌아왔다. 서로를 편하게 부르고, 불편한 분위기가 사라진 관계로 말이다. 돈과 관련된 대화 주제는 우리가 빵빵 터지는 대화 주제에 추가되기까지 했다. 갑과 을은 실로 '볼드모트'같다. 빌런을 무찌름으로써 만들어지는 무수한 무용담까지 추가되기도 하니 말이다.

애정과 반비례하는

　동생이나 친구들과 갑을 관계에 대해 얘기를 나눈 적이 있다. 연인이나 친구같이 가까운 관계에서의 갑을 관계 말이다. 얘기를 나눌 때마다 나온 결론은 갑과 을이 없는 관계도 물론 있지만, 대부분의 관계에는 갑과 을이 존재한다는 것이다. 더 좋아하는 사람이 을, 덜 좋아하는 사람이 갑. 그 관계에 더 목메는 사람이 을, 덜 목메는 사람이 갑. 똑같이 서로 좋아한다 하더라도 조금이라도 더 좋아하는 사람이 을이라는 것이다. 그런 얘기를 하다가 내가 맺었던, 맺고 있는 여러 관계에서 난 어땠는지 떠올려보게 되었다.

　갑의 위치에서 내려다 본 적이 있다. 어차피 상대방은 내 옆에 있을 거란 확신, 내가 하자는 대로 해줄 거란 믿음, 한 마디만 해도 열 마디로 보답 받는 대화. 내가 좋아하지 않았다는 게 아니다. 그 관계를 소중히 여기지 않았다는 말이 아니다. 그저 눈으로 보이는 애정의 크기가 훨씬 작았음에도 어째서인지 초라하지 않았다는 거다. 싫으면 싫다, 좋으면 좋다. 솔직하게 말할 수 있었다. 내가 좋다고 하면 따라줄 거란 확신이 있었기 때문에. 내가 싫다고 하면 그것만은 절대 안 할 거란 믿음이 있었기 때문에. 뭐든 크고 많으면 좋다던데 관계에서의 위치는 반대였다. 애정의 크기가 작은데도 나는 위에서 상대방을 내려다보고 있었다

　을의 위치에서 올려다본 적도 있다. 자칫하면 상대방이 날 떠날 수도 있을 거란 불안함, 상대방이 하자는 대로 하는 게 당연했던 일상, 열 마디 해도 한 마디밖에 돌아오지 않지만, 그것 마저 기쁜 대화. 상대방이 날 싫어했다는 게 아니다. 상대방이 나를 소중히 여기지 않았다는 것도 아니다. 다만 눈으로 보이는 애정의 크기가 훨씬 컸음에도 왠지 모르게 초라했다. 정확히 정의할 수 없지만 분명 애매하고 찝찝했다. 싫어도 좋다, 마음에 들어도 별로다. 솔직하게 말할 수 없었다. 내가 좋다고 한 게 상대방에게는 별로일까봐, 자신과 취향이 안 맞는다는 이유로 넘을 수 없는 선을 그어버릴까봐 매번 눈치를 봤다. 좋은 척 했다. 별로인 척 했다. 애써 올리는 입꼬리가 민망해질 정도로.

갑의 위치에 있을 때는 자신감과 자존감이 올라갔다. 별말 안 해도 좋아 해주는 상대방이 있기에 그 관계뿐만 아니라 모든 곳에서 자신감이 생겼다. 나를 사랑해주는 상대방이 있기에 자존감이 높아졌다. 반대로 을의 위치에서는 자신감과 자존감이 떨어졌다. 자아가 없어지고, 나의 의견은 점점 흐려졌다. 내가 좋아도 상대방이 싫어하면 하던 행동도 멈추게 되었고, 사소한 것으로 상대방을 실망시키고 싶지 않아 모든 신경이 상대방에게 쏠렸다.

웃긴 건, '내가 갑이고 네가 을이야.'라고 관계의 위치를 정하지 않는다는 거다. 대부분의 관계에서 갑과 을의 위치는 무의식에 존재한다. 믿음, 확신. 불안함, 당연함. 갑과 을은 사소한 마음과 감정에서 정해진다. 관계의 괴리는 좁은 틈에서 발생하고 그 사이에서 관계의 위치가 정해진다. 내가 더 좋아하는 이유? 내가 덜 좋아하는 이유? 상대방에 따라 나의 애정의 크기는 달라지지만, 하나 확실한 것은 애정의 크기에 따라 반드시 관계에서의 위치가 정해진다. 그러니까 갑의 위치에 있는 사람은 상대방의 존재가 당연하다고 느끼고, 을의 위치에 있는 사람은 당연하지 않다고 느껴서 안절부절 하는 것이다. 더 좋아하면 관계에서의 위치가 낮아지고, 덜 좋아하면 높아진다. 관계에서의 위치는 애정과 반비례한다. 이런 답답하고 가슴 아픈 현실이 생각보다 흔하기에 항상 골머리를 앓을 수밖에 없다.

당신이 생각하는 '갑과을'은 어떤 의미인가요?

05

동료
[동뇨]

같은 직장이나 같은 부문에서 함께 일하는 사람. ≒등제, 붕료.

• 지금까지 당신이 생각했던 '동료'는 어떤 의미인가요?

우리는 혼자가 아니야

　마음이 맞는 친구들과 함께 고등학교 3년을 보냈다. 마음이 맞는다는 말은 단순히 함께 있으면 즐겁고 재밌다는 의미가 아니라 그 이상의 무언가를 공유한다는 의미다. 우리는 모두 같은 특기와 가치관을 가졌다. 그것은 '글쓰기'라는 특기와 '글을 통해 세계를 바라보는 시각을 바꿀 수 있다'는 가치관이었다.

　같은 특기와 가치관을 가질 수 있었던 이유는 예술고등학교에 다녔기 때문이다. 예술고등학교에 다닌 덕에 주위에 자연스럽게 동료가 생겼다. 하지만 '동료'라는 공동체 의식을 갖기까지는 긴 과정이 필요했다. '동료'라는 공동체 의식이 생긴 건 고등학교 2학년 '문학제'라는 축제를 준비할 때였다. 우리는 모두 하나의 목표를 갖고 있었다. '문학제를 잘 마무리하자'라는 단순한 목표. 하지만 30명 이상의 학생들이 축제를 '잘' 마무리하는 과정은 결코 단순하지 않았다. 축제의 주제부터 개인의 오브제를 정하기까지 하나의 목표를 이뤄내기 위해 수많은 양보와 대화가 오갔다. 의견이 달라도 우리의 목표를 생각하면 잠깐 물러서고 서로의 의견에 귀를 기울였다.

　문학제 준비 마지막 날, 우리는 문학제가 진행되는 강당 앞에서 이른 저녁으로 햄버거를 먹었다. 30명 이상이 앉을 수 있는 자리가 마땅치 않아 맨바닥에 앉아 햄버거를 먹었다. 다른 과 학생들이 우리를 힐끔거리며 지나갔지만, 나는 부끄럽지 않았다. 왜냐하면 나는 혼자가 아니었기 때문이다. 나의 양옆에, 앞뒤에 나와 똑같이 맨바닥에 앉아 햄버거를 먹는 동료들이 있었다. 우리는 다른 사람들의 시선을 신경 쓰는 대신 서로의 눈을 마주치며 준비 과정은 힘들었지만, 문학제가 잘 진행되고 마무리되었으면 좋겠다는 대화를 나누며 햄버거를 먹었다. 그렇게 같은 목표 아래서 힘든 점에 대해 고민하고 대화를 나누는 동안, 나는 처음으로 소속감을 느꼈다. '너 내 동료가 돼라!'라는 애니메이션 대사도 문득 떠올랐다.

　'동료'의식은 고등학교 3학년 때 더욱 커졌다. 우리는 모두 문예창작학과였기 때문에 희망하는 대학 학과도 대부분 같았다. 어떻게 보면 서로가 서로의 경쟁자였지만, 서로의 동료라는 사실은 변하지 않았다. 대학 실기장에서 경쟁자로 만날 사이였지만, 동료로서 서로의 글을 꼼꼼히 읽고 글의 방향을 함께 고민했다.

　대학 입시 전형에 유리한 공모전에서 수상했을 때도 친구들은 나를 축하해줬다. 축하를 받아 기쁘면서도 한편으로는 '이렇게 살벌한 입시 기간에 공모전에 붙은 친구에게 박수를 쳐주는 게 가능한가?' 라는 의문이 들었다. 그런데 막상 공모전에서 떨어진 입장이 되어보니 공모전에서 수상한 친구에게 박수를 안 쳐줄 수 없었다. 그 친구가 공모전에 낼 작품에 얼마나 큰 공을 들였는지 너무나 잘 알았기 때문에, 정말 부럽지만 박수 받아 마땅하기 때문에, 그렇기에 박수를 칠 수 밖에 없었다.

　고등학교 3학년 때 함께 글을 쓰는 동료들이 있어 참 다행이었다. 고등학교에서 만난 동료들을 제외하면 주변에 글을 쓰는 친구들이 없었다. 대부분 문학 작품 보다 수능과 모의고사에 더 익숙했기에 글에 관한 이야기를 나눌 사람은 고등학교에서 만난 동료들뿐이었다. 그들이 없었다면 나는 외로운 고등학교 시절을 보냈을 것이다. 동료는 비슷한 상황과 가치관을 공유하는 공동체에 속해 있기에 서로의 외로움을 누구보다 먼저 발견하고 채워줄 수 있다. 때문에 동료는 '우리는 혼자가 아니야'라고 말해주는 존재이다.

등수가 정해지지 않는 경기의 선수들

초등학교 때 운동회가 열리면 전교생은 늘 두 팀으로 나뉘었다. 청룡팀과 백호팀. 청룡팀이면 손목에 파란 아대를, 백호팀이면 하얀 아대를 낀 채 하루 종일 흙먼지 속에서 뒹굴었다. 운동회 날에는 늘 달리기 바빴다. 친구들과 놀기 위해 뛰기도 했지만, 가장 큰 이유는 경기를 위해 달렸기 때문이다. 60미터를 전력으로 달리는 순간도 있었고, 바통을 들고 운동장 반바퀴를 전력으로 달리는 순간도 있었다.

열심히 달리고 난 뒤에는 항상 순위가 매겨졌다. 60미터 달리기를 위해 출발선에 서서 앞을 보면 저 멀리 흰색 피니시 라인이 보였고, 그 옆에는 도장을 든 선생님들이 서 계셨다. 결승선에 도달하면 손등에는 내 순위에 해당하는 보라색 도장이 찍혔다. 원 안에 적힌 숫자는 손을 씻어도 지워지지 않아 다음날까지 낙인처럼 내 손등에 남아있었다. 순위 안에 들지 못해 도장이 찍히지 않은 날에는 괜히 기분이 울적하기도 했다.

계주 선수로 선발이 되어 운동장 반 바퀴를 달리는 날에는 바통을 향해 손을 뻗어 전력으로 달렸다. 그렇게 결승선을 통과하는 순간에도 언제나 순위가 매겨졌다. 순위가 정해진다는 것을 알게 된 순간부터, 옆에서 함께 달리는 친구와는 넘어져도 일으켜 주지 않는 경쟁자가 되었다. 하지만 나도, 내 옆에서 달리는 친구도, 나보다 먼저 달렸던 친구들 모두 자신의 반에 우승을 선물하겠다는 뜻을 안고 피니시 라인을 향해 달렸다. 그래서 우리는 경쟁자면서도, 같은 목적을 갖고 있다는 점에서 동료였다.

하나의 집단 속에 몸담고 있다는 건, 적어도 그곳에 속한 사람들과 비슷한 관심사나 목표가 있다는 것을 의미한다. 체육대회 때 달리기를 하면 달리는 사람 모두가 피니시 라인을 향해 달렸던 것처럼 말이다.

대학교에 입학한 뒤 문예 창작 동아리에 가입했다. 고등학생 때부터 나만의 글을 써 보고 싶었고, 그 결과물을 직접 보고 싶다는 욕심이 있었기 때문이다. 그곳에서 만난 사람들과 친해지며 알게 된 사실이 있었다. 가입을 결심하게 된 구체적인 계기는 각자 달랐지만, 지향하는 바는 모두 같았다. 그것은 짧고 부족하더라도 자기만의 글을 한 번쯤은 써보고 싶고, 각자의 글을 모아 실물 책으로 만들어내고 싶다는 것이었다.

 동아리 활동이 본격적으로 시작되고 첫 3개월 동안은 2주일에 한 번씩 3장에서 5장 분량 정도의 글을 썼다. 각종 과제나 시험 준비로 바쁜 시기에는 글을 쓰기 위해 컴퓨터를 켜는 것조차 버거웠고, 한 시간 동안 멍하니 앉아 무엇을 써야 하는지 고민하는 날도 많았다. 마감 중간중간 피드백을 위해 다른 사람의 글을 읽다 보면 내가 쓴 글과 자연스럽게 비교되어 부끄러움과 열등감을 느끼는 순간도 있었다.

 그럼에도 불구하고 동아리 활동이 즐거웠던 이유는 그 사람들과 같은 목표를 향해 달리고 있다는 걸 알았기 때문이다. 같은 목적지를 향하는 여정 속에서 서로를 견제하고 무시하는 것이 아니라 어떻게 상대와 더 나아진 모습으로 그 목적지에 도착할 수 있는지를 고민한다. 그렇다고 동료와의 경쟁이 없다는 말은 아니다. 다만 동일한 지향점이 있는 공동체에서만큼은 다른 사람보다 잘 해야 한다는 보이지 않는 압박이 존재하는 보편적인 경쟁에 비해 공통된 목표로 나아가고자 하는 욕망이 더 크기에, 덜하다고 생각할 뿐이다. 그래서 동료는 나와 함께 달리는 선수들이다. 내가 넘어져도 나를 일으켜 세워 함께 피니시 라인까지 달려줄 선수들.

다른 관점을 배우는 사이

다른 사람과 함께한다는 것의 가장 큰 장점이 뭘까? 나와 다른 의견을 듣는 것이라고 생각한다. 나와 전혀 다른 관점에서 세상을 바라보고, 혼자라면 절대 생각하지 못할 의견을 알 수 있다.

내가 들었던 전공 수업은 상당히 특이했다. 중간고사 대체 과제로 15,000자 분량의 소설을 쓴 뒤 기말고사 직전까지 서로의 작품을 읽고 피드백하는 게 수업의 전부였다. 이론 수업도, 과제도 없고, 하물며 출석조차 제대로 확인하지 않아 지금까지 들었던 그 어떤 수업과 비교해도 명백하게 다른 수업이었다. 교수님은 학생들의 엇나간 피드백을 정정하고 전체적인 방향을 제어하시며 수업에 최소한의 개입만 하셨다.

학생들은 모두 1학년이었고 글을 읽는 것에는 익숙했지만, 쓰는 데에는 익숙하지 않은 학생들이 대다수였다. 심지어 그중에는 글을 아예 써보지 않은 학생들도 있었다. 그런 상황에서 15,000자의 글은 자신의 한계까지 쥐어짜도 제대로 된 작품이라 부르기에 부족한 글들이 많았다. 모두가 글 쓰는 것에 서툴렀다. 그래서 피드백할 내용이 매우 많았다.

나는 피드백을 진행하며 조금 신기한 점을 느꼈다. 모두가 자신이 했던 말을 반복했기 때문이다. 수업 중 나온 피드백은 다양했다. 개연성이 부족하다, 연출이 어울리지 않는다, 캐릭터가 보이지 않는다 등등 셀 수 없을 정도로 다양한 피드백이 있었다. 우리는 피드백을 진행할 때 암묵적으로 자신이 한 번 말을 했으면 다른 사람에게 피드백 기회를 넘기는 룰이 있었다. 그랬기에 가급적이면 말을 적게 했는데 학생들 개개인이 하는 말이 항상 같았다. 다른 글을 보더라도 항상 같은 점만 피드백했다는 것이다. 어떤 학생은 학생 A에게 개연성이 부족하다 피드백했고 B에게도 개연성이 부족하다 했다. C, D, E에게도 같은 말을 했다. 다른 학생은 A, B, C, D, E에게 모두 사건이 자극적이지 않다는 피드백을 했다.

한 사람당 피드백을 받을 기회는 한 번뿐이었다. 때문에 학생들은 자신이 피드백을 받을 차례일 때 최대한 많은 것을 얻어가려 했다. 나 역시 내가 피드백 받을 때 가장 많은 것을 얻어가려 했다. 내가 글을 쓸 때 했던 생각과 구축한 캐릭터성 등 무엇이 대중에게 더 잘 먹히나 확인하고 싶었다. 그러나 나는 내가 피드백 받을 때 가장 많은 것을 얻지 못했다. 하물며 내가 피드백하는 것도 아닌 다른 사람이 피드백하는 것을 볼 때 가장 많은 것을 얻었다. 내가 아닌 다른 학생들 역시 다른 사람이 피드백하는 것을 보며 가장 많은 것을 얻었다고 말했다. 자신이 생각한 세계관이 완벽한지, 문장력이 좋은지 확인받고 싶어했지만, 아이러니하게도 다른 글을 보며 자신이 얻고자 했던 것을 얻은 것이다. 동료의 시선에서 나는 글을 쓸 때 신경 써야 할 요소가 어마어마하게 많다는 것을 볼 수 있었고, 글의 완성도를 높이기 위해 무엇을 어떻게 해야 할지 깨달을 수 있었다.

학생들은 수업하며 서로 다른 관점에 대해 배웠다. 비록 반 학기밖에 이 활동을 못 했지만, 수업을 들으며 그 순간만큼은 서로의 글이 나아갈 방향에 대해 이야기했고, 서로의 생각을 이해했고, 서로의 관점을 배웠다. 같은 꿈을 가진 사람들끼리 발전을 위해 자신이 생각하지 못하는 것을 생각할 수 있게 해주고 자신의 의견을 내세워 서로의 단점을 지워주었다.

나는 이런 관계를 동료라 생각한다. 거리낌 없이 말하고 그것을 진지하게 들어주며 서로의 입장에서 생각해보는 관계. 다른 관점을 배우는 사이라고 말이다.

댕의 정의

우리 같이 저 박을 터뜨리는 거야

누구나 운동회 혹은 체육대회에서 박 터뜨리기 게임을 해봤을 것이다. 같은 반이나 팀끼리 모여서 저 위에 달린 박을 콩주머니로 터뜨리는 게임 말이다. 박을 터뜨린다는 같은 목표를 가진 사람들이 모이면 그들은 하나의 팀이 된다. 동료가 되는 것이다. 동료는 같은 직장 혹은 한 팀에 소속되어 함께 일한다. 자신이 속한 부서에서, 프로젝트의 팀에서 다 같이 목표를 향해 나아간다.

박을 터뜨리기 위해 던지는 콩주머니는 각자 개인의 능력과 노력을 뜻한다. 목표를 달성하기 위해 자신의 특출한 능력을 발휘하고, 많은 노력을 쏟아붓는다. 나의 콩주머니만 박을 건드리는 게 아니라 동료의 콩주머니도 박을 건드린다. 모두 다 같은 능력을 가지고 있는 게 아니니 각자 자신만의 장점을 발휘하며 서로의 부족한 점을 채워준다. 그게 동료이다. 나에게 부족한 것을 채워주며 팀을 위해 같이 나아가는 사람. 즉, 박이라는 그들의 목표를 향해 능력과 노력이라는 콩주머니를 던진다. 혼자가 아닌 동료와 함께. 박은 그것들이 모여서 생긴 시너지로 조금씩 열리기 시작한다.

그러나 처음부터 끝까지 순탄하게 콩주머니를 던져서 박이 열리는 건 아니다. 동료는 보통 공적인 상황에서 만난 사람들이기에 서로의 성격이나 성향을 모르는 상태에서 목표를 향해 나아간다. 그 과정에서 나와 맞지 않는 사람과 부딪히는 건 당연하다. 콩주머니를 던지다가 발이 엇갈려 넘어질 수도 있고, 더 큰 콩주머니를 던지겠다고 실랑이할 수도 있다. 그러다 보면 공적인 목표에 피해가 되기도 하고, 사적인 감정에 상처가 생기기도 한다.

나도 같은 박을 목표로 한 동료들과 콩주머니를 던지던 도중 불만이 생겼던 적이 있다. 그리고 불만의 형태는 두 가지로 나뉘었다. 말과 행동으로 표현하거나, '저 사람 무시하고 내 할 일이나 잘하자.'하면서 꾹 삼키거나. 말로 표현한 어느 때는 후련함을 얻었다. 불만을 쌓아두는 게 아닌 말로 내뱉는 그 자체로 스트레스가 풀렸고, 불만이었던 상대방의 행동이 점차 나아졌기 때문이다. 반대로 어느 때는 후회가 밀려왔다. 대화가 통하지 않았고, 더 악화되고 불편해진 기류 속에서 함께 하는 건 무척이나 힘들었기 때문이다. 그리고 꾹 삼켰을 때는 답답했지만 관계에 불편함은 생기지 않았다. 나를 갉아먹는 짓일 수도 있지만 나만 참으면 순탄하게 끝날 것 같았기에 관계에 금이 가게 할 순 없었다.

이렇듯 박을 터뜨리는 과정에서 생긴 불만을 사람과 상황마다 다르게 표출하고 삼킨다. 서로 공적인 상황에서 만난 만큼 목표만 좇을 수도 있고, 같이 달려가는 동료도 신경 쓸 수도 있다. 그 결과 박을 터뜨릴 수도, 끝내 터뜨리지 못할 수도 있지만 동료라는 그 단어만으로도 힘을 준다. 나와 같은 편이라는 힘. 그래서 '우리 같이 저 박을 터뜨리는 거야'라고 다 같이 외치면 못할 게 없을 것 같은 힘을 주는 게 동료이다.

당신이 생각하는 '동료'는 어떤 의미인가요?

- 단어 선정 기준편 -
팀ㅊㅊㅊ 제작노트

00.

단어 주제는 오로지 팀원들과의 회의를 통해서 결정했어요. 팀을 꾸려나가면서 가장 우선시했던 건 팀원들의 자유 의지였습니다. 말을 물가로 끌어갈 수는 있지만, 물을 억지로 먹일 수는 없다고들 하잖아요. 팀원들의 개개인과 관련된 이야기를 끌어내기 위해서는 제가 이거 하자! 하고 골라주는 것보다는 팀원들이 알아서 고를 수 있어야 했다고 생각했어요. 제가 지금까지 받아온 교육이 그런 자유로운 생각을 만들어줬던 것 같아요. 제가 다니는 대학의 교수님들은 제 자유로운 상상을 언제나 받아주시는 분들이셨거든요.

01.

그래도 최소한의 기준은 있었어요. 첫 번째로는 일상이라는 주제는 사용하지 말 것이었어요. 별 이유가 있는 건 아니고, 이미 1권에서 사용한 주제였거든요. 1권이 나온 지 2년 정도 지나기야 했지만, 같은 주제를 두 번 사용하고는 싶지 않았어요. 두 번째로는 너무 협소한 주제를 잡지 않을 것, 이었어요. 이미 1권을 제작해본 경험이 있잖아요. 1권을 제작하면서 마지막에 가서는 단어 선정하는 게 너무 힘들었던 기억이 있거든요. 너무 협소한 주제를 잡으면 심도 있는 대화는 가능하지만 매주 활동을 지속하기 힘들다는 것을 알고 있었기 때문에 회의 과정 내내 팀원들에게 주제가 너무 좁으면 안 된다고 말했어요. 마지막으로는 반대로 의미가 너무 넓어도 안 된다, 였습니다. 두 번째 이유하고 좀 이어지는 이유인데요. 1권을 제작하면서 생각보다 딱 떨어지는 경계선을 가진 단어는 없다는 사실을 깨달았어요. (물론 저는 국어와 언어의 그런 점을 아주 좋아하는 사람이지만, 프로젝트 팀장으로서는 사랑할 수 없더라구요.) 우리는 일상에서 수많은 것들을 경험하지만 실제로 다른 분류에는 포함되지 않고 일상에만 포함되는 단어가 제가 생각했던 것 이상으로 적어서 이 단어가 일상이랑 어울리나 어울리지 않나로 머리를 쥐어 뜯었거든요. 적당한 경계선을 갖고있는 주제를 골라야 한다는 인식은 있는데 제가 그 경계선을 제대로 설명했는지는 자신이 없네요.(웃음)

02.

계속 경계선에 대한 인지를 시켰지만, 주제의 경계성이라는 게 사람마다 다를 수 있는 거잖아요. 제가 보기에는 여전히 영역이 너무 좁은 주제들이 계속해서 나오는 거에요. 그러다가 누가 사랑에 대한 이야기를 하고 싶다고 했어요. 동성애, 양성애, 무성애... 그런 것들 있잖아요. 유독 철학적인 고찰을 좋아하는 팀원이었어요. 사랑이라는 이야기를 하니까 다들 반응 하더라구요. 그런데 사랑은 여전히 제 기준에서는 좁아서 '우리 이거 조금만 넓혀 볼까요?'해서 나온 게 관계였어요. 웃긴게 있다면 정작 사랑에 대한 이야기는 별로 안한 것 같네요. 아니다, 생각보다 많이 했나? 잘 모르겠어요. 직접적으로 사랑에 관한 이야기는 적게 한 것 같은데, 사랑으로부터 발현되는 관계에 대한 단어는 꽤 한 것도 같고.

03.

저는 관계라는 주제를 만난 게 축복이었다고 생각해요. 사람은 살면서 뭐든 관계를 맺어가면서 살아가잖아요. 가장 많은 사람에게서 쉽게 공감과 이해를 끌어낼 수 있는 주제를 찾는 건 어려운 일이거든요. 그런데다가 저는 일상을 재조명 하고 싶어서 이런 팀을 만들었던 거라서, 최고의 주제였죠. 너무 가까워서 한 번도 쳐다보지 않은 구석을 쳐다보는 것은 즐거운 일이라고 생각했습니다. 독자님들 생각도 그랬으면 좋겠네요!

06
연락
[열락]

어떤 사실을 상대편에게 알림.

• 지금까지 당신이 생각했던 '연락'은 어떤 의미인가요?

각자 생각하기 나름

'어떤 사실을 상대편에게 알림.' '서로 옮겨 주고받으며 차례로 전달함.' 모두 '연락'의 사전적 정의다. 단어의 의미가 서로 정보를 주고받는 것에 초점이 맞추어져 있다. 하지만 연락은 단순히 서로의 정보를 주고받는 것에 그치지 않는다. 연락을 주고받는 두 사람이 '연락'에 어떤 의미를 부여하느냐에 따라 그 의미가 완전히 달라지기 때문이다.

초등학생 때부터 알고 지낸 친구가 있다. 부모님끼리도 친해 함께 여행을 갈 정도로 가까운 사이라 서로에 대해 모르는 게 더 이상할 정도이다. 그래서 서로 연락을 많이 하는 편이 아니다. 어떻게 살고 있나 궁금할 때도 많지만 친구의 일상을 이미 잘 알고 있기에, 잘 살고 있겠거니 하며 굳이 연락하지 않는다. 하지만 정말 가까운 사람에게 기대고 싶어질 때나 문득 시시콜콜한 이야기를 하며 산책하고 싶어질 때가 있다. 그럴 때는 그 친구에게 연락을 한다. 같은 동네에 살고 있는 친구는 바로 연락을 받고 나와 함께 산책을 한다. 시시콜콜한 대화도 실컷 나눈다.

친구와 헤어진 뒤 집으로 돌아가는 길에 생각한다. 이 친구와의 연락은 단순히 안부나 정보를 주고받는 수단이 아니라, 친구와 나의 끈끈한 우정을 의미한다는 것을. 나와 친구는 언제든 연락해도 거절하지 않고 서로에게 달려간다. 또 한 달에 한두 번 꼴로 연락하지만 망설임 없이 서로에게 연락할 수 있다. 그 친구와의 연락이 곧 우리가 서로를 신뢰하고 의지하는 정도, 우정의 깊이 등을 의미하기 때문이다.

반대로 매일 연락을 주고받는데도 도저히 그 사람과의 연락이 편해지지 않는 관계도 있다. 분명 매일 연락을 통해 서로의 안부를 묻고 그 외의 일상적인 이야기를 나누는데도 그 사람과의 연락 자체가 부담으로 다가올 때가 있다. 그럴 때는 대화를 어떻게든 이어가야 한다는 압박감에 궁금하지도 않은 질문을 애써 한다. 의미도 없고 재미도 없는 연락을 왜 주고받아야 하는지 알 수 없지만, 반응하지 않으면 어떤 집단에 소속되지 못하거나 상대방이 서운함을 느끼기 때문에 겨우 반응을 쥐어 짜내기도 한다. 이렇듯 매일 주고받지만 거리가 가까워지기는커녕 부담이나 압박으로 다가오는 연락도 있다.

연인과의 관계에서는 '연락'의 의미가 더욱 다양하다. 누군가에게 연락은 자신의 일상을 방해하는 요소일 수도 있고, 누군가에겐 상대방의 작은 일상까지 알아낼 수 있는 유일한 창구일 수도 있다. 또 누군가에겐 애정의 깊이를 드러내는 수단일 수도 있고, 누군가에겐 나의 하나부터 열까지를 다 보고해야 하는 것일 수도 있다. 연인과의 관계에서 '연락'과 관련된 문제가 많이 발생하는 것도 결국 '연락'을 대하는 서로의 태도나 관점이 다르기 때문이라고 생각한다.

이렇게 연락은 사람이나 관계에 따라 의미가 달라진다. 끈끈한 우정이나 믿음의 정도를 나타낼 수도 있고, 반응해야 한다는 부담이나 압박으로 다가올 수도 있다. 자신을 방해하는 요소가 될 수도 있고, 일상을 알아낼 유일한 창구가 될 수도 있다. 애정의 깊이를 드러내는 수단이 되거나 자신의 일거수일투족을 보고하는 것이 될 수도 있다. 그러니 '연락'은 결국 각자 생각하기 나름이다.

적절한 온도 찾기

추운 날, 시린 몸을 녹일 수 있는 적절한 온도를 찾는 건 어려운 일이다. 분명 수도 꼭지 손잡이를 정중앙에 두었는데 몸을 움츠러들게 할 정도의 차가운 물이 나올 때도 있고, 김이 무럭무럭 나는 뜨거운 물이 나올 때도 있다. 그럴 때는 오른쪽, 혹은 왼쪽으로 손잡이를 툭툭 밀어본다. 그렇게 몇 번 더 손잡이 방향을 조절하다 보면 딱 기분 좋은 온도의 물이 나오는 지점을 발견하게 된다.

연락도 마찬가지다. 연락의 빈도수가 애정의 크기를 나타내는 증표라고 생각하는 사람이 있는 반면, 연락에 큰 의미를 부여하지 않는 사람도 있다. 전화하는 것을 좋아하는 사람이 있으면 전화하는 것을 좋아하지 않는 사람도 있다. 이처럼 극과 극인 사람들이 만난다면 그들만의 중간 지점을 찾아야 한다. 그러나 정중앙이 그들의 중간 지점이 아닐 수도 있다. 그곳이 적절한 중간 지점이라 생각했지만, 그들의 관계가 여전히 차갑거나 뜨거울 수도 있다는 말이다.

나의 가장 반대편에 서 있던 사람과의 연애가 생각난다. 나는 연락에 큰 의미를 부여하지 않았고, 전화보다는 문자를 선호하는 사람이었다. 반대로 그 사람은 우리의 관계에서 연락은 애정의 척도였고, 문자보다는 전화를 선호하는 사람이었다. 혼자였을 때는 대수롭지 않던 것이 서로 다른 두 사람이 만나자 가장 중요한 문제가 되었다. 우리는 우리만의 적절한 온도 지점을 찾기 위해 이쪽저쪽 툭툭 쳐보며 노력했다. 연애 초반에는 서로서로 양보하며 상대에게 맞추었다. 틈틈이 연락을 주고받았고, 전화하자는 말에 한두 시간씩 전화하기도 했다. 연락이 잘 안되는 날에는 먼저 문자 몇 통을 남겨두었고, 피곤하다는 말에 전화는 다음에 하자며 넘어가기도 했다.

그렇게 적절한 지점에서 멈춘 줄로만 알았는데, 시간이 지날수록 그렇지 않다는 걸 알게 되었다. 나는 나대로 바쁜데 연락에 빨리 답장해야 한다는 것에 스트레스를 받기 시작했고, 1시간을 전화하면 할 말이 없어 30분 동안 정적으로 흘러가는 시간이 아까웠다. 반면 그 사람은 바쁜 와중에도 틈이 나는 대로 연락해 주길 바랐고, 30분이 정적으로 지나도 남은 30분 동안 함께 시시콜콜한 이야기를 나누는 것이 좋다고 했다. 사소한 불만들이 쌓여 관계에 금이 가기 시작했다. 적절한 지점인 줄 알았지만 나에게는 너무 뜨거웠고, 그 사람에게는 너무 차가운 지점이었다. 서로 노력했지만 결국 우리의 적절한 지점을 찾지 못했던 것이다.

 연락에 관해 극과 극인 두 사람이 만났을 때 그 중간 지점에서 만나 타협하기까지 오랜 시간이 걸린다. 물의 온도가 너무 뜨겁거나 차가우면 온수가 나오기까지 오랜 시간이 걸리는 것처럼 말이다. 한편으로는 적절한 지점을 찾는 과정에서 지나치게 차갑거나 뜨거운 관계가 되어버릴 수도 있다. 그러나 한 번, 딱 한 번 온수가 나오는 적절한 지점을 발견하기만 한다면 우리는 기분 좋은 따뜻함을 오래오래 즐길 수 있을 것이다.

얼마나 소중한 관계일까?

'오늘따라 그 사람이 그립네. 연락 한번 해볼까? 음, 아니다. 그 정도로 소중하지는 않잖아. 괜히 연락하면 귀찮아질지도 몰라. 그렇다면…. 오늘은 그냥 자자.'

대부분 사람은 상대방이 누구냐에 따라 연락의 횟수와 대화하는 시간을 다르게 할 것이다. 일로 만나는 사람, 항상 붙어 다닐 정도로 친한 사람, 꼴도 보기 싫을 정도로 미워하는 사람을 똑같이 연락하는 사람을 나는 본 적이 없다. 나 역시 상대방이 누구냐에 따라 연락을 다르게 한다. 그리 친하지 않은 사람과는 하루에 1번도 겨우 하고, 부모님과는 매일 한다. 가장 친한 친구와는 매일, 아주 오랫동안 연락한다.

나의 하루 생활패턴은 꽤 단조롭다. 아침에 일어나 씻고 옷을 입은 뒤 학교에 간다. 오전 수업이 끝나고, 배가 고픈 날에는 그리 친한 편은 아니지만 같은 과 친구에게 연락해 밥을 먹으러 간다. 짧게 밥만 먹고 헤어진 뒤 오후 수업을 듣는다. 그렇게 학교에서의 일과를 끝내고 집에 올 때는 항상 부모님께 연락한다. 집에 온 뒤에는 1시간 정도의 쉬는 시간을 가진다. 저녁을 먹고 과제를 한다. 대략 오후 11시쯤 되었을 때 친구와 연락한다. 매일, 하루도 빠짐없이 말이다. 그렇게 새벽 1시까지 친구와 수다를 떨다 남은 과제를 한 뒤에 새벽 3시쯤 잠자리에 든다.

거의 5개월 동안 이렇게 생활했다. 그러다 보니 늘 연락하는 사람이 아닌 사람과는 점점 멀어지며 결국에는 연락이 끊어졌다. 이렇게 생활하기 전에는 연락을 기다리는 사람이라도 있었는데 지금은 아예 없다. 카톡 음이 울리면 '늘 보던 사람이겠구나' 라고 생각하며 카톡 음이 아닌 진동이 울리면 '광고겠구나…'라고 생각한다. 나는 사람들과 자연스럽게, 만나지 않았기에 멀어졌다.

반면 억지로 연락을 끊은 적도 있다. 고등학교 때 친한 친구와 꽤 크게 싸웠었다. 급식에 나온 사과주스를 친구가 억지로 빼앗으려 했기 때문이다. 별 거 아닌, 유치하기 그지없는 일이었지만 그 사건 이후로 나는 그 친구를 진심으로 대하지 않았다. 모든 행동을 연기했으며 모든 행동을 어떻게든 멀어지려 노력했다. 자주 하던 연락을 일주일에 1번 정도로 줄였고 친구가 가는 동선에서 최대한 먼 곳으로 이동했다. 대학에 온 뒤에 나는 그 친구의 연락을 완전히 끊었다. 메시지를 읽지도 않았고 전화 역시 무시했다. 결국 나는 그 친구와 연락하지 않게 되었다.

나는 연락하려는 사람이 얼마나 소중하냐에 따라 연락을 다르게 한다. 같이 한 끼 먹는 학교 친구처럼 그리 소중하지 않게 여긴다면 필요할 때 연락한다. 가족과 같이 소중하다면 자주 연락하고, 매일 밤 연락하는 친구와는 더 오래 대화한다. 전혀 소중하지 않고, 오히려 불필요하다고 생각하는 사람과의 연락은 즉시 중단한다.

소중한 만큼 자주, 오랫동안 연락하며 지낸다. 필요에 따라 연락한다면 평범한 관계이고, 딱히 이유가 있지 않아도 연락한다면 소중한 관계, 연락하기 싫다면 소중하지 않은 관계이다.

'오늘도 연락해야겠다. 혹시 나를 귀찮게 여기지는 않겠지? 그렇다면…아니야, 그래도 연락하자. 왜냐하면 그만큼 나에겐 소중한 관계니까.'

댕의 정의

옆에 있지 않지만 같이 걸어가는 중

함께 걷는 것과 혼자 걷는 건 다르다. 다른 에너지를 받기 때문이다. 난 혼자서 산책하는 걸 굉장히 좋아하는데 오로지 나에 대해 알아갈 수 있기 때문이다. 천천히 걸으며 생각 정리를 하기도 하고, 빠르게 달리며 스트레스를 풀기도 한다. 나를 위한 발걸음이라서 그 자체로 힐링이 된다. 비슷한 이유로 다른 누군가와 걸음을 함께 하는 것도 좋아한다. 서로를 알아갈 수 있기 때문이다. 시시콜콜한 대화를 나누며 같은 방향을 향해 발걸음을 맞추면 든든하고 즐겁다. 발자국이 2개가 아닌 4개가 되면 혼자 있을 땐 느낄 수 없는 것들이 충전된다.

작은 대화지만 그것만으로도 힘을 얻는 것. 연락도 마찬가지이다. 연락을 통해 오늘은 어떤 하루를 보냈는지, 어떤 일을 겪었는지 털어놓는다. 멀리 떨어져 있지만 연락하고 지내는 친구들이 가장 먼저 떠오른다. '팀플 때문에 진짜 스트레스 받는다.', '같이 일하는 사람 너무 짜증난다.'처럼 속상하거나 짜증나는 일을 털어놓기도 하고, '오늘부터 센터에서 봉사활동 한다!', '난 이제 실습 나간다ㅠㅠ'처럼 꿈을 이루는 데 있어서 어떤 과정을 밟고 있는지 소식을 전하기도 하고, '얘들아 나 남자친구 생겼다.', '걔랑 손절함.'처럼 자신의 새로운 인연 혹은 끊어진 인연에 대해서 말해주기도 한다. 학창시절에는 한 반에 다 같이 모여 앉아 이야기를 나눴다면, 이제는 서로 다른 학교와 지역에서 연락을 통해 일상을 공유하게 되었다. 떨어져서 지내더라도 연락을 하는 것과 하지 않는 건 천지 차이이다. 혼자가 아닌 같이 걸어가는 것이기 때문이다.

성인이 되고나서 만날 기회가 적어지다 보니 친구들과 연락하며 지내는 것에 익숙해졌다. 일상에서의 연락은 어느새 당연함으로 자리 잡아 연락의 소중함을 깨달을 겨를이 없었다. 그러다 가족과 떨어져 지내게 되면서 연락이 당연하지 않다는 걸 깨달았다. 가족과 떨어져 지내는 동안 매일 연락을 통해 시시콜콜한 대화를 나눴다. 오늘은 점심으로 무엇을 먹었고, 누구를 만났고, 어디로 일하러 갔는지 등 짧은 통화나 메시지를 통해 소식을 전했다. 옆에서 바로 알 수 있던 것들을 연락이라는 수단을 통해서만 알 수 있었고, 한 번 뜸해지면 그동안의 일상을 놓쳐버린 것 같아서 기분이 묘했다. 내 일상을 전하고 부모님과 동생의 일상을 전해 들어야 전처럼 같은 공간에 살고 있는 듯했다. 옆에 있진 않지만, 같이 걸어가는 기분을 연락을 통해 느꼈다.

그러나 나와 함께 하는 모든 발걸음이 평생 같은 방향을 향하진 않는다. 두 갈래 길에서 갈라지든, 누구 하나가 멈추든 더는 같은 걸음을 하지 않는 때가 오기도 한다. 연락이 뜸해지다가 결국엔 끊기는 상황이 오는 것이다. 같은 걸음을 해도 더 이상 즐겁지가 않고, 든든함보단 귀찮음이 자리 잡으면 서서히 연락은 끊어진다. 애초에 나에게 있어 별로 중요하지 않은 인연과 그렇게 되기도 하고, 중요한 인연이어도 어떤 사건으로 인해 뚝 잘라내기도 한다. 난 그렇게 끊긴 발걸음에 미련을 갖는 것보단 '여기까지 이어질 인연이었나 보다.'한다. 같이 걸어가는 기분을 느낄 관계는 많으니까.

든든함을 채워줄 유일한 길이기 때문에 연락을 중요시하는 건 당연하다. 자주 연락하지 않아도, 가끔이어도 좋다. 느린 발걸음이라도 좋다. 짧은 말 한마디로 근황을 전하고 감정을 공유하다 보면 답답하고 힘든 상황에서 예상치 못한 위로를 받을 수도 있다. 혹은 심심한 일상에서 재미를 얻을 수도 있다. 아무리 혼자 걷는 게 괜찮다 해도, 발걸음이 배가 되고 옆자리가 채워져서 얻는 든든함은 무시할 수 없다.

우리는 같이 걷는 중이다. 손을 잡고 발걸음을 맞춘다. 옆에 있진 않지만, 같이 있는 것처럼. 서로의 일상을 이야기하면서.

당신이 생각하는 '연락'은 어떤 의미인가요?

07

연인
[여:닌]

서로 연애하는 관계에 있는 두 사람. 또는 몹시 그리며 사랑하는 사람.

• 지금까지 당신이 생각했던 '연인'은 어떤 의미인가요?

~~~~~~
~~~~~~
~~~~~~
~~~~~~

끝을 알면서도 시작하는 관계

 끝이 없는 연애를 하고 싶어. 연애에 대한 이야기를 나누던 중 최근에 이별한 친구가 말했다. 나는 친구의 입에서 나온 두 단어를 곱씹었다. '끝'과 '연애' 잔인할 만큼 잘 어울리는 두 단어. 나는 작게 중얼거렸다. 연애에 끝이…… 없을 수가 있나? 친구는 쓸쓸하게 미소를 지으며 그치, 없을 수가 없지, 라고만 답했다.

 성인이 되어 연애를 하는 친구들이 하나같이 입을 모아 하는 말이 있다. '친구와 연인은 달라.' '친구라는 존재가 대체할 수 없는 무언가가 연인에게는 있어.' 이 말을 들을 때마다 완전히 공감하기 어려웠다. 청소년기의 연애를 생각해보면, 친구와 연인이 다르다는 느낌을 받은 적이 없었다. 결국 연인도 친구 아닌가? 하지만 한편으로 성인이라면 친구와 연인의 차이를 깨달을 수도 있을 것 같았다. 이젠 대학교 2학년도 되었으니 한 사람에게 푹 빠져 그 사람이 아니면 안 될 것 같은 경험을 해볼 때인 것도 같았다.

 하지만 '연인'관계도 결국은 인간관계이기에 구체적인 미래를 생각하지 않는 이상 반드시 끝이 있기 마련이다. 그래서 더욱 연인 관계가 궁금하다. 시작과 동시에 끝이 있다는 점을 충분히 알고 있는데도 불구하고 사랑에 빠지는 느낌은 어떤 것일까? 기꺼이 끝이 정해진 관계에 몸을 던지고픈 감정은 무엇일까?

 중학생 때 '좋아하는 감정'을 느끼고 연애까지 했던 경험을 떠올려 보았다. 우리는 헤어질 걸 분명 알고 있었다. 서로에게 호감을 느끼고, 서로에게 호감이 있다는 걸 확인하고, 서로의 마음을 밀고 당기며 고백할 순간을 찾고, '좋아해. 우리 사귈래?' 라고 말하는 순간, 우리는 이미 헤어질 때를 생각하고 있었다. 누가 가르쳐 준 적도 없는데, 너무나도 잘 알고 있었다. 하지만 우리는 연인이 되었고, 연애를 했다. 왜냐하면 내가 너를, 네가 나를 좋아했기 때문이다. 단순명료한 이유 하나 때문에 헤어짐까지 감당했던 것이다.
 청소년기의 연애를 연애 경험으로 쳐도 될지는 모르겠지만, 그때의 나는 진심이었고 지금 다시 생각해도 진심으로 남아있다. 성인의 연애는 아마 '좋아하다'를 넘어 '사랑하다'라는 감정까지 느끼게 될 때가 많을 것이다. 함께 사는 가족에게도 쉽게 건네지 못 하는 '사랑한다'라는 말을 완전한 타인인 연인에게 쉽게 꺼낼 수 있는 이유는, 연인 관계의 끝이 정해져있기 때문이 아닐까? 끝이 정해져있기 때문에 그 시간 안에 빠질 수 있는 만큼 빠지고 사랑할 수 있는 만큼 사랑하고 표현할 수 있는 만큼 표현하는 게 아닐까?

  최근에 새 연애를 시작한 친구와 연락이 뜸해졌다. 애인과 매일 만나는데도 뭐 그렇게 할 일이 많고 할 말이 많은지 잘 이해할 수 없지만, '연인'관계의 속성을 생각해보면 오랜 단짝 친구의 연락을 한 번쯤은 못 볼 수도 있을 것 같다. 끝이 정해져 있는 만큼, 지금 이 순간의 감정이 식어버리기 전에 한 번이라도 더 만나고 한 마디라도 더 하고 싶을 테니까 말이다.

  '연인.' 어쩐지 '애인'이라는 단어보다 조금 더 애틋함이 느껴지는 단어. 끝이 있다는 걸 알면서도 시작하는 관계. 헤어짐을 받아들이고 지금의 감정에 최선을 다하는 관계. 애틋함이 느껴질 수밖에 없다.

기간제 베프

  '우리 사귀자.'라는 가장 흔하고 확실한 고백부터 '나 너 좋아해.'와 같이 흔하지만 답하기 애매한 고백까지, '연인'이라는 관계의 시작은 다양하다. 관계의 시작이 다양하듯이, 관계가 지속되는 방식 또한 다양하다. 누군가는 현재의 외로움을 잊기 위해 아무나 만나기도 하고, 또 다른 누군가는 낡고 지친 관계를 이어나가기도 한다. 그러나 오늘은 사람들이 '연인'이라는 단어를 들었을 때 가장 흔하게 떠올리는, 서로를 좋아하고 아껴주며 관계를 이어나가는 연인들에 대해 적어보려고 한다.

  사람들은 대개 '연인'이라는 확실한 관계를 맺기 전, '썸'이라는 한 과정을 거친다. 썸이라는 애매한 단계를 고백으로 정리하고, '연인'이라는 좀 더 확실한 관계를 맺는다. 썸부터 연애 초반까지, 대부분의 연인은 어색함을 느낀다. 약간의 어색함과 이 사람에 대해 잘 모른다는 생각에 처음에는 조심스럽게 행동하고 배려한다. 그러나 서로 함께한 시간이 쌓이면서 서로에 대해 더 잘 알게 되고, 서로가 점점 더 편해진다.

  서로가 편해진다는 건, 자신의 '진짜' 모습을 연인에게 보여준다는 말이다. 진짜 모습을 보여주며 연인을 좀 더 편하게 대하는 건 좋지만, 오히려 이런 문제로 이별이 찾아오기도 한다. '이 사람은 내 진짜 모습을 아니까 이해해 주겠지?'라는 생각에 의도치 않게 연인의 기분을 상하게 하거나, 혹은 연인을 편하게 대하다가 연인이 그어둔 선을 넘어버리는 순간이 올 수도 있기 때문이다. 그 순간들이 모여, 설렘과 어색함으로 시작되었던 관계에 마침표를 찍는 순간이 온다. '너와 있을 때 더 이상 설레지 않아.', '널 이제 좋아하지 않는 것 같아.', '우리 잘 안 맞는 것 같다.' 관계의 시작이 다양했듯이, 관계의 끝 역시 다양하다.

  여기까지 생각을 뻗어나가다 보니, 연인이라는 관계의 시작과 끝이 친구와 비슷하다는 생각이 들었다. 연인과 마찬가지로, 우리는 알게 된 지 얼마 안 된 친구에게 어색함을 느낀다. 그래서 더 조심스럽게 말하고 행동한다. 그러다 일주일, 한 달, 일 년. 함께하는 시간이 점점 길어질수록 친구에 대해 더 깊게 알게 된다. 내 친구는 어떤 말투를 지녔는지, 어떤 걸 좋아하고 싫어하는지, 어떤 습관을 가지고 있는지, 알게 되는 것들이 점점 많아진다. 친구에 대해 아는 것이 많아지고, 친구도 나에 대해 아는 게 많아지니 '얘는 내가 이렇게 행동해도 이해해 주겠지?'하며 친구를 불쾌하게 만들거나 친구가 그어둔 선을 무시해버린다. 하나 둘, 그런 순간들이 모여 함께 했던 긴 시간들이 사라진다.

그 긴 시간들이 허무하게 사라지면 내가 그 사람의 연인이었든, 친구였든 더 이상 아는 척할 수가 없다. 함께 했던 사람과의 추억을 더 이상 함께 회상할 수 없고, 카페에서 흘러나오는 음악을 듣다 그 사람이 생각나도, 식당에서 밥을 먹다 새우 알레르기가 있는 그 사람이 생각나도, 오랜만에 만난 친구가 그 사람의 근황을 전해줘도 말이다. 시간이 약이라는 말을 믿으면서 시간을 흘려보내는 수밖에 없다.

그래서 연인의 또 다른 이름은 기간제 베프다. 기간제 베프에 설렘이 추가된, 그런 기간제 베프.

미안함과 욕심의 줄다리기-

    연인이란 참 독특한 관계다. 1을 주면 10을 받고 싶어 하고 10을 주면 100을 받고 싶어 한다. 많은 것을 주며 그 이상으로 보답받기를 바란다. 만약 상대방이 보답해주지 않으면 줄 때의 마음은 온데간데없고 어떻게든 멀어지고자 한다.

    나는 연애를 몇 번 해보지 않았다. 중학교 때 2번이 전부이니 말이다. 그마저도 집과 학교에서 온갖 사건 사고가 터져 '사랑'이라는 달달한 감정이 들어갈 여유가 없던 때에 말이다. 그래서 나는 아직도 정상적인 연인들의 데이트가 무엇인지 모른다. 때문에 내가 아는 연애는 주변의 몇몇 친구들한테서 들은 이야기밖에 없다.

    친구들의 얘기 속 연애란 신기했다. 일면식도 없던 상대와 캠핑장에서 만나 연애가 시작되고 빙수를 먹는 자세가 마음에 안 들어 헤어지기도 하는, 시작과 끝의 이유가 이해할 수 없는 모순덩어리였다. 늘 연인에 대한 불평불만을 늘어놓으면서도 스마트폰 배경 화면에는 늘 연인과 함께 활짝 웃는 사진이 있었다. 각종 기념일에는 돈이 나간다고 말하면서도 선물을 사러 갈 때는 늘 나를 끌고 가서 행복한 표정으로 고민했다. 그러던 어느 날 갑작스레 무심한 표정으로 '나 헤어졌어.'라고 말하는 걸 보면 한 가지 의문이 떠오르지 않을 수가 없었다. 과연 친구에게 연인이란 뭐였을까? 미안해, 고마워. 내가 사랑하는 거 알지? 이런 말들을 수없이 하면서도 마음을 접게 된 이유는 무엇이었을까?

    의문은 1주일쯤 뒤에 풀렸다. 저녁을 먹고 산책할 때였다. 친구가 질문을 던졌.

"야, 너는 내가 왜 헤어졌는지 궁금하지도 않냐?"
 물론 궁금했다. 하지만 나는 굳이 묻지 않았다. 예의가 아니라고 생각했기도 했고 들으나 안 들으나 나와 별 상관이 없었기 때문이다. 그래도 나는 답했다.
"당연히 궁금했지."

친구가 말한 이유란 참으로 하찮았다. 친구의 젓가락질 때문이었다. 친구의 젓가락질은 손가락이 아닌 손바닥 전체를 이용해 잡는 방법이었는데 그것을 연애 내내 지적했다고 했다. 그러다가 끝내 폭발한 것이고.

과연 그것 때문에 헤어졌는지 아니면 다른 이유 때문일지 나는 모른다. 당사자가 아니기 때문이다. 그렇지만 알 수 있는 것은 하나 있다. 서로의 욕심이다. 친구의 여자친구는 친구에게 많은 것을 베풀었다고 생각했기에 젓가락질을 지적했고 그것을 고치기를 바란 것이다. 반대로 친구는 여자친구에게 많은 것을 베풀었기에 그깟 젓가락질쯤이야…, 라며 무시한 것이고. 친구의 여자친구에겐 젓가락질의 교정이 자신이 베푼 돈, 노력, 시간, 감정에 대한 친구의 보답이 아니었을까? 친구는 그것을 무시했고 결국 관계의 끝으로 간 것이 아닐까?

댕의 정의

운명의 땅을 파는 과정

데칼코마니처럼 첫 만남이 똑같은 연인은 아마 없을 거다. 첫 만남의 계기, 만났던 장소와 시간, 그리고 상대의 첫인상도 다 다를 거다. 각자 다른 방식으로 서로를 알아가고, 친밀감을 쌓으며 가까워진다. 그러다 지금의 위치로는 더 이상 가까워질 수 없을 때가 오고, 그 한계를 넘고 싶어지는 순간에 서로의 마음을 확인하고 연인이 된다. '사귀자.', '나랑 만날래?'같이 몇 마디의 말이 오갔을 뿐인데 관계가 달라진다. 연인이 된다는 건 둘 사이가 크게 변한다는 걸 의미한다. 손을 잡는 것에 망설이지 않아도 되고, 축제에 너도 왔으면 좋았을 거라고 두루뭉술하게 얼버무리지 않고 보고 싶다는 말을 당당하게 해도 된다. 항상 고민으로 자리 잡았던 것들이 확실하게 표현할 수 있는 사이가 된다.

모든 관계가 그렇듯 처음부터 연인으로 만난 사이가 아니기 때문에 서로 맞춰간다. 흡연하는 걸 싫어하는 상대방을 위해 담배를 끊으려고 노력하고, 연락하는 것에 예민한 상대방을 위해 연락을 서두르는 것처럼. 그 과정의 결과는 톱니바퀴처럼 맞물려서 지속되거나, 서로의 힘을 버티지 못하고 튕겨나가서 끝나거나 둘 중 하나로 정해진다. 한 마디로 계속 사귀거나, 헤어지게 된다. 50 대 50으로 정해지는 만큼 맞춰가는 과정은 쉽지 않다. 살아온 환경이 달라서 가치관이 다르고, 주변 환경이 달라서 성향이 다르기 때문이다. 가끔 길을 가다 보면 손을 꼭 마주 잡은 할머니와 할아버지를 보는데, 그럴 때마다 왠지 모르게 항상 흐뭇한 웃음을 지었다. 운명이라 칭하고 싶은 그들을 부러워하기도 하고, '최고예요'라며 엄지손가락을 치켜들기도 한다. 전에는 그 이유를 몰랐는데 어느 순간 알았다. 두 분처럼 되는 게 쉽지 않다는 걸 알기에 당사자도 아닌 것이 흐뭇한 웃음을 지었던 거다.

함께 하는 시간은 장기간일 수도, 단기간일 수도 있다. 그럼에도 공통되는 건 짧거나 긴 시간동안 감정의 소용돌이를 느낄 수 있다. 기쁘다가도 화나고, 슬프다가도 언제 그랬냐는 듯 즐겁고 행복한, 미친 듯이 휘몰아치는 감정에 허우적댄다. 분명 처음에는 모르는 사람이었을 텐데, 그 사람으로 인해 울고 웃으며 행복과 그리움을 느낀다는 게 얼마나 운명적인 일인가. 서로를 알아가며 연인이라는 관계를 맺고, 그 과정 속에서 감정을 배우고, 그 감정으로 인해 좋은 방향이든 좋지 않은 방향이든 서로에게 영향을 미친다는 게 얼마나 신비로운 일인가.

  서로를 알아가며 감정이 깊어지고, 관계가 지속되거나 끝이 나는 사이는 연인 말고도 많다. 하지만 많은 관계 중에서도 서로가 함께일 때 가장 빛나는 관계는 연인이라고 생각한다. 옆에 있다는 것만으로도 힘이 되고, 손을 잡는 것만으로도 웃음이 나고, 서로를 최고로 아껴주는 순간들이 가득한 관계이다. 모든 것에 의미부여를 하고 싶고, 함께 하는 순간을 어떻게든 추억으로 남기고 싶어서 카메라를 드는 이유는 연인이라는 관계 그 자체에 있다. '우린 운명이야.'라는 말을 가장 많이 하고 싶은 내 연인이고, 소중한 인연이니까.

당신이 생각하는 '연인'은 무엇인가요?

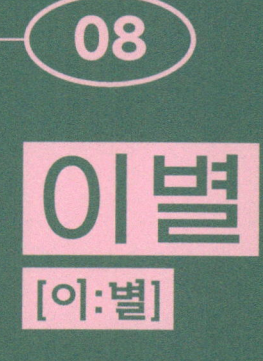

08
이별
[이:별]

서로 갈리어 떨어짐. ≒별리, 상별.

• 지금까지 당신이 생각했던 '이별'은 어떤 의미인가요?

언젠가는 반드시 겪는 일

　내가 유치원생일 때 돌아가셨던 친할머니가 생각난다. 너무 어렸을 때의 일이라 할머니와의 추억도, 할머니의 투병도, 할머니의 장례식도 잘 기억나지 않는다. 다만 한 장면만은 뚜렷하게 기억한다. 아빠가 자동차에서 내리려는 할머니를 부축하는 장면이다. 아빠는 애쓰고 있었다. 애써 웃고 있었고 어쩔 수 없는 슬픔을 애써 견디고 있었다. 어린 나조차 아빠의 얼굴을 읽을 수 있었던 것이다. 아빠는 이별을 받아들이는 중이었을 거다. 이별은 당연하고 언젠가 반드시 겪어야 하는 일이란 걸, 아빠가 모를 리 없었을 테니까.

　'이별'이라고 하면 어쩐지 비장하고 진지하고 애절하고 쉽지 않은 결정처럼 느껴지지만, 지금까지 나의 인간관계를 돌이켜 보면 이별이 자연스러운 일이란 사실을 깨닫게 된다. 전학 가도 잊지 않고 꾸준히 편지를 보내겠다며 약속까지 했지만 이젠 이름도 기억나지 않는 초등학생 때의 친구들, 이렇게까지 나와 잘 맞을 수 없다고 생각했지만 다른 지역의 고등학교를 다니게 된 후 더 이상 연락하지 않게 된 중학생 때 친구, 친구를 넘어 전우와 동지가 되어 3년 동안 서로를 응원하고 안아주었지만 대학생이 된 후 거짓말처럼 연락하지 않게 된 고등학생 때 친구들 등. 몸은 멀어져도 마음만은 멀어지지 말자는 다짐이 무색할 만큼 이별은 생각보다 훨씬 자연스럽고 당연한 일이다.

　평소 즐겨보는 유튜브 채널이 있었다. 나와 비슷한 또래의 여성이 운영하는 채널이었다. 채널에는 제주도의 풍경과 고양이, 그리고 가족이 등장하는 일상을 차곡차곡 담아낸 영상이 올라왔다. 그녀의 영상을 좋아한 이유는 영상을 볼 때면 오늘 하루를 조금 더 열심히, 부지런히 살고 싶은 의지가 생겼기 때문이다. 그녀가 가진 에너지는 생기 있고 따뜻했다. 길고양이들도 그 에너지를 알아보는지 그녀의 집에 불쑥불쑥 찾아와 밥을 얻어먹었고 그렇게 하나 둘 이름을 얻어 그녀와 함께 살게 되었다. 보이는 것만 보고 보여주고 싶은 것만 보여주는 유튜버와 구독자의 관계였지만, 나는 분명 그녀를 조금이라도 알았고 그녀를 좋아했다.

그녀의 부고 소식을 알았을 때, 신체 기능이 축소되는 걸 느꼈다. 왜인지 침을 삼키면 안 될 것 같았다. 숨도 크게 쉬면 안 되고 손과 발도 크게 움직이면 안 될 것 같았다. 내가 살아있다는 것을 티내면 안 될 것 같았다. 나는 그때 처음으로 타인의 죽음을 직면했다. 가족 행사 때만 몇 번 보는 먼 친척의 장례식장에 갔을 때와는 느낌이 달랐다. 먼 친척의 장례식에 갔을 땐 눈물을 흘리라면 얼마든지 흘릴 수 있을 것 같았는데, 그녀의 부고 소식을 들었을 때는 절대 울면 안 될 것 같았다. 눈물이 오히려 굳어버리는 것 같았다. 그 순간 아빠의 얼굴이 생각났다. 슬픔을 애써 견디는 얼굴. 이별에 수긍하려는 얼굴. 당연한 일이 당연하게 여겨지지 않지만 어떻게든 받아들이려는 얼굴.

어느새 이름을 잊고 연락이 끊긴 수많은 친구들과의 이별처럼 그녀와의 이별도 언젠가 반드시 겪어야 하는 일, 이라고 생각해본다. 그렇게 믿어본다. 다만 수많은 친구들과의 이별과 다른 점은, 그녀의 이름을 잊지 않을 거라는 것. 언젠가 반드시 겪어야 하는 일인 만큼 기억해야 하는 것은 반드시 기억할 거라는 것.

또 다른 시작

 노래의 제목과 가수는 몰라도 한 소절만 듣고 모두가 흥얼거리는 노래가 있다. 바로 015B의 '이젠 안녕'이라는 노래다. '안녕은 영원한 헤어짐은 아니겠지요.' 졸업하는 날이면 제목도, 가수도 모르면서 친구들과 함께 부르던 노래다. 이 노래의 가사처럼, 나는 '이별'이 영원한 헤어짐을 의미하는 단어가 아니라고 생각한다. 우리는 이별 뒤에 새로운 만남을 기대해 볼 수 있고, 이별이 새로운 관계의 출발선이 될 수도 있기 때문이다.

 이별 뒤에 새로운 만남을 기대해 볼 수 있는 시기는 언제일까? 나는 졸업하는 때가 가장 떠올리기 쉽고, 공감하기 쉬운 시기라고 생각한다. 우리는 살면서 졸업이라는 이별을 반드시 겪는다. 초등학교 때 6년간 함께 했던 친구들과 한 번, 중학교 때 3년간 함께 했던 친구들과 한 번, 고등학교 때 3년간 함께 했던 친구들과 또 한 번. 졸업식이 다가오면 그동안 함께 시간을 보냈던 친구들과 다시 보지 못할 것만 같고, 새 학교에 가서 새 친구는 어떻게 사귀나, 혹여나 친구를 못 사귀면 어쩌나 싶은 생각에 불안해한다. 그러나 그런 불안감들을 떨쳐내고 다시 생각해 보면, 나를 불안하게 만들었던 걱정들은 새로운 학교에서 새로운 친구들과의 만남을 시작할 수 있다는 기대감으로 바뀔지도 모른다.

 새로운 만남을 기대할 수 있다는 것은, 이별이 새로운 관계의 출발선이 될 수 있다는 것을 의미한다. 이는 누군가에게 새로운 애인을, 새로운 친구를, 혹은 예상치도 못했던 누군가와의 관계를 만들기도 한다. 나는 본가와 거리가 있는 지역의 대학에 합격했는데, 통학하기에는 무리라 학교 근처에서 자취하기로 마음먹었다. 그래서 여기저기 자취방을 알아보던 중, 고등학교 동창이 나와 같은 대학교에 합격한 걸 알게 되었고 어쩌다 보니 그 친구와 동거를 시작하게 되었다. 20년 동안 같이 살던 가족들과 이별했지만, 3년 동안 알고 지낸 친구와의 동거 생활이 시작됐다.

 사실 고백하자면, 나는 015B의 '이젠 안녕'이라는 노래의 제목도, 가수도 몰랐다.

정말 '안녕은 영원한 헤어짐은 아니겠지요.'라는 가사와 멜로디만 알고 있었다. 노래를 알게 되고, 노래의 전체 가사를 읽어보니 내가 아는 가사 다음에 이어지는 가사가 눈에 들어왔다. '다시 만나기 위한 약속일 거야.' 노래 가사처럼, 안녕은 이별이 아니라 다시 만나기 위한 일종의 약속이 될 수 있다. 이별이 영원한 이별은 아니라는 말이다. 우리는 헤어졌어도 남아있는 사진이나 영상으로, 혹은 오랜만의 만남으로 상대를 추억하고, 만날 수 있기 때문이다. 내가 가야 할 길을 떠나 걷다 보면 새로운 만남이, 혹은 새로운 관계가 찾아오게 될지도 모른다. 또 다른 시작이 다가온다.

이미 결정된 일방적인 통보

이별. 내겐 조금 익숙한 단어다. 오히려 진절머리가 난다고 해야 할까. 마음속으로 '이번에도 이별이구나.', '이 관계도 여기까지구나.', '언젠가 다시 보면 좋겠다.' 등의 생각을 하며 겉으로는 담담하게 이별을 고하는 그 행위가 한두 번이 아니었으니 말이다.

2010, 2013, 2016, 2018, 2022. 초등학교 1학년, 초등학교 3학년, 6학년. 중학교 2학년. 대학교. 객관적으로 꽤 많이 이별했다고 생각한다. 충분한 관계가 형성되기도 전에, 남에게 '절친'이 되어보지 못한 채, 나는 5번의 이별을 겪었다. 그 와중 가까스로 사귄 친구들은 모두 전학을 갔거나 특별한 일이 있어 자퇴, 병결로 차츰 멀어졌. 꽤 비극적이라고 생각한다.

그 수많은 이별을 하면서 배운 것이 있다. 이별은 결정된 것이며, 일방적인 것이다. 이별을 생각해보자. 어떤 커다란 사건이 생겨서 A가 B에게 헤어져야 한다고 말한다. B는 갑작스레 이별을 말하는 A가 이상하다고 느낄 것이다. 그리고는 왜 그런 것인지, 헤어지지 않으면 안 되는지를 물어본다. 그러나 A는 B의 반응에 따라 이별을 할지 말지 고민하는 것이 아니다. 이미 결정된 사실을 일방적으로 통보한다. A는 B에게 사정을 설명하고 어쩔 수 없다, 미안하다, 와 같은 아쉬운 말을 할 수밖에 없다. 그러나 B는 그것에 만족하지 못한다. B가 원하는 대답은 가지 않겠다는 말이기 때문이다.

"나는 너에게 더는 같이 있어 주지 못해."
"왜?"

이렇게 질문이 들어오면 뭐라 답해야 할까. 아버지의 일 때문에? 네가 너무 싫어서? 내가 뭐라고 말하던, 상대방은 납득하지 못했다. 곁에 있어 준다는 말을 할 수 없었기 때문이다.

그 어린 시절 내가 겪은 많은 이별에는 내 의지가 없었다. 가족이 내게 이사 간다는 말을 해주고 나는 그것을 친구에게 전달하는 역할밖에 하지 못했다. 나는 이별을 가족에게서 당하는 사람임과 동시에 이별을 고하는 사람이었다. 이런 내게, 일방적인 헤어짐을 강요한 이별이란 굉장히 부정적이며 진절머리가 나는 단어다.

   이별은 통보다. 그것도 일방적인 통보. 통보할 때 상대방의 감정, 기분은 중요하지 않다. 그 통보를 하며 나 역시도 슬프기에, 가고 싶지 않기에 이미 상대방의 기분이 나와 같기에 중요하지 않다. 그렇기에 나는 이별을 이렇게 정의한다. 이미 결정된, 바꿀 수 없는 일방적인 통보, 라고.

댕의 정의

언젠가 찾아오지만, 예고는 없는.

　이별은 예고 없이 찾아온다. 어렸을 때 나는 할머니와 보낸 시간이 많았다. 할머니 손을 꼭 붙잡고 놀이터를 가던 유치원생, 할머니를 도와 반찬을 만들던 초등학생, 그리고 중학생이 되어 교복을 입은 모습을 보시고 할머니는 다 컸다며 웃으셨다. 유난히 그 웃음이 기억에 남아있는 이유는 중학생의 모습을 미처 다 보여드리지 못했기 때문이다. 고등학생이 돼도, 할머니 눈엔 꼬맹이 같던 아이가 다 커서 성인이 돼도, 웨딩드레스를 입은 신부가 돼도 할머니와 함께 할 줄 알았다. 그렇게 할머니와 함께 할 미래를 머릿속에 빼곡히 그렸는데 한순간에 백지장이 되었다. 예고도 없이 찾아온 이별은 나를 수렁에 빠지게 하기 쉬웠고, 그냥 할머니가 며칠 여행 간 것 같은 기분이 들 정도로 믿기지 않았다.

　슬픔 뒤에 또 나를 기다리고 있는 게 있었다. 아쉬움이다. 이별에는 항상 아쉬움이 남는다. 계란프라이와 미역국이 차려진 밥상은 처음이자 마지막으로 내가 할머니를 위해 차린 밥상이었다. 처음인 줄만 알았지 마지막일 줄은 몰랐고, 할머니가 나를 떠나기 하루 전에 차려드린 거라 메뉴까지 몇 년이 지나도 기억한다. 그래서 이걸로 아쉬움이 덜어졌냐고 묻는다면, 전혀 아니다. '그때 숙제하지 말고 할머니랑 마트 갈걸.', '이럴 줄 알았으면 그때 할머니랑 같이 드라마 볼걸.' 사소한 순간까지 아쉬움으로 남는 게 이별이다. 늦게 깨달을 수도 있었던 걸, 늦게 깨달아도 되는 걸 난 조금 일찍 실감해버렸다. 탄식과 울음이 난무한 공간에서 눈물을 쏟아내며 깨달았다. 이별이란 건 나와 내가 사랑하는 사람들 사이에 언젠간 꼭 찾아오는 거구나, 하고.

　그래서 누군가와의 이별을 생각하지 않을 수 없다. '만남이 있으면 헤어짐이 있다'라는 말처럼 누군가와 만난다는 것은 그 사람과 헤어진다는 것을 의미한다. 이별이 두려워서 이 사람을 놓기에는 만나고 싶고, 만남이 설레서 이 사람을 잡기에는 언젠가 하게 되는 이별이 두렵다. 어떻게 보면 현재에 충실한 마음과 미래를 걱정하는 마음을 저울질했을 때 더 무거운 걸 택하는 것이기도 하다. 이별이 항상 두렵기만 한 건 아니지만 보통의 이별은 슬픈 감정이 밑바탕 되어 있고 그 위에 각자만의 사연이 그려져 있는 것이기 때문에, 그 감정을 겪기 싫어서 나오는 두려움일 거다.

나에게는 그 두려움이 최대치를 찍었던 때가 있다. 대학생 때 비대면으로 수업을 듣다 보니 엄마와 함께하는 시간이 훨씬 많아졌고, 더 많은 얘기를 나누며 더 많은 추억을 쌓았다. 유머 코드가 잘 맞는 엄마랑 주고받는 대화가 제일 재밌고, 엄마랑 먹는 밥이 가장 맛있고, 엄마랑 드라이브하는 것이 정말 행복했다. 그러다 보니 엄마에 대한 애정이 넘칠 만큼 흘렀던 것 같다. 그러다 문득 한번 겪었던 이별이 떠오르며 너무 두려웠다. 엄마가 청소하며 귀여운 모양새로 뒀던 인형을 볼 수 없다는 게, 엄마가 예쁘게 개어 놓은 옷이 책상 위에 올려져 있지 않다는 게, 엄마와 함께 수다를 떨지 못한다는 게 상상하기 싫을 만큼 싫었다.

그래서 예고 없는 이별이 너무 무서웠다. 생각만 해도 왈칵 눈물이 쏟아질 정도로 두려웠다. 빈자리가 상상으로만 끝나는 게 아니라 현실로 다가올 날이 있다는 게 믿기지 않았다. 이런 생각을 하고 있을 때쯤 언제 다가올지 모르는 미래를 생각하며 두려워하는 것보다 행복한 현재에 충실히 하라는 조언을 들었다. 그때 나는 뒤통수를 한 대 맞은 것 같았고, 지금도 그 말을 가슴속에 새기고 있다. 물론 미친 듯이 아끼고 사랑하는 사람과의 이별은 예고도 없이 언젠간 찾아온다. 그리고 이별은 사랑의 대가이기에 사랑할수록 두려울 수밖에 없다. 하지만 행복한 지금을 두려움으로 뒤덮지 말자. 사랑도 멈추지 못하고 이별도 멈추지 못하는 현실에서 언제 올지 모르는 이별을 두려워하다가 시간을 버리지 말자. 헤어짐의 예고가 없어도 행복한 지금을 더 사랑하자.

당신이 생각하는 '이별'은 어떤 의미인가요?

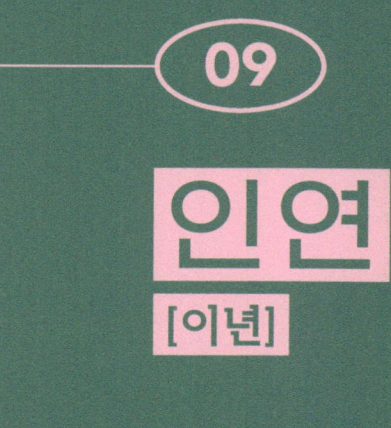

09

인연
[이년]

사람들 사이에 맺어지는 관계. ≒연고.

• 지금까지 당신이 생각했던 '인연'은 어떤 의미인가요?

~~~~~~
~~~~~~
~~~~~~
~~~~~~

열린 결말이 될지 닫힌 결말이 될지 끝까지 알 수 없는 만남

　우리는 태어나자마자 부모뿐만 아니라 수술실 앞에 있는 간호사와 의사, 신생아실에 나란히 누운 친구들과도 관계를 맺는다. 세상에 태어나면서 이미 다섯 명 이상의 사람들과 관계를 맺으니, 나이를 한 살씩 먹어가며 맺는 관계들은 일일이 세기도 어려울 것이다. 그 많은 인연들 중에 우리가 그 끝을 예측할 수 있는 관계는 과연 몇이나 될까?

　첫인상에서부터 '얘랑은 진짜 안 맞는다.' '얘랑 같이 다닐 일은 없겠다.' 싶은 친구가 있다. 반대로 '왜 이제야 이런 애를 만난 거지?' '더 친해져서 얼른 같이 다니고 싶다'라는 생각이 드는 친구도 있다. 이럴 때마다 첫인상이 모든 걸 결정한다는 말이 떠오른다. 나는 그 말을 별로 좋아하지 않는다. 첫인상은 말 그대로 '첫'인상일 뿐이고, 나의 예상에서 완전히 벗어나는 성격이나 태도를 가진 사람들이 더 많기 때문이다. 또 나의 예상과는 전혀 다른 관계를 맺는 사람들이 더 많기 때문이다.

　앞으로도 많은 인연들을 만나겠지만, 유치원부터 시작해 지금의 대학교까지 다양한 공간에서 맺어온 관계들은 항상 나의 예상을 빗나갔다. 졸업 전까지 열 마디 넘게 대화는 할 수 있을까 싶었던 친구와 졸업할 때까지 별 문제 없이 같이 다닌 적도 있고, 첫인상이 좋아 함께 다닌 친구와 성격이나 처한 환경, 그 밖의 이해할 수 없는 지점들 때문에 자연스레 멀어진 적도 있다. 친해지고 싶은 친구에게 쉬는 시간마다 화장실에 가자며 먼저 말을 걸고 점심시간마다 함께 밥을 먹기 위해 팔짱을 껴도 같은 반 친구 그 이상의 관계로 발전하지 못했던 적도 있고, 아무 관심 없던 친구와 아무런 노력 없이 친해진 적도 있다. 친해지기 위해 노력했던 만큼 가까워진 친구도 있는가 하면 불편한 마음에 내가 일방적으로 연락을 끊은 친구도 있다.

　인연을 만들어가는 과정은 나의 의지대로 흘러갈 수도, 나의 의지와는 전혀 다른 방향으로 흘러갈 수도 있다. 한번은 정말 소중하게 여겼던 인연을 이유 없이 갑자기 잃은 적이 있다. 그 사람에게 묻고 싶었다. 왜 우리의 인연이 하루아침에 없던 일이 되어버렸냐고. 우리가 지금까지 함께 나눈 추억들은 다 무의미해진 것이냐고. 하지만 돌이켜 생각해보면 그 사람이 내게 인연을 끊게 된 이유에 대해 말해줘도 나는 그 이유를 끝까지 이해할 수 없었을 것 같다. 그것이 인연의 성질이고, 인연을 맺고 끝내는 건 항상 이성적이고 논리적일 수 없기 때문이다. 인연은 한 사람이 아닌 전혀 다른 두 명의 사람이 맺는 것이기에, 나는 그 인연의 끝을 묵묵히 받아들일 수밖에 없었다.

 앞으로 얼마나 더 많은 인연을 맺게 될까? 우연으로 남을 수도 있고 운명으로 이어질 수도 있는 인연을 수도 없이 만나게 될 것이다. 기왕이면 열린 결말로 마무리되는 인연을 만나면 좋겠다. 끝이 곧 시작이 되는 인연을 맺고 싶다. 물론 이런 바람마저 막상 새로운 사람과 인연을 맺게 되면 무의미해지겠지만, 그럼에도 불구하고 끝까지 예측할 수 없는 인연들에 최선을 다하고 싶다. 닫힌 결말이 되어도, 더 이상 함께 하는 내일을 상상할 수 없는 인연이 되어도, 사람을 만나고 친해지고 더 가까워지기 위해 애쓰는 마음을 놓지 않을 것이다.

우연과 운명 그 사이 어딘가의 관계

'옷깃만 스쳐도 인연', '월하노인의 붉은 실', '시절인연'. 모두 인연과 관련된 표현들이다. 이유는 모르겠지만 어쩐지 '인연'이라는 단어를 들으면 '우연'과 '운명'이라는 단어도 머릿속에 함께 스쳐 지나간다.

인연이라는 것은 쉽게 맺을 수 있다. 지금 당장 이 글을 읽고 있는 사람과 내가 '작가와 독자'라는 인연을 맺게 된 것처럼 말이다. 길을 가다 우연히 눈을 마주친 사람과도 생길 수 있는 것이 인연이기에, 인연은 단 한 번의 부딪침, 단 한 번의 대화만으로도 생겨나는 것이라고 생각한다. 결국 우리는 하루에도 수십 개의 인연을 맺으며 살아가고 있는 것이다. 그러나 이 인연을 어떻게 다루느냐에 따라 그 인연이 '우연'에서 그치게 되는지, '운명'으로 발전하게 되는지 갈린다고 생각한다.

길을 가다 한 번쯤은 맞은편에서 걸어오는 사람과 눈을 마주친 적이 있을 것이다. 눈을 마주친 그 순간, 그 사람과의 인연이 생겼다고 할 수 있다. 그러나 이것은 그저 우연에 그치고 만 인연이다. 가령 가장 최근 외출했을 때를 떠올려보자. 당장 어제 외출했다 가정했을 때, 어제 길거리에서, 식당에서, 카페에서 마주쳤던 사람들을 우리는 다 기억하고 있을까? 30명을 마주쳤다고 가정했을 때 정작 다음날까지 기억에 남아있는 사람은 5명도 안 될 것이다. 한번 기억에서 사라지면 며칠 뒤에 그 사람을 다시 길거리에서, 식당에서, 카페에서 마주쳐도 처음 보는 사람같이 느껴진다. 그래서 나는 그런 인연은 결국 '우연'에서 그치게 된다고 생각한다.

그럼 도대체 '운명'이란 어떤 것일까? 사람들은 운명이라는 단어를 떠올리면 마주치자마자 알 수 있는 어떤 관계, 모른 척하려 해도 모를 수가 없는 관계라고 생각하기 마련이다. 그러나 나는 운명이 그렇게 거창한 것이라 생각하지 않는다. 운명이란 자기 자신과 함께 하고 있는 모든 사람들과의 관계라고 생각한다.

나에게 운명이라고 생각하는 인연에 대해 물어본다면, A라는 친구에 대해 이야기하고 싶다. A와는 중학생 때 다니던 학원에서 처음 만났다. 우리는 같은 반에서 같은 수업을 들었지만, 대화 한 마디도 해본 적이 없어 서로 얼굴과 이름만 아는 그저 그런 사이였다. 나는 몇 개월 뒤 다른 학원으로 옮겼고, 그렇게 A와도 인연이 끊긴 줄 알았다. 그렇게 A에 대한 기억이 흐려질 무렵, 고등학생이 되었다. 모든 것이 낯설게 느껴지던 새 학교에서 유일하게 낯설지 않은 것이 있었다. 바로 A였다. 그렇게 다시 만난 A와 친해져 지금까지 인연을 이어오고 있다. 만일 내가 A를 길가에서 마주쳤던 행인처럼 기억에서 지워버렸다면 A와의 인연은 거기서 그치고 말았을 것이다. 그러나 A와 나 모두 서로를 기억 속에 남겨두고, 다시 만났을 때 그 기억을 계기로 이야기를 나누고, 친해지고, 만남을 지속했기에 지금까지 인연을 이어올 수 있었다.

'하루하루를 소중히.' 영화 타이타닉의 주인공, 잭의 대사이다. 어떤 일이 생길지 모르니, 하루하루를 소중히 하라는 그의 대사를 인용해 '모든 인연을 소중히.'라고 말하고 싶다. 우리가 맺는 수십 개의 인연이 그저 우연에서 그칠지, 혹은 운명으로 이어질지는 아무도 모르기 때문에.

노력이 즐거움으로 바뀌는 과정

　나는 사람을 사귈 때 많은 것을 고려하는 사람이다. 그 사람의 성격은 어떤지, 인간관계는 어떻게 되는지 등등 셀 수 없을 만큼 따져본다. 그래서 내 인간관계는 빈말로라도 넓다고 말할 수 없다. 그렇다고 누가 봐도 부러울 정도의 깊이를 지닌 것도 아니다. 내 인간관계는 좁고, 얇다. 장점이라고는 없는 인간관계다.

　남들이 인연을 어떻게 생각할지는 모르겠지만, 장점 없는 인간관계를 가진 내게 인연이란 무게감이 다르다는 확신이 있다. 보통 사람들이 인연을 맺는 방법을 모르기에, 그것이 어떻게 끊어지는지 모르기에 나는 인연을 만들 때 더없이 신중하고 무겁게 다가간다. 수많은 계산과 시뮬레이션을 머릿속에서 생각하고 마주하기 직전까지 '과연 이렇게 하면 친해질 수 있을까?'와 같은 고민을 계속한다. 겉으로 드러나는 상대방의 정보를 관찰, 분석하고 서서히 풀어낸다. 모든 사람을 그렇게 만난 것은 아니지만 내가 맺은 인연의 절대다수는 노력의 산물이라 말할 수 있다.

　인연을 맺었다고 이제는 신경 쓰지 않아도 된다! 라고 생각해서는 안 된다. 인연은 맺기만 하면 끝나는 것이 아니다. 유지, 보수, 발전도 해야 한다. 만약 내가 맺은 바람 불면 날아갈 듯한 가벼운 인연이라면 인연을 맺는 것보다 더욱 노력 해야한다. 그 인연이 날아가지 않게, 내 곁에 머물 수 있게 하려면 겉으로 드러나는 정보만을 신경 쓰면 안 된다. 생일 같은 당연한 기념일을 챙기며, 그 사람과 인연을 맺으며 알아낸 정보를 바탕으로 이야기해야 한다.

　그렇게 인연을 유지하기 위해 노력하고 또 노력하다 보면 어느새인가 가벼운 인연은 소중한 인연으로 변한다. 나와 인연을 맺은 사람의 관계가 서로의 곁에 없어서는 안 될 관계가 되었을 때, 나는 그 사람에게 들이는 노력이 즐거움으로 변한다. 이렇게 하면 상대방이 기뻐하겠지, 이러면 상대방이 싫어하려나? 와 같은 고민을 무의식적으로 하고, 그 고민을 상대방이 눈치 채고 고맙다는 말 한마디에 더없는 기쁨을 느낀다.

고등학교 때 나는 입학 첫날 친구를 사귄 적이 있다. 첫인상은 무척이나 내향적인 사람으로 보였다. 아무와도 말하지 않고 혼자 묵묵히 있었기 때문이다. 휴대전화 배경화면을 잠시 본 적이 있는데 마침 내가 하던 게임이었다. 나는 생각했다. '저 사람, 나와 똑같다.'라고 말이다. 점심시간이 되고 나는 곧장 그에게 다가갔다. 간단한 통성명을 마치고, 곧장 게임에 대한 말을 꺼냈다. 평소 하는 게임은 무엇인지, 그 게임에서 무엇을 주로 하는지 등 대화가 끊이지 않았다. 게임에 대한 대화로 물꼬가 트이니 우린 금세 평범한 친구의 관계로 발전했다. 일주일 정도의 시간이 지나고 나는 대화 주제를 게임에서 일상으로 옮겼다. 그리고 친구가 어떻게 사는지, 게임을 제외한 취미가 무엇인지 등 정보를 수집했다. 정보를 하나하나 모으고 노력하다 보니 우리는 서로의 마음을 알게 되었고 3년 내내 붙어 다니며 둘도 없는 절친이 되었다.

내게 인연은 맺는 것뿐만 아니라 유지하는 과정도, 그렇게 해서 도달하는 결과도 인연이다. 인연을 맺기 전부터 말을 걸기 직전까지 내내 고민하다 겨우 다가가고, 쉴 새 없이 머리를 굴리며 상대방에게 맞춰준다. 그리고 이러한 노력을 상대방이 잘 받아주면 둘도 없는 관계가 된다. 상대방을 위해 쓰는 시간, 돈이 아까워지지 않고, 도리어 더 쓰고 싶고 고민하는 게 즐거워진다는 결과에 도달하는 것. 이 모든 것이 인연이다.

댕의 정의

단순한 우연에서 우리가 필연적이었던 이유는 무엇이었을까.

사랑이라는 인연, 우정이라는 인연. 이외에도 인연이라 칭할 수 있는 건 많다. 삶에서 인연이 없다면 관계도 없다. 관계가 만들어지려면 인연이 닿아야 한다. 그게 현실이든 가상이든, 오프라인이든 온라인이든. 학교에서 친구를 만나고 온라인 게임에서 다른 유저를 만나는 것처럼 일대일이 주된 상황이다. 미디어로 배우의 작품이나 아이돌의 무대를 보다가 팬이 되면 그 연예인과 서로 아끼는 관계가 된다. 일대일로 마주해서 맺은 관계가 아니라는 점에서 특수한 상황이다. 이렇듯 인연이 닿는 형태는 다양하게 나타난다.

난 학창 시절 내 인연들을 떠올렸다. 정확히 말하자면 친구들과의 관계 말이다. 사실 초등학교부터 고등학교 친구 중에서 "우리가 어떻게 친해졌지?"라는 주제의 얘기가 나올 때 오목조목 얘기할 수 있는 친구는 손에 꼽는다. 그래서 그 질문을 시작으로 어디서부터, 언제부터 서로를 인연이라는 원 안에 포함했는지에 대한 수다를 떨기도 한다. 그냥 우연히 8반 또는 2반이라는 반 친구가 된 거고, 다른 반인데도 우연히 같은 동아리의 부원이 된 거다. 신기하게도 그런 단순한 우연에서 우리는 가까워졌다. 각자 다른 인연을 맺으면서 지냈을 수도 있는데 서로가 필연적이었던 건 왜였을까. 서로의 취미와 취향을 공유하고, 기쁨과 슬픔을 나누며, 축하와 위로를 건넬 수 있는 이유는 무엇일까.

인연은 우연을 가장한 운명이다. 살면서 꼭 한 번씩은 들어 본 이 문장이 내 궁금증에 대해 그나마 끄덕거릴 대답이 되겠다. 애매하거나 먼 사이가 될 수도 있었는데 서로에게 비밀을 털어놓거나 큰 힘이 되는 존재가 된 것에서 이런 생각이 들었다. 정말 보이지 않는 붉은 실이 모든 인연에 얽매여있을 수도 있겠다는 생각. 깜빡하고 안 가져온 물건이 생각나 걸음을 뚝 멈추는 것처럼 인연을 지나치려고 할 때 붉은 실이 팽팽해져 서로를 끌어들이는 게 아닐까. 이런 우습지만 나름 구체적인 상상이 내 머릿속을 채웠다.

하지만 인연이라는 붉은 실을 꽁꽁 묶는 것처럼 그걸 끊어내기도, 때로는 끊기기도 한다. 묶은 지 얼마 안 된 실이어도 끊어질 수 있고 묶은 지 오래된 실이어도 끊어질 수 있다. 그리고 오래 묶인 실일수록 그 끝을 더 상상할 수 없다. 진한 인연이라 믿으며 묶었던 선명한 실이 갈등으로 인해 투명해진다. 이기적인 마음으로 서로 팽팽하게 당기다가 결국엔 끊어진다. 어떤 이유든 어떤 방식이든 그럴 때마다 마음이 좋지 않다. 그런데도 함께 했던 세월만큼 손가락에 자국은 남아있다. 그때의 우리를 기억하라고, 서로 재밌었던 기억만은 잊지 말라고 말하듯이 끊어진 인연은 추억이라는 자국을 남긴다.

앞으로 난 더 많은 실을 묶게 될 것이다. 그저 지나가는 평범한 상황에서, 지나치는 평범한 사람과. 그 중심에 서서 어디선가, 누군가와 어떤 특별한 인연을 맺게 될지 궁금증을 안고 살아갈 것이다. 그렇다고 새로운 인연에만 너무 연연하지 않을 것이다. 가족이나 친구, 연인처럼 지금 나를 둘러싸고 있는 소중한 인연도 가득하기 때문이다. 오히려 중요한 건 지금의 인연일 테니 더더욱 그 실을 놓치지 않으려고 안간힘을 쓸 것이다.

수많은 관계에서 사랑이라는 인연을 맺고, 우정이라는 인연을 맺는다. 천 번의 우연 중 단 한 번의 운명이 끌어들인 인연을 소중히 여겨야 한다. 영영 내 곁에 머물 인연이라도, 스쳐 지나갈 인연이라도. 우리는 단순한 우연 속에서 필연적으로 인연을 맺었으니까.

당신이 생각하는 '인연'은 어떤 의미인가요?

10

서로
[서로]

짝을 이루거나 관계를 맺고 있는 상대.

- 지금까지 당신이 생각했던 '서로'는 어떤 의미인가요?

소속감에서 시작되는 단어

　'서로'라는 단어를 자주 사용한다. 말 보다는 글을 쓸 때 많이 사용하는데, 글의 결론에서 한 번씩 꼭 쓰게 된다. '그러니 서로에게 ~해야 한다.' '서로가 서로에게 ~를 해보는 게 어떨까?'라는 식으로. 생각해보니 '서로'라는 단어의 앞에는 항상 '우리'라는 단어가 먼저 등장했던 것 같다. 단순히 너와 나, 가 아니라 너와 나를 하나로 묶을 수 있는 '우리'라는 표현 말이다. '서로'라는 단어가 '우리'라는 공동체 안에서 시작된다고 생각하기 때문인 것 같다.

　교양 수업에서 조별 모임을 할 때 '서로'라는 단어를 써본 적이 한 번도 없다. 대신 '각자'라는 단어를 사용했다. 한 조에서 같은 활동을 해야 하지만 그 공동체에 소속감을 느끼지 못 했기 때문에 '너 따로 나 따로 하자'라는 의미에서 각자, 라는 단어를 자주 썼다. 반대로 친한 친구들과 여행 계획을 세울 때는 '서로'라는 단어를 많이 사용했다. '우리'라는 소속감을 느꼈기 때문이다.

　'서로'라는 단어 안에는 '함께 하자'라는 권유 혹은 합동의 의미도 포함되어 있다고 생각한다. 교양 수업에서 만난 조원들과는 교수님이 정해주신 공통된 목표와 활동을 그대로 따르면 그만이었기에 굳이 소속감을 느끼지 않아도 조별 활동에 큰 지장이 없었다. 하지만 친한 친구들과의 여행은 타인의 개입 없이 우리만의 계획과 일정을 만들어야 했기 때문에 '함께' 행동하고 생각하지 않으면 안 되었다. 하나의 공통된 목표를 위해 한 마음 한 뜻으로 움직이다 보면 자연스레 소속감이 생겼다. '서로' 여행 목적지에 대한 의견을 공유하고 '서로' 여행지에서 하고 싶은 활동에 대해 이야기하고, '서로' 여행을 가게 되어 기쁘다는 대화를 나눴다.

　소속감은 갖고 싶다고 마음대로 가질 수 없는 감각인 것 같다. 아무리 긴 시간 동안 함께 있어도, 한 공간에서 하나의 활동을 같이 했어도, 소속감을 쉽게 느낄 수 없는 관계들이 있기 때문이다. 3년 내내 같은 반이었지만 대학생이 된 이후 자연스레 연락이 끊긴 고등학교 친구들이나, 고등학교 3년 내내 다닌 학원인데도 불구하고 다가가기 어려운 영어 학원 원장선생님과 학원 친구들, 1년 동안 함께 스터디를 했지만 스터디 외에 사적인 대화는 전혀 나누지 않는 스터디원 같이 한 시절이나 오랜 시간을 함께 보냈지만 소속감을 느끼기엔 여전히 멀게 느껴지는 관계들이 있다.

 너와 나를 '우리'라고 칭하는 것 또한 마찬가지다. 서로를 하나로 묶어 '우리'라고 칭하는 데에는 많은 시간과 감정과 관계의 깊이가 필요하다. '서로'는 타인과의 관계와 비교되는 우리만의 관계를 가장 잘 드러내는 표현이라고 생각한다. 서로만의 특별한 관계를 만들어가기는 쉽지 않기 때문에 너와 나를 '우리'라고 표현하기까지 오랜 과정이 필요하다. 우리를 우리라고 부르기까지, 그래서 너와 나를 서로라고 표현하기까지. 그 긴긴 과정을 거치면 비로소 우리는 서로를 '서로'라고 명확히 부를 수 있게 된다.

책의 정의

휙휙

미국 드라마 시리즈를 보다 보면 분명 어디서 본 것만 같은 장면들이 있다. 빨간 플라스틱 컵으로 비어 퐁(Beer pong)을 즐기는 파티, 다 같이 모인 자리에서 하는 '트루스 오어 데어(Truth or Dare)', 학교에서 인기가 제일 많은 남학생과 여주인공의 운명적 만남 같은 장면들 말이다. 이런 장면들뿐만 아니라 집 앞 마당에서 아이와 놀아주는 아빠의 모습도 자주 등장한다. 특히 마당에서 캐치볼을 하며 서로의 속마음을 털어놓는 장면은 유명한 클리셰이다.

이렇게 캐치볼을 하는 장면은 국적과 장르를 불문하고 다양한 미디어에 등장한다. 미국 드라마 시리즈뿐만 아니라 만화에도, 〈시간을 달리는 소녀〉와 같은 애니메이션에도 캐치볼 장면이 나온다. 어느 매체에서 캐치볼을 다루던, 어떤 사람들이 캐치볼을 하던 이 놀이에는 공통점이 있다. 반드시 두 사람만이 공을 주고받는다는 것이다. 놀이 자체에 참여한 사람이 세 사람 이상이어도, 공을 주고받는 건 딱 두 사람뿐이다.

캐치볼은 공을 서로 주고받는 것이기에 혼자 할 수 없다. 두 사람이 같이 하다가도 '나' 혹은 '너'가 사라져버리면 공은 허공에서 포물선을 그리다 떨어져 버린다. 내가 던지는 공을 받아주고, 받은 공을 다시 나에게 던져줄 사람이 필요하다. 그래야만 공이 허공을 날다 떨어지지 않고 휙휙, 서로를 향한 포물선을 그릴 수 있다. 세 사람, 혹은 그 이상의 사람들이 함께 캐치볼을 해도 크게 달라지는 건 없다. 달라지는 건 아마 각자 공을 받는 텀이 길어진다는 것, 하나밖에 없을 것이다.

이렇게 '서로'할 수 있는 것은 캐치볼을 제외하고도 많다. 하는 일도, 활동을 위해 필요한 것도 다르지만 그 활동을 위해 '서로'라는 존재가 반드시 필요하다. 그 다양한 활동 중에서도 나는 '대화'에 대해 말해보고 싶다. 대화 역시 세 사람 이상이 있어도, 말을 주고받는 건 딱 두 사람뿐이다. 두 사람보다 많은 사람이 대화에 끼면 금세 소란스러워져 내가 하고 싶은 말을 제대로 전달할 수 없다. "뭐라고? 못 들었어."

라며 소란 속에서 말을 하기 위해 목소리를 높이고, 또 높인다. 혹은 내가 하던 말이 다른 사람의 개입으로 뚝, 끊기기도 한다. 그렇기에 명확한 의사전달을 위한 대화에서는 한 사람이 말을 마칠 때까지 기다렸다가 차근차근 말하곤 한다.

우리는 말을 휙휙, 주고받으며 대화를 이어나간다. 대화 역시 같이 하다가도 '나' 혹은 '너'가 사라져버리면 대화는 허공을 맴돌다 사라져버린다. 입 밖으로 내뱉은 말이 허공을 맴돌다 사라지지 않게, 내가 한 말을 듣고 다시 받아쳐줄 사람이 필요하다. 만일 말을 받아쳐줄 사람이 없다면 그건 대화가 아니라 혼잣말이 되어버릴 것이다.

우리는 대화 덕에 타인과 가까워지기도 하지만, 대화 때문에 타인과 멀어지기도 한다. 타인과 가까워지는 것도, 타인과 멀어지는 것 모두 혼자서 할 수 없다. 가까워진다는 것은 서로가 서로에게 친밀감과 편안함을 느낀다는 것이고, 멀어진다는 것은 서로가 서로에게 거리감과 불편함을 느낀다는 것이다. 결국 '서로'라는 관계 속에서 혼자 할 수 있는 건 아무것도 없다. 그래서 우리는 '서로'라는 존재를 위해 노력해야 한다. 서로 던진 공이 바닥으로 추락하지 않게, 서로 내뱉은 말이 허공을 떠돌지 않게. 휙휙.

삼각관계

조별 과제에서 이런 말을 들었다. '서로 힘내서 해보죠.' 나는 이 말을 듣고 나서 순간 인상을 찌푸렸다. 서로를 어떻게 해석해야 할지 감조차 안 잡혔기 때문이다. '각자 알아서 잘해보자?', '협동해서 좋은 결과물을 만들어 내자?', '이 둘 중 무슨 해석이 옳은 것일까?'라는 생각에 나는 아무 대답을 할 수가 없었다. '아무것도 없는 '서로'의 해석을 어떻게 해야 하는 것일까?'라는 의문만 남긴 채 조별 과제는 어느 순간 끝을 보게 되었다.

대학교에 들어오고 나서 내게 꽤 독특한 취미 1개가 생겼다. 사전을 보는 것이다. 대학교는 고등학교와는 다르게 단어 하나하나에 신중을 가해야 하는 장소였다. 때문에 나는 보고서를 쓰든, 과제를 제출하든 반드시 국어사전을 자주 뒤적거릴 수밖에 없었는데 어느 새인가 사전을 찾아보는 게 취미가 되었다. 내가 모르던 단어의 뜻을 알 수 있었고, 내가 알던 단어라도 정의를 명확하게 할 수 있어 유용하면서도 재미있는 취미였다.

어느 날, 갑자기 서로의 해석에 대한 의문이 생각이 났다. 쭉 잊고 있던 의문이었기에 나는 곧장 사전을 찾아보았다. 정답은 꽤 간단했다. '서로'는 내가 아니더라도 일단 집단이면 되었다. 생각보다 간단하다는 생각이 들어 나는 곧장 사전을 덮었다. 그러나 시간이 지나고 다시 생각해보니 의문은 완전히 해소되지 않았다. 일단 집단이기만 하면 서로라고 부를 수 있는 것일까? 글쎄…. 아닌 것 같은데? 나는 이전보다 더 큰 의문을 가진 채로 사전을 다시 열었다.

나는 사전에서 집단을 가리키는 단어를 찾아보았다. 그 결과 함께와 각자라는 두 개의 단어를 찾을 수 있었다. 서로는 정확하게 그사이에 위치했다. 그 두 단어는 입장과 관련돼있었다. 함께는 같은 입장, 서로는 다른 입장을 말했다. 서로는 무슨 단어가 오냐에 따라 우리가 될 수도, 서로가 될 수도 있었다. 심지어는 '서로 함께'와 '서로 각자'는 각각 자신의 입장을 강화하는 용도로 서로를 사용했다. 서로라는 단어는 정말 놀랍도록 신기한 단어였다.

　혼자서는 단순한 집단이라는 의미밖에 없는 서로는 함께 혹은 각자와 만나 자신의 뜻을 만개한다. 같은 입장이라는 함께와 다른 입장이라는 각자 사이에서 서로는 둘 중 어딜 선택할지 고민한다. 마치 이 모습이 다른 두 사람이 한 사람을 쟁취하기 위한 삼각관계처럼 보여 나는 서로를 삼각관계라고 정의한다.

댕의 정의

너도 나도, 너랑 나랑

어느 날 블로그를 하지 않는 나에게 친구들이 "서이추 해줘."라고 말했다. 단어의 뜻을 몰랐던 내가 그게 뭐냐고 묻자 '서로이웃 추가'의 줄임말이라고 했다. 요즘 유행을 따라가지 못한다며 놀리는 얼굴을 뒤로하고 추가를 했다. 그랬더니 친구들의 일상이 보였다. 이처럼 '서로이웃'이 된다는 건 너와 내가 블로그의 이웃이 돼서 나도 너의 블로그를 구경하고, 너도 나의 블로그를 구경하는 거다. 이웃이 되고 싶지 않아서 한 쪽이 그 요청을 거절하면 이웃이 되지 못한다. 그건 그 사람의 일상을 구경하지 못한다는 거고, 그 사람을 더 알아갈 수 있는 통로가 막힌다는 거다.

초등학생 때 나를 자주 놀리던 남자애가 있었다. 내 우유를 뺏어가고, 휴대폰을 멋대로 가져가서 전원을 끄고, 머리카락을 잡아당기며 틈만 나면 나를 못살게 굴었었다. 그리고 그게 나를 좋아해서 하는 행동인 것도 알고 있었다. 어릴 적 남자애들은 좋아하는 여자애를 괴롭히면서 표현한다는 말이 있었는데 그 대표적인 예시였다. 아무튼 부모님께 말해도, 선생님께 말해도 똑같이 '서로 친하게 지내~'라고 하셨다. 그 친구 입장에서는 나와 친해지고 싶어서 하는 행동이라 그 말이 반가웠을 텐데 나는 좋아한다는 이유로 나를 괴롭히는 애랑 친해지기 싫었다. 친구가 되고 싶지 않아서 내가 그 장난을 거절하니 친구가 되지 못했다. 너는 원하지만 나는 원하지 않아서 친구가 될 수 없었다. 그래서 서로라는 말은 씁쓸하기도 하다.

서로라는 말이 어울리는 곳은 많다. '서로를 의지하다.'는 나 말고 누군가의 어깨가 있어야 되고, 그 사람의 말이나 행동에서 힘을 얻어야 된다는 걸 의미한다. '서로 돕다.'는 나 말고 누군가의 손이 있어야 되고, 그 사람에게 온기를 얻어야 된다는 걸 의미한다. '서로 이해하다.'는 나 말고 누군가가 있어야 되고, 그 사람 자체를 알아야 한다는 걸 의미한다. 이처럼 서로를 위한 것, 서로에게 긍정적인 의미일 때 주로 어울린다. 누군가가 나에게 의지하고, 누군가를 내가 돕고, 누군가를 내가 이해한다. 반대로 내가 누군가에게 의지하고, 누군가가 나를 돕고, 누군가가 나를 이해한다. 반드시 '나' 하나가 아닌 '너'라고 불리는 누군가가 있어야 한다. 한 쪽만 긍정적으로 생각하는 게 아니라 너와 내가 모두.

 그렇다고 항상 긍정적인 것만은 아니다. '서로 다르다.' '서로를 미워하다.'처럼 비교하거나 대립하려면 너와 내가 있어야 한다. 다른 건 너와 내가 다른 거고, 미워하는 건 너와 내가 서로를 미워하기에. 반드시 '나' 하나가 아닌 '너'라고 불리는 누군가가 있어야 한다. 한 쪽만 부정적으로 생각하는 게 아니라 너와 내가 모두. 그렇기에 따뜻한 긍정의 의미든 차가운 부정의 의미든 서로라는 건 꼭 두 사람이 존재해야 완성된다. 이해하고 의지하든, 미워하고 증오하든 너와 내가 있어야 한다.

 혼자서가 아닌 너랑 나랑 무언가를 하고, 내가 하면 너도 하는 것처럼 말이다. 서로라는 단어가 많이 쓰이며 상대방의 의미가 커진다는 건 관계가 깊어진다고 할 수 있다. 그만큼 일상에서 누군가와 교류한다는 그 자체 하나만으로 관계를 이어나갈 수 있는 힘이 생긴다. 나 하나로는 완성되지 못하는 귀중한 단어를 오래도록 쓸 수 있게 그 관계를 소중히 하는 것도 중요하다.

당신이 생각하는 '서로'는 어떤 의미인가요?

00.

　단어 정렬 기준에 대해서도 1권부터 하나의 기준점이 있었어요. 너무 뻔하지 않을 것 이었습니다. 우리는 개인적인 사전을 만들고 있고, 지금까지의 사전과는 다른 분류의 사전을 만들고 있는데 과거의 방식을 답습하고 싶지 않았어요. 개인적인 고집이기도 했습니다. 뭐랄까, 어떤 창작자도 자신의 생각을 틀에 가두고 싶지 않은 법이잖아요? 저희 사전의 주제는 언제나 가장 개인적인 사전이에요. 저희는 혼자 방구석에서 틀어박혀 볼 때 가장 가치를 느낄 수 있는 책이거든요. 그건 작가들에게도 똑같아요. 혼자서 골똘히 생각하고 결론을 지어야 하는 글을 쓰게 하죠. 그 속성을 최대한 단어의 정렬 기준에서도 살리고 싶었어요.

01.

　다행히도 저희 팀원들도 특별한 우리만의 방법을 찾고 싶다는 것에 동의했어요. 우리는 우리만의 창의력을 만들어 내야 했습니다. 그러던 와중에 한 팀원이 이런 말을 했어요. 관계에서 가까운 순서부터 먼 순서로 나열을 해보는 건 어떨까요? 우리는 다 같이 이거다! 하고 생각했어요. 그 누구도 그 방법에 이의를 달지 않았죠. 우린 꼭 운명처럼 단어를 정렬할 방법을 만났어요.

02.

　사실 여기까지는 너무 행복했는데, 이 다음이 문제였어요. 단어의 멀고 가까움을 측정할 방법이 없었거든요. '나'라는 주제를 가장 중앙에 두고 거리를 재야 한다는 사실까지는 느낌적인 느낌으로 알았는데, 진짜로 자를 대고 거리를 잴 수도 없고 난감한 노릇이었죠. 이러다가 생각해낸게 만다라트 형식으로 표현하면 어떨까에 대한 생각을 했어요.

03.

　우리는 살다 보면 사람과 사람 사이의 관계에서 경계를 만들게 되잖아요. 너는 진짜 친한 사람, 너는 그냥 지인. 이런 식으로요. 물리적으로 진짜 거리를 잴 수 없는 거라면 임의로 거리를 설정하면 된다는 사실을 깨달았죠. 우리가 관계에 있어서 임의로 거리를 재고 분류를 하는 것처럼요. 이걸 이제 여덟명이라는 팀원들에게 공유를 해줘야 하는데, 가장 보편적인 형태를 생각하니 자연스럽게 표가 생각났고, 만다라트가 생각났어요. 그래서 실제로 가운데에 나를 넣고 주변마다 색칠을 따로 해줬죠. 이건 가까워, 이건 멀어하고.

04.

　결과물을 보면서 재밌었던 기억이 나요. 너무 비슷한 사람들도 있고, 너무 다른 사람들도 있었거든요. 대체로 비슷하기는 했지만. 이거야말로 우리를 잘 보여주는 결과물이라는 생각을 했던 것 같아요. 인간이라서, 비슷한 학업을 이수 중이라서 완전히 달라지지는 못했지만 동시에 완전히 똑같아지지는 못한 점이 웃겼어요. 이걸 목차로 만들 때 한 고생은 또 다른 거지만요.

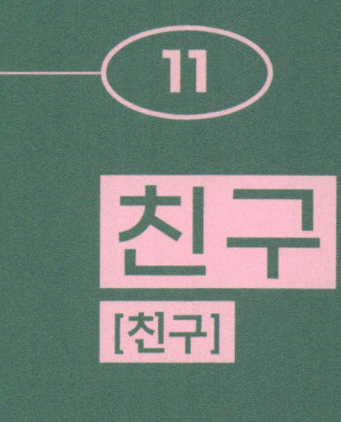

11 친구
[친구]

가깝게 오래 사귄 사람. ≒친고.

• 지금까지 당신이 생각했던 '친구'는 어떤 의미인가요?

의미 있는 타인

　인간관계에 환상을 갖지 마.
　고등학교 실기 선생님이 해주신 말씀이다. 선생님의 말씀을 듣자마자 머리에서 와장창 깨지는 소리가 울려 퍼졌다. 그 소리는 내가 갖고 있던 인간관계에 대한 환상이 깨지는 소리였다.

　고등학교 2학년 때, 한 친구가 전학을 왔다. 그 친구는 내가 한 번도 보지 못한 유형의 사람이었다. 고등학생이 쉽게 가질 수 없는 여유로움과 자유로움이 자연스레 묻어나오는 아이였다. 나는 그 아이와 친구가 되고 싶었고, 정말로 친구가 되었다. 그 친구는 내가 고민이 있을 때마다 생각지도 못했던 해결책을 명쾌하게 제시해줬다. 내가 가져본 적 없는 관점으로 세상을 바라보는 법도 알려줬다. 나에겐 없는 관점과 해결책을 가진 친구에게 도움을 받다보니, 그 친구에게 점점 기대하게 되었다. 명쾌한 해결책과 반짝이는 관점을. 주변의 눈치를 보지 않는 당당한 모습과 아무도 나서지 않는 상황에서 손을 드는 대담한 모습을.

　나와 가까운 사람일수록 타인임을 인정하는 것은 무척 어려운 일이다. 타인이라는 것은 결국 나와 네가 '다른' 존재라는 의미이기 때문이다. 하지만 타인에게 의지할수록 그 사람의 말에 쉽게 휘둘리고, 그 사람이 가진 좋은 모습이나 완벽해 보이는 모습만을 보려 애쓰게 된다. 그러다 보면 그 사람이 보여주는 작은 약점이나 불완전한 모습에 쉽게 실망하게 된다.

　내가 지나치게 기대고 기대했던 그 친구는 어느 날, 최근에 새롭게 사귄 친구와 대화를 할 때면 매번 그 친구가 원하는 대답을 해줘야 할 것 같은 부담감이 들어 그 친구와의 만남을 꺼리게 된다고 했다. 나는 그 이야기를 듣자마자 두려워졌다. 나랑 만날 때도, 그런 생각을 하면 어떡하지? 라는 걱정이 들었다. 만약 내가 일찍이 그 친구는 결코 내가 원하는 완벽한 인간이 될 수 없다는 것을 인정했다면, 그 친구와 나에게 닮은 점은 있어도 완전히 같은 점은 없다는 사실을 일찍이 깨달았다면 어땠을까. 그랬다면 친구와 내가 타인임을 받아들이고 그 친구에게 너무 많은 걸 바라지 않을 수 있었을까.

이제 나는 그 친구와 나의 관계에 어떤 환상도 갖고 있지 않다. 그 친구가 내가 원하는 대답을 해주지 않아도, 번뜩이는 상상력을 보여주지 않아도, 나의 생각과 다른 발언을 해도 혼자 실망하고 앓지 않는다. 그렇다고 타인이라고 해서 그 친구의 모든 의견을 한 귀로 듣고 한 귀로 흘려 듣지도 않는다. 이렇게 적다보니 친구와의 관계는 아주 세심하고 정교하게 만들어가야 하는 것 같다. 적당한 거리를 유지하면서도 친밀한 사이를 지켜가야 하고, 서로 다른 의견을 존중하면서도 서로의 가치관을 무조건적으로 강요해도 안 된다.

나는 '친구'가 의미 있는 타인이라고 생각한다. 친구는 분명한 타인이지만 타인이기에 내가 가져본 적 없는 관점을 제시하고, 내가 본 적 없는 세상을 펼쳐 보여주고, 내가 느껴보지 못했던 감각을 갖게 해준다. 친구가 알려준 새로운 관점과 세상과 감각은 의미 있는 경험을 하게 만들어 준다. 건강한 친구 관계를 이루고 싶다면, 일단 나와 네가 다르다는 것부터 인정해보는 것이 어떨까? 타인임을 받아들이기만 해도 친구와 나 사이에 감추어져 있던 유의미한 순간들과 대화들을 발견하게 될 것이다.

경계해야 하는 또 다른 나

   나와 가장 가까운 상대를 순서대로 나열해 보자면 아마 나 자신과 가족, 그리고 친구일 것이다. 가까운 상대라는 건, 서로에 대해 잘 알고 있는 관계라는 뜻이다. 서로에 대해 잘 알고 있기 위해서는 상대와 많은 시간을 함께 해야 한다. 우리는 친구와 짧게는 몇 달, 길게는 몇 십 년 동안 함께하곤 한다. 오랜 시간을 함께하는 만큼, 서로 닮아가는 관계가 바로 친구라고 생각한다.

   중학생 때, 부모님은 종종 나에게 '친구 잘 가려 사귀어라.'라고 말씀하셨다. 그땐 부모님의 말씀을 이해할 수 없었다. 그때의 나에게 친구란 그저 '즐겁게 놀 수 있는 상대'에 불과하다고 생각했기 때문이다. 그로부터 많은 시간이 지나서야 나는 부모님의 말씀을 이해할 수 있었다. 그렇다고 해서 나에게 '친구'라는 단어의 정의가 바뀌었다는 말은 아니다. 그저 그 정의에 살이 좀 더 붙었을 뿐이다.

   그 정의에 살이 붙기 시작한 건, 사람들이 '나'와 '친구'를 독립된 개인으로 보지 않는 경우가 더 많다는 걸 알게 되었을 때다. 중학생 때 흡연을 하는 친구와 함께 다녔다. 나는 담배를 피우는 사람도 아니었는데, 그 친구와 함께 다니면 어느새 나에게는 '담배 피우는 애'라는 꼬리표가 따라다녔다. 다음 해에는 그 친구와 다른 반이 되어 전처럼 자주 함께 하지 못했다. 그랬더니 선생님들은 종종 나에게 '잘 생각했어.'라는 말을 하고 가셨다. '나쁜 길로 빠질 뻔하다 정신 차린 애'가 된 것이다. 고등학교 때는 공부를 잘하는 친구와 죽이 잘 맞아 3년 내내 같이 다녔다. 졸업할 때가 돼서야 알게 된 사실은 나도 모르는 사이에 1학년 때부터 '공부 잘하는 애'라는 꼬리표가 붙어 있었다는 거다. 나는 담배를 피우는 사람도 아니고, 나쁜 길로 빠질 뻔한 애도 아니었고, 공부를 빼어나게 잘하는 사람도 아니었는데 그런 친구들과 어울리면 타인에게 난 그런 사람이 되어있었다. 오로지 나만 보고 '나'를 판단하는 사람은 아무도 없었다. '나'를 판단할 때는 늘 친구도 판단의 근거가 되었다. 그때 알게 되었다. 부모님이 나에게 '친구 잘 가려서 사귀어라.'라고 말씀하셨던 이유를.

시간이 좀 더 흐르고 내가 성인이 되었을 때, 부모님과 이런저런 이야기를 나누다 자연스럽게 어렸을 때 이야기가 나왔다. 내가 '그때 왜 엄마 아빠가 친구 잘 가려 사귀라고 말했는지 알 거 같아.'라고 하자 부모님은 그걸 이제야 알았냐고 웃으셨다. 내가 그렇게 생각한 이유를 듣고, 그때 그렇게 말했던 건 청소년기에는 집보다는 학교와 학원에서 오랜 시간을 보내고, 가족보다는 친구들과 더 많은 시간을 공유하기에 그들에게 많은 영향을 받기 때문인 이유도 있다고 덧붙이셨다.

그 말을 듣고 나니 '친구를 보면 그 사람을 알 수 있다.'라는 말이 떠올랐다. 부모님의 말씀이 옳았다. '친구'라는 또 다른 사회로의 확장을 겪으며, 가족보다 친구들과 학교, 학원까지 하루의 반 이상을 함께 한다. 그러다 보면 서로의 성격을 알게 되고, 습관을 알게 되며 닮아간다. 입맛, 성격, 말투 등 많은 것들이 비슷해져 간다. 그렇게 비슷해진 모습은 마치 '또 다른 나'처럼 느껴진다. 서로에게 영향을 주는 만큼 닮아간다. 그러나 비슷해질 수 있기에 더욱더 조심해야 하는 또 다른 나. 그런 존재가 바로 친구라고 생각한다. 자칫하다간 완전한 '나'를 잃을 수도 있으니까.

벽처럼 나를 지켜주는 존재

    친구란 무엇일까? 어릴 적 내가 가진 의문이었다. 어떨 때는 얄밉게도 보이고 어떨 때는 세상에서 가장 듬직하게도 보이는, 이 단어가 무엇인지 감이 잘 잡히지 않았다. 그렇게 의문을 가진 채로 한 살 한 살 나이를 먹고 세월이 지날수록 친구라는 단어가 무엇인지 감이 잡히기 시작했다.

    '엄마, 아빠, 할머니를 뺀 모든 사람'
    이것이 내가 가장 처음 정의한 '친구'였다. 어렸을 적 사람들은 모두 내게 친절했다. 어린아이가 보내는 선의를 이유 없이 거절할 사람이 드물기도 했지만 내가 모두에게 먼저 다가갔기 때문이다. 그래서 나는 가족과도 놀았지만 다른 사람과도 자주 놀았다. 놀다 보면 사람들은 가족보다 더 나와 가깝게 느껴질 때도 있었다. 어렸을 적 친구는 단순히 나와 같이 노는 사이였다. 놀이터에서 시소를 타는 게 재미있고, 장난감 칼싸움을 하는 것이 즐거운 사람은 모두 친구였다. 재미있던 이야기를 서로에게 풀면 깔깔대며 자지러지게 웃는 사람 역시 친구였다.

    '서로에게 배려하는 가까운 사이'
    이것이 내가 두 번째로 정의한 '친구'였다. 나이를 먹으니 생각이 조금씩 달라졌다. 성숙해졌다. 그래서 전에는 보이지 않던 작은 불편함이 눈에 띄었다. 체력이 조금 뒤처지는 친구가 우릴 따라오기 위해 헉헉대며 뛰는 게 보였고, PC방에서 소리 나지 않게 작게 웅얼대던 친구의 소리가 불평이라는 것이 들렸다. 단지 표현하지 않았을 뿐이었다. 이게 삶의 지혜라는 것을 깨닫는 데에는 그리 오랜 시간이 필요하지 않았다. 이 지혜는 지금껏 주변 사람들이 지나치게 나에게 맞춰준다는 사실을 알려주었다. 그렇기에 그때부터 나는 나의 요구를 과하게 주장하지 않았다. 나는 나와 가까운 사람들을 배려하기 시작했고, 그들 역시 나를 배려해주었다.

    어느 추운 겨울밤이었다. 눈이 가볍게 내렸고, 새벽이었기에 거리에는 사람이 한 명도 없었다. 고요했다. 내가 내는 소리가 세상의 모든 소리였다. 나는 괜히 어색해서 벽을 바라보았다. 내가 본 벽은 특이하게 생겼었다. 네모반듯한 벽돌은 하나도 없이 곳곳에 금이 가고, 가장 위쪽의 벽돌에선 가루가 흩날렸다. 심지어 페인트로 글씨도 쓰여있었다. 누가 봐도 곧 무너질 벽이었지만, 신기하게도 벽의 건너편은 멀쩡했다. 금이 간 곳도 없고 페인트도 묻어있지 않았다.

   벽이란 건 참 독특했다. 바람과 파도를 맞고 가루가 흩날리도록 아파하면서도 벽 뒤에 있는 존재에게 괜찮냐고 말하는, 끊임없이 희생하는 존재였다. 이런 특성이 마치 친구처럼 보였다. 친구는 마치 벽처럼 모진 사회의 바람으로부터 나를 지켜주었고, 그것에 괜찮냐고 물으면 별일 아니라는 듯이 씨익 웃으며 오히려 나에게 괜찮냐고 물었다. 내가 전혀 상처받지 않은 게 눈에 보여도 말이다.
   '벽처럼 나를 지켜주는 존재'

   이것이 내가 지금 정의하는 친구이다.

댕의 정의

그들은 나의 벗이며, 황홀한 기억이니

집보다 더 오래 머무는 학교 안에서 나는 친구들로 인해 성장한다. 많은 경험을 하며 자아를 형성하고, 취향을 깨달으며 그렇게 나를 만들어 간다. 시험 기간에 영상 통화를 하며 공부보다 서로를 웃기기에 바빴던 사소한 기억도 가득하고, 생일 날 예상치 못한 순간에 케이크와 선물을 받은 것처럼 잊지 못할 추억들도 가득하다. 이들에게서만 느낄 수 있는 감정을 깨닫게 해주고, 함께 하는 순간 내 미래를 기대하게 하는 소중한 관계이다. 친구라 하면, 현재 나에겐 학창시절을 빛나게 해줬던 존재들밖에 떠오르지 않는다. 그리고 그중에서도 가장 기억에 남는 세 조각의 학창시절이 있다.

"야, 김병진. 또 늦어?" 엄마는 금요일 저녁마다 얼른 학교 가고 싶다고 칭얼대던 내가 참 기특하고 예뻤다고 한다. 친구들과 작은 꿈을 키워갈 무렵이었고, 아침에 (그 달콤하다는) 침대의 유혹을 뿌리칠 만큼 친구들과 빨리 놀고 싶었다. 매일 학교를 누비며 술래잡기를 하던 우리, 선생님의 호루라기 소리에 깜짝 놀라며 도망치던 우리, 작은 사건과 농담에도 배 찢어질 듯 웃던 우리의 16살이 가끔 생각난다. 지금은 뿔뿔이 흩어져서 몸은 멀리 있지만 마음은 가까이 있다는 것만으로도 위안이 된다. 그래서 난 그 존재들에게 항상 고맙다.

"미진아, 춤춰줘!" 17살의 1학년 8반은 정말 기억에 남는 학창시절의 한 조각이다. 학기 초반의 어색함으로 애써 가까워 졌던 게 거짓말인 것처럼 우리는 똘똘 뭉쳐 하나의 무리를 형성해냈다. 소수가 아닌 스무 명이 족히 넘는 반 전체 아이들과 말이다. 긴 책상에서 음악을 틀고 그 주위를 돌며 즐기는 과자 파티를 벌이는가 하면, 도시락을 싸 왔던 어느 날은 가장 많은 반찬으로 밥을 먹은 날이었다. 난 덕분에 흥이 많은 사람이 됐고, 깨달은 게 하나 있다. 좋은 친구들과 좋은 일상을 함께 하면 없던 흥도 생기지 않을까, 하는 것. 그 때 많은 사람과 어울리는 법을 알았고 함께 있을 때 시너지를 발휘한다는 게 무엇인지 깨달았다.

"넌 그냥 웃겨." 유난히 당근과 채찍을 잘 주는 아이들이었다. 당근을 훨씬 많이 먹였지만. 상대방에게 아끼지 않고 좋은 말과 칭찬을 해 주는 친구들 덕분에, 나도 서툴지만 따뜻한 말을 많이 하려고 노력했다. 내 행동의 잘못된 점을 단호하게 짚어주며 조언을 해 주는 친구들 덕분에, 그동안의 나의 철없는 행동을 되돌아보게 됐다. 그 덕에 난 더 나은 사람으로 성장했다. 1년 동안 서로를 성장시켜주는 것뿐만 아니라 우리에겐 추억도 가득했다. 함께 떠났던 수학여행, 생일을 더 특별하게 만들어준 서프라이즈, 다 같이 모여 다니던 학원, 점심시간마다 체육관으로 달려가 쳤던 배드민턴. 그 어느 하나 빼 놓을 수 없는 추억들이 우리를 더 돈독한 관계로 만들었다.

　또 다른 나를 만나게 해주고, 그 새로운 모습마저 좋아하게 만들어주는 존재들이 소중하다. 물론 항상 아름답고 좋은 기억만 있는 건 아니다. 싸우기도 하고, 별로 좋지 않은 감정까지 느끼게 해주는 게 친구이다. 그렇지만 그것마저 우정의 한 부분이라고 생각한다. 애정선이 마구 휘어져도 어느 순간에는 제자리로 돌아가는 게 친구라는 관계다. 애정선이 파장을 이기지 못하고 끊어진다면 그건 거기까지의 인연인 거니까. '우리는 이제 친구야.'라며 굳이 말하지 않아도 무언의 신호로 친구가 됐고, 때로는 가족보다 더 가깝게 느껴져 서로를 아낄 수밖에 없다. 그래서 항상 생각한다. 찾아온 인연을 소중히, 다가온 친구를 소중히.

당신이 생각하는 '친구'는 어떤 의미인가요?

12 표현
[표현]

생각이나 느낌 따위를 언어나 몸짓 따위의 형상으로 드러내어 나타냄.

• 지금까지 당신이 생각했던 '표현'은 어떤 의미인가요?

해야 할 때와 하지 말아야 할 때를 정확히 분간하기

눈빛, 표정, 몸짓, 말, 생각부터 언어, 음악, 그림까지. 세상에 표현할 수 있는 수단은 참 많다. 중요한 건 표현을 해야 할 때와 하지 말아야 할 때를 정확히 분간하는 것. 표현을 해야 할 때가 있다. 부당한 일을 당했을 때, 감사한 일이 생겼을 때, 지금이 아니면 다시는 오지 않을 순간일 때가 그렇다. 반대로 표현을 해서는 안 될 때가 있다. 혐오를 공격적으로 드러내고 싶을 때, 부정적인 감정을 쏟아내고 싶을 때, 익명 뒤에 숨어 타인을 아무렇게나 비난하고 싶을 때가 그렇다.

하지만 표현은 조절하기가 쉽지 않다. 관계에 따라 표현의 정도가 달라지기 때문이다. 가깝고 소중한 관계라면 표현을 적극적으로 해야 한다. 어렸을 때는 매일같이 부모님께 사랑한다고 말했지만 커가면서 사랑한다고 말하기가 쑥스럽고 낯설어진다. '이 정도 사이라면 내 마음 정도는 알지 않을까?'라는 믿음 탓에 오히려 가까운 관계일수록 진심을 표현하는 게 어색해진다. '익숙함에 속아 소중함을 잃지 말라'는 문장이 지겹게 들릴 수도 있지만, 소중할수록 그 진심을 표현해야 한다는 말은 변치 않을 것이다.

가깝지 않거나 적당한 거리를 유지하는 관계라면 표현을 신중히 해야 한다. 사회생활을 하다 보면 적당한 거리를 유지하는 관계가 많다. 일정한 거리를 유지할 때는 나의 감정이나 생각만을 중요시하기 보단, 상대방의 반응과 나를 대하는 태도 등도 신경 써야 한다고 생각한다. 나는 상대방과 얼른 친해지고 싶지만, 상대방은 나에게 큰 관심이 없을 수도 있고, 별로 가까이하고 싶지 않은 상대와 오랫동안 함께 해야 할 수도 있으니까 말이다. 또 표현이 적극적이면 상대방이 부담스러울 수 있고, 표현이 소극적이면 상대방이 나와의 관계를 쌓길 꺼려할 수도 있기에, 적당한 거리를 유지하는 관계일수록 적절하고 신중하게 표현해야 한다.

얼굴을 보고 말하지 않아도 타인과 쉽게 관계를 맺을 수 있는 요즘, 불특정 다수와의 관계에서 하는 표현은 특히 신중해야 한다. sns에 하나의 글을 올려도, 좋아요 하나를 눌러도 나의 표현이 누군가에게 상처가 되지 않을까, 타인에게 어떻게 인식이 될까 등을 생각하게 된다. 내가 직접적으로 게시물을 올리거나 목소리를 내지 않아도 '좋아요'나 '마음'을 누르는 것만으로 타인의 의견에 동의한다는 표현이 되기 때문이다. 내가 하는 작은 표현 하나하나가 곧 나의 의견이자 목소리가 되기에, 다양한 표현을 하되 적어도 표현을 해야 할 때와 하지 말아야 할 때는 정확히 구분해야 하는 것 같다.

이렇듯 관계에 따라 정도가 달라지는 표현은 '나' 자신을 드러낼 수 있는 수단이기도 하다. 표현은 자신의 목소리를 내고 자신의 존재를 알리는 확성기가 될 수도 있지만, 자기 자신만을 지나치게 고려하다 보면 자신도 모르는 새에 타인에게 상처를 입히는 무기가 될 수도 있다. 표현의 크기가 관계에 따라 달라진다면, 적어도 해야 할 때와 하지 말아야 할 때만은 정확히 분간할 수 있어야 하지 않을까? 툭 던진 나의 표현이 누군가에게 상처가 될 수도 있음을, 혹은 용기가 될 수 있음을 인지하고 행동해야 진정한 표현이 드러나는 게 아닐까?

비슷한 사람끼리 모이게 되는 것

이런 사람이 있으면 저런 사람도 있는 법이다. 그래서 표현이 과한 사람이 있으면, 적당한 사람도 있고, 적은 사람도 있다. 그 정도의 기준을 정하는 사람은 항상 내가 된다. '나'가 기준이 되어 표현이 과한 사람, 표현이 적은 사람이 결정된다는 말이다. 표현의 정도가 다르다고 해서 그 사람과의 관계가 안 좋다는 말은 아니다. 하지만 나는 표현의 정도가 다른 사람과 만났을 때, 그 끝이 좋았던 기억은 없다. 오랜 시간 동안 관계를 이어나가고 있는 건 모두 나와 비슷한 정도의 표현을 하는 사람들뿐이다. 그다지 과하지도 않고, 너무 적지도 않은 정도의 표현을 하는 사람들.

고등학교 1학년 때 표현이 과한 친구를 만났었다. 첫인상은 정말 밝은 친구. 딱 그 하나였다. 낯가림도 없이 나에게 먼저 인사를 건넨 친구였다. 친해지며 친구의 다양한 모습을 볼 수 있었다. 맛있는 음식을 먹으면 눈이 휘둥그레졌고, 슬픈 영화를 보면 소리 내어 펑펑 울었다. 처음에는 친구의 다양한 모습을 보는 게 신기했다. '저런 표정을 지을 수도 있구나. 저런 몸짓도 있네.' 같은 생각뿐이었다.

그런데 시간이 지나면서 좀 버겁다는 생각이 들기 시작했다. 좀 더 구체적으로 적어 보자면 자신과 비슷한 정도로 표현하지 않는 나에게 서운함을 느끼는 친구에게 맞추어야 한다는 생각이 들어 부담스러웠다. 같은 음식을 먹고도 별말이 없는 나에게 맛이 어떤지 물으면 나는 '맛있는데?' 혹은 '그냥 그렇다' 같은 답을 했고, 친구는 미간을 좁히며 그게 다냐고 물었다. 그럼 나는 다시 보다 길고 구체적인 답을 했고, 친구는 그제야 만족스러운 표정을 지었다. 헤어지고 집에 돌아가는 길에는 벌써 보고 싶다며 우는 이모티콘이 가득했다. 나는 이렇게 과한 표현에 익숙하지 않아 모든 게 어색하기만 했다. 적응해 보려 노력했고, 친구와 비슷한 정도로 표현하기 위해 노력했지만 그러지 못해 결국 점점 멀어졌다.

고등학교 2학년 겨울에는 표현이 적은 친구를 만났었다. 처음에는 모든 일에 무덤덤하게 반응하는 친구가 꼭 로봇같이 느껴져 신기하기도 했지만 점점 익숙해졌다. 과한 표현을 하지 않아 함께 있는 게 편하기도 했다. 시간이 지나고 알게 된 건, 친구는 무덤덤한 게 아니라 표현을 잘 안 하는 사람이었다는 거다.

 하루는 그 친구가 할 말이 있다며 만나자길래 나는 아무 생각 없이 그 자리에 나갔고, 그곳에서 친구는 그동안 나에게 서운했던 점을 말했다. 전혀 예상하지 못했던 말들이라 놀랐다. 왜 이제야 말하냐고 묻자 굳이 말하지 않아도 내가 알아주기를 바라고 있었다고 했다. 나는 네가 말을 안 하는데 어떻게 알아차릴 수 있냐고 물었고 친구는 답을 하지 않았다. 그렇게 그 친구와의 관계도 끝나버렸다.
 표현이 과했던 친구, 표현이 적었던 친구와의 관계가 끝나버렸다. 두 친구들과 관계가 그렇게 끝나버린 게 아쉽지 않다고 하면 거짓말이다. 함께 있으면 즐거웠으니까. 표현의 정도가 달랐을 뿐, 둘 다 정말 좋은 친구들이었다. 그러나 지금까지 나와 관계를 유지하고 있는 친구들은 모두 나와 표현의 정도가 비슷한 사람들이다. 그래서 다시 한번 더 깨닫게 되는 거다. 표현은 그 정도가 비슷한 사람들끼리 모이게 하는 것이라는걸.

감정을 전달하는 것

　표현은 아주 중요하다. 관계에서 표현은 이보다 중요한 것을 찾을 수 없을 정도로 중요하다. 관계의 시작, 진전, 끝. 관계의 모든 곳에는 항상 표현이 항상 사용된다. 표현은 자신의 의견을 말하는 것이며, 자신의 주관으로 행동하는 것이다. 대화에서, 행동에서 자신의 의견이 드러나고 그것에서 우리는 상대방의 감정을 눈치챌 수 있다. 그렇기에 표현은 관계에서 절대 배제될 수 없다.

　개인적으로 아주 싫어하는 성격이 있다. 싫으면 싫다고, 좋으면 좋다고 말하지 않으며 한참이 지난 시점에서야 '~점이 아쉬웠다.', '~점이 아주 마음에 들었다.'라고 말하는 성격이다. 모든 감정을 꾹꾹 눌러 담고 겉으로는 늘 태연한 척, 여유로운 척하며 상대방의 말에 반응하지만, 감정은 전혀 느껴지지 않는 말투로 말한다. 내가 어떻게 해야 할지 전혀 알려주지 않고, 자신의 감정을 철저히 배제한다. 그렇게 내가 머리를 싸매고 어떻게 관계를 이어 나가야 하지…?, 하며 고민할 때조차 아무런 반응도 없다가 내가 그것에 지쳐 떠나갈 때 '너 그때 ~행동은 좀 별로였어.'라고 말한다.

　나는 이런 사람을 2명 친구로 사귀어봤다. 1명은 그나마 괜찮았다. 나중이긴 해도 내가 관계를 그만두려 다짐하기 전 나에게 적절한 표현을 해주었으니 말이다. 그러나 다른 1명은 내가 싫어하는 성격의 정석이었다. 그 친구는 늘 여유로웠다. 겉에서 화가 나도록 도발해도, 아주 기쁜 일이 생겨도 늘 옅게 미소 지으며 생활했다. 하는 말은 어디서나 들을 법한 말을 했으며 늘 듣기 좋은 말을 했다. 좋게 말하면 굳이 누군가와 마찰하지 않는 사람이었고, 나쁘게 말하면 화를 안 내는 것을 제외하면 아무런 특징이 없는 사람이었다. 자신의 생각을 말해도 그곳에 자신의 감정은 없었다. '~게 하면 더 좋지 않을까?'와 같은 긍정적인 말은 했지만 '~점은 별로였어.'와 같은 부정적인 말은 거의 하지 않았다. 그 친구가 부정적인 말을 하는 상황은 아주 특수했다. 학교 급식에서 개구리가 나왔다거나, 샐러드에 사마귀가 섞인 우리가 '상식'이라고 알고 있는 보편적인 윤리관에서 크게 벗어난 경우밖에 없었다.

그 친구와 대화하면 무언가 어긋나있는 느낌이 들었다. 뭔가를 말해도 '그렇게 생각하지 않는다', '매우 동의한다'와 같은 자신의 감정이 아예 배제되어 있는 듯한 느낌이 들었기 때문이다. 대화는 둘이서 하는데 말은 나 혼자서만 하는 느낌이었다. 그래서 나는 그 친구와 거리를 두기 시작했다. 내가 거리를 둔 지 거의 반년 가까이 되었을 무렵, 그 친구가 나에게 문자를 보냈다. '이렇게 멀어져서 서운하다. 한번 만나서 대화를 해보자.'라고 말이다. 그러나 나는 그 문자를 읽고 단 하나의 문장만 적어서 보냈다. '그렇게나 거리를 두더니, 이제와서?'

표현은 일종의 자극이다. 이렇게 좋다 혹은 싫다처럼 상대방에게 내가 이런 사람이다, 라고 말하는 것이고 나의 생각을 보여주는 것이다. 표현이란, 나의 감정을 상대방에게 전달하는 것이다.

댕의 정의

뜨거운지 차가운지 말을 해야지

관계의 8할은 표현이다. 관계를 발전시키고 유지할 때도 중요하고, 관계를 끊어낼 때도 중요한 게 표현이다. 표현은 단어 그대로 내가 속으로만 생각했던 것들을 밖으로 드러내기에 중요하지 않을 수가 없다. 감정이든 생각이든, 좋은 것이든 싫은 것이든 표현을 해야 상대방이 알 수 있기 때문이다.

그러나 관계에서 표현이 중요하다는 걸 알지만 표현을 어려워하는 사람들이 종종 있다. 아니, 사실은 많다. 알아서 눈치채주면 좋겠다는 이유로 싫은 표현을 삼키고, 어색해지기 싫다는 이유로 싫은 표현을 참는다. 학창 시절에 표현을 참 안 하던 친구가 있었다. 기분이 나빠 보이는데 이유를 말해주지 않았고, 계속 불편한 분위기를 이어갔다. 왠지 모르게 나를 피하는 것 같았고, 내 말에만 대답을 꺼려 하는듯한 행동에 기분이 나빴다. 관계의 끈이 서서히 썩어가서 곪는 냄새가 났다. 그래서 그 친구에게 그렇게 행동하는 이유를 물었다. 네가 요즘 나를 피하고 불편해하는 것 같은데 오해하는 건지, 불편해하는 거라면 왜 그러는 건지 솔직하게 말해달라고 했다.

그 친구가 솔직하게 말해줬다면 우리는 아직까지 우정을 이어가고 있을 지도 모른다. 그러나 우정의 끈이 끊긴 이유는 끝까지 표현하지 않았기 때문이다. 자신의 감정이든 생각이든, 뭐든 표현해줬음 하는 내 바람과 다르게 친구는 입을 꾹 다물었다. 그 친구는 내가 느끼는 불쾌함이 오해라고 했다. 그런 거 아니니까 오해하지 말라는 말에 안심했지만 그 이후의 행동은 여전했다. 나를 어떠한 이유로 피하는 건 확실한데 이유를 몰랐기에 속은 이미 답답해진 지 오래였다. 답답함에 가슴을 치던 내 손은 그 친구와 나 사이의 관계로 옮겨갔고 그냥 끊어버렸다. 곪아버린 관계를 이어나가기엔 내 인내심이 허락하지 않았다.

반대로 부끄럽다는 이유로, 어떻게 말해야 할지 모르겠다는 이유로 좋은 표현을 삼키기도 한다. 싫은 표현을 참는 것만큼 관계에 악영향을 미치진 않지만, 하지 않는다면 문제가 된다. 소중하게 맺은 인연을 잘 간직해야 하는데 표현하지 않으면 상대로 하여금 관계에 의문을 갖게 되기 때문이다. 날 별로 안 좋아하나? 나만 너무 표현하나? 내가 부담스럽나? 의문에 이어 자신의 탓을 하게 된다. 인연이 끊어져도 아무렇지 않을 사람마냥 표현하지 않는다면 상대방은 서운한 마음에 표현을 갈구하게 된다. 더 최악으로 간다면, 서운함의 표현을 집착으로 받아들일 수 있다. 그럼 역시나 관계를 유지하는 건 어려워진다.

좋은 표현이든 싫은 표현이든 참으면 참을수록 관계에는 계속해서 마이너스만 될 뿐이다. 욕조 속의 물이 자신에게 적당한 온도여야 제대로 반신욕을 하는데 뜨겁거나 차가우면 물속에 들어가지도 못하게 된다. 욕조 속의 물이 뜨거운지 차가운지 말을 해줘야 온도를 조절할 수 있다. 자신에게 맞는 온도로. 들어가기에 딱 좋은 온도로. 관계도 똑같다. 싫은지 좋은지 말을 해줘야 관계를 조절할 수 있다. 나의 감정과 마음이 어떤지 표현을 해야 상대방이 안다. 말을 해줘야 알고, 표현을 해야 느낄 수 있다. 상대방이 공감하든 안 하든 그건 나중의 문제이다. 내 생각과 감정을 잘 표현해야 하는 게 관계 조절의 첫 걸음이니까.

당신이 생각하는 '표현'은 어떤 의미인가요?

13

거절
[거절]

상대편의 요구, 제안, 선물, 부탁 따위를 받아들이지 않고 물리침.

• 지금까지 당신이 생각했던 '사전'은 어떤 의미인가요?

나만 생각하게 만들다가도 나만 생각할 수 없게 만드는 것-

거절은 왜 늘 어려운 걸까? 부탁을 수락할지 말지를 결정하는 내가 오히려 부탁하는 사람의 눈치를 보기 때문일까? 아니면 거절이 나 혼자만의 결정이 아니기 때문일까? 그것도 아니라면 상대방의 부탁이 아니라 나의 거절이 어떤 일의 원인이 되어버리기 때문일까?

아르바이트를 대신 해달라는 부탁을 받을 때마다 난감하다. 딱히 다음날 할 일이 있는 건 아니지만, 하지 않아도 될 노동을 굳이 하고 싶지는 않기 때문이다. 하지 않겠다고 딱 잘라 말하면 그만이지만, 인간관계를 생각한다면 거절을 쉽게 할 수 없다.

내가 상대방의 부탁을 거절해 버리면 나와 상대방은 불편한 사이가 되어버린다. 상대방은 작은 부탁 하나 들어줄 수 없냐며 기분이 상하거나 묘하게 심기가 불편해질 수도 있다. 나에 대한 이미지가 변할 수도 있다. 그렇게 내가 상대방의 아르바이트 대타를 거절해버리면 다른 아르바이트생이 나의 몫을 대신 떠받게 될 것이다. 다른 아르바이트생은 내가 했던 고민을 똑같이 하게 되고 나를 조금 원망할 수도 있을 것이다. 아르바이트를 대신 해줄 수 있냐고 부탁했던 상대방은 결국 중요한 일정을 취소하고 아르바이트를 하게 될 수도 있을 것이다. 분명 상대방이 내게 부탁해서 벌어진 일인데, 어쩐지 원인은 나의 거절에 있는 것 같다.

중학생 때부터 우유부단하다는 말을 종종 들었다. 거절해도 될 만한 부탁이나 내가 전혀 내켜하지 않는 부탁마저 거절하지 못했기 때문이다. 항상 나보다 남을 먼저 고려했다. 나의 거절로 인해 흔들릴 인간관계를 걱정했다. 나의 의견, 나의 상황, 나의 처지는 뒷전이었다. 반대로 상대방이 나의 부탁을 거절했을 때는 나의 감정이 무엇보다 중요해졌다. 부탁을 수락할지 말지는 상대방에게 달려있는데도, 막상 거절하겠다는 말을 들으면 기분이 상했다. 당연히 나의 부탁을 받아줄 줄 알았던 상대의 거절이라면 더욱 당혹스럽고 서운했다. 나의 부탁이 아니라 내가 거절당한 것 같은 기분이 들었다.

부탁을 거절당할 때는 부탁을 거절하던 나의 모습을 떠올리기 어렵다. '분명 거절하는 상대방도 나와 비슷하게 수많은 고민 거쳐 겨우 '거절' 의사를 내비친 게 아닐까?'라고 침착하게 생각한다면 좋겠지만, 막상 거절을 당하는 입장에 처하면 '거절'에만 초점을 맞추게 되는 것 같다. 거절은 나를 이리저리 휘두른다.

거절하는 건 어렵다. 거절을 수락하는 건 나에게 달렸지만, 나의 거절이 상대방의 기분과 상황에 미칠 영향을 생각하다보면 거절한다는 말이 쉽게 나오지 않기 때문이다. 거절당하는 것 또한 어렵다. 부탁을 하는 입장에서는 상대방의 결정을 따라야 하지만, 거절당하는 순간 나의 의견과 마음과 나아가 나 자신이 외면 당하는 느낌을 받기 때문이다. 거절하는 입장에 있을 때는 한없이 남을 생각하다가도 막상 거절당하는 입장이 되면 나만 생각하게 된다. 거절은 늘 나만 생각하게 만들다가도 결코 나만 생각할 수 없게 만든다.

신중함에 신중함을 더한 대답

거절은 내가 하면 은근 마음이 불편해지고, 내가 당하면 괜히 머쓱해진다. 내가 할 수 있었던 일이든, 그렇지 못했던 일이었든 한 번 거절하면 은근 마음이 불편하다. '괜히 거절했나. 그냥 알겠다고 할걸.' 같은 생각에 후회하기도 한다. 반면 내가 상대에게 거절당하면 상대는 아무 생각이 없을지 몰라도 나는 괜히 머쓱해진다. '괜히 부탁했나.' 하는 생각이 들고 민망함에 귀가 붉어지기도 한다.

거절에 대해 생각해 보면, 거절은 부탁을 전제한다는 것을 알 수 있다. 그리고 그 부탁은 대개 질문의 형태로 우리에게 다가온다. '수업 끝나고 나랑 밥 같이 먹을래?', '이날 알바 대신해 줄 수 있어?', '나랑 사귈래?'와 같이 말이다. 이 질문 형태의 부탁을 받는 순간, 우리에게는 부탁에 대한 답을 해야 하는 의무가 생긴다. 그것이 어떤 내용이든, 어떤 형태든지 간에 말이다.

질문에 대한 답은 승낙 혹은 거절이다. 승낙은 큰 고민 없이 답할 수 있다. '수업 끝나고 학식 먹을래?'라는 질문에 아무 생각 없이 고개를 끄덕이고, 자판기 앞에서 '나 100원만 줄 수 있어?'라는 친구의 부탁에 주머니를 뒤적이는 것처럼 말이다. 그것이 자신과 함께 해달라는 부탁이든, 자신의 몫을 떠넘기는 부탁이든, 혹은 자신의 마음을 전달하는 부탁이든 '응.', '그래.', '알겠어.' 같이 아무런 거리낌 없이 상대의 부탁에 응한다. 그러나 부탁을 거절해야 하는 상황이 온다면, 이야기는 달라진다.

그 사람과 함께 하는 것이 불편해서, 내가 그러고 싶지 않아서, 시간이 맞지 않아서. 부탁을 거절하는 이유는 정말 다양하다. 그리고 이유를 솔직하게 말할 수 있는 상대가 있고, 그렇지 않은 상대가 있다. 솔직하게 말할 수 있는 상대에게는 편하게 그 이유를 말하면 되지만, 솔직하게 말할 수 없는 상대에게는 어떻게 거절해야 상대의 기분이 덜 상할지 고민해야 한다.

나에게 솔직하게 말할 수 있는 상대는 가족과 친한 친구들이다. '뭐 먹으러 가자'라는 부탁에 '나 배불러서 먹으러 가기 싫어.'라고 말하거나, '나 지금 내 친구랑 있는데 너도 올래?'라는 질문에 '어색해서 싫어.'라고 솔직하게 말할 수 있다. 만약 솔직하게 말할 수 없었다면 배부름을 참고 꾸역꾸역 먹고 집에 와서 소화제를 먹고, 불편한 자리에 앉아 어색한 웃음만 지었을 것이다.

반대로 솔직할 수 없는 상대는 아르바이트에서 만난 사람들이다. 그 상대가 점장님이든, 같이 일하면서 알게 된 사람들이든 모두 나에게 '이날 저 대신 근무 가능하세요?'라는 부탁을 한다. 대신 근무가 가능하다면 주저 않고 답하겠지만, 대신 근무가 불가능할 때는 알림 창에 뜬 메시지를 봐도 답하지 않는다. '어떻게 거절해야 좀 더 예의 바르게 거절할 수 있지?'하고 곰곰이 생각하다 거절의 의미가 담긴 답변을 보내고, 휴대폰을 내려놓는다. 대개 거절은 그 사람의 기분을 상하게 하지만, 그럼에도 불구하고 어떤 답변이 상대의 기분을 덜 나쁘게 할까 하는 고민을 끊임없이 하게 되는 것이다.

결국 나는 상대의 부탁을 거절하기 위해 두 번의 고민을 한 셈이다. 부탁을 승낙할지 거절할지, 부탁을 거절한다면 어떤 대답을 보내야 하는지. 두 개의 고민을 말이다. 신중함에 신중함을 더해 나온 대답, 그것이 거절이다.

끝나지 않은 나의 성장

내 입으로 말하는 게 조금 부끄럽지만, 나는 주변 사람에게 꽤 잘해준다. 어렸을 때부터 그랬으니 타고난 성격이 아닐까 싶다. 빚지고는 못 사는 성격, 인간관계에 있어서는 빠른 눈치, 늘 경청하는 자세. 이런 성격은 어지간하면 긍정적으로 작용했다. 나는 학창 생활을 할 때 단 한 번도 크게 싸운 적이 없으니 말이다.

그러나 내 성격이 꽤 문제가 될 때가 있었다. 바로 무언가를 부탁받을 때였다. 나는 거절하는 방법을 알지 못했기에 부탁받는 족족 모두 수락했다. 심지어 부탁을 수락하는 순간 그것은 막대한 책임감이 되어 나를 끝까지 붙잡히리란걸 알고 있었음에도 말이다.

고등학교 1학년 때 조별 토론이 있었다. 그때까지만 해도 나는 굉장히 내성적이었기에 내 의견을 말하거나 강하게 밀어붙이는 일이 없었다. 남들이 정해주면 그대로 따랐고 그것을 어기는 일이 없었다. 그런데 문제가 생겼다. 내가 중요한 역할을 맡았는데 하필이면 중요한 사정이 있어 반드시 자리를 비워야만 하는 상황이 생긴 것이다. 그때 나는 생각했다. 거절할걸. 애초에 하기 싫었던 역할이었고, 내 능력 밖의 역할이었다. 내가 없는 조별 토론은 결과는 실로 처참했다. 배심원 판정 전원이 우리의 패배를 선언했었다고 했다. 나는 욕을 먹었다. 당연한 일이었다. 그리고 생각했다. 만약 내가 이 부탁을 거절했었더라면…. 내가 덜 중요한 역할을 맡고, 내 능력 선에서 해결할 수 있는 역할을 맡았더라면.

학교에서 욕을 먹고는 집으로 돌아온 내게 남은 것은 죄책감뿐이었다. 내가 가진 막중한 역할은 엄청난 책임감이, 그 책임감은 죄책감이 되어 돌아왔다. 죄책감의 무게는 무거웠기에 나는 내 성격을 서서히 뜯어고치려 노력했다. 의견을 내비치고, 싫은 것은 확실하게 싫다고 말했다.

하지만 그게 끝이었다. 사람의 천성을 뜯어고치는 것은 불가능에 가까운 일이었다. 공적인 영역에서의 거절은 쉬워졌다. 그렇지만 친구, 가족, 지인의 부탁을 거절하는 건 어려웠다. 공적인 영역과 사적인 영역의 경계는 실로 두꺼웠다. 대학 조별 과제의 거절은 지독히도 쉬웠고, 도저히 시간이 안 날 때의 술 약속의 거절은 지독히도 어려웠다.

문제는, 그 사이에 애매하게 걸쳐있는 사람들이었다. 같은 과의 MT는 공적인 영역일까? 8촌 이상의 장례식은 공적인 영역일까? 이 상황에선 나는 내 본능을 따른다. 그냥 가고 싶으면 가고 가기 싫으면 안 간다. 일종의 이지선다를 계속해서 하는 것이다.

나는 아직도 공적인 영역과 사적인 영역의 구분이 어렵다. 그 둘이 뭐가 다른지, 어디서부터가 경계인지 헷갈린다. 그리고 죄책감에 시달린 내 본능이 그것을 어떻게 구분하는지 모르겠다. 때문에, 나의 거절이란 '끝나지 않은 나의 성장'이다. 내가 이것을 구분할 수 있다면, 한 발짝 더 성장한 것이 아닐까?

댕의 정의

나를 위한 용기

    살면서 상대방에게 부탁이나 제안을 받는 경우는 많다. 중·고등학교 때는 보통 친구에게 부탁을 받았고 왠지 모르게 거절하기가 어려웠다. 거울이 필요했음에도 불구하고 거울을 빌려 달라는 부탁에 망설임 없이 친구에게 건넸다. '난 조금 있다가 쓰지, 뭐.' 하면서.

    지금도 그렇다. 길거리를 지나가다 전단지 같은 홍보물을 나눠주면 거절하지 못하고 그냥 받는다. 나 하나 지나친다고 해도 상대방은 거절에 익숙해 아무 생각이 없을 수도 있는데 그 익숙함을 겪게 하기가 싫다. 그래서 짐이 하나 더 늘어도 받는 게 마음이 편하다. 아르바이트 대타를 부탁 받으면 그날 일정을 확인하고 바로 승낙한다. 할 일도 없는데 거절하기가 마음에 걸렸다. 그래 놓고 '아, 그냥 안 된다고 하고 쉴 걸 그랬나.' 하며 나중이 돼서야 후회한다.

    거절을 잘 못 하는 이유를 생각해봤다. 부탁을 거절당한다는 게 어떤 기분인지 알아서 상대방을 배려하는 것으로 생각했다. 하지만 그건 거절 못하는 나 자신을 애써 좋게 합리화하고 있던 것이다. 물론 양보와 배려의 목적으로 거절하지 않은 적도 있지만 관계를 긍정적으로 유지하고 싶은 마음이 컸다. 특히 친구와의 관계에서 그 마음이 더 커졌다. 친구와 사이가 나빠지기 싫어서 아예 불가능한 일이 아니라면 곤란하더라도 부탁을 받아줬다. 중학생 때 친구가 춤 동아리 면접을 보자고 했고 관심 없던 분야인데도 같이 춤을 외웠다. 내게 무리한 부탁이었지만 친구와의 관계를 걱정해서 억지로 했다. 나한테도 도움 되는 경험이라고 스스로 설득하면서.

    상대방을 위한 양보와 배려보단 나를 위한 욕심 때문에, 즉 누군가가 아닌 나를 위해 거절하지 않는다. 그럼 여기서 '거절해서 사이가 틀어진 경험, 거절하지 않아서 드라마틱하게 사이가 좋아진 경험이 있나?'라는 질문이 생긴다. 웃긴 건 거의 없다. 거절은 말 그대로 내 의사이기 때문에 그걸 나무라는 사람은 없다. 없어야 하고, 없는 게 맞다. 생일파티에 와 달라는 부탁에 일정이 겹쳐 참석하지 못할 것 같다며 거절한 적이 있었다. 그렇다고 그 친구는 내게 손절하자거나, 기분 나쁜 티를 낸다거나 하지 않았다. 그리고 거절하지 않고 거울을 자주 빌려준 친구와는 '거울을 자주 빌리는 사이'가 된 거지 그 이후로 절친이 되는 일 따위는 없었다. 거절하든 안 하든 내가 바라거나 걱정하는 만큼 관계에 큰 영향을 미치지 않았던 것이다.

그래도 거절하지 않고 부탁을 들어주는 게 거절하는 것보단 나을 거다. 종업을 앞두고 반 친구들에게 롤링페이퍼를 썼는데, 내 롤링페이퍼에 적힌 그 친구의 말이 왠지 모르게 아직까지 생각난다. '내 거울 메이트! 그동안 빌려줘서 고마워ㅎㅎ 거울 빌리면서 친해진 것 같아서 좋다! 다른 반이어서 아쉽지만 2학년 올라가서도 잘 지내~' 라는 말뭉치가 종이 한구석에 적혀있었다. 그 친구의 말대로 거울 메이트가 아니었다면 형식적이고 친밀감이라고는 보이지 않는 몇 마디만 적혀져 있을 거다. 지금까지 기억날 정도로 인상 깊은 말뭉치를 받는 것이라면 거절하지 않고 부탁을 들어줄 수 있다. 거울이라는 매개를 통해서 긍정적인 관계를 유지할 수 있다는 거니까.

하지만 부탁을 들어주는 게 거절하는 것보다 낫다고 해서 나를 갉아 먹을 정도로 거절하지 못하는 건 미련한 행동이다. 친구의 무리한 부탁을 거절하지 못한 나는 학원에 늦어서 중요한 시험을 못 봤다. 이처럼 무리한 부탁인데도 고개를 끄덕이는 건 나를 위해서라도 다시 생각해봐야 한다. 상대방과 관계를 유지하고 싶은 마음이 나 자신을 힘들게 하는 결과로 돌아올 수도 있기 때문이다. 알면서도 막상 그 상황이 오면 망설여진다는 걸 안다. 어떤 이유에서든 거절의 말이 입 밖으로 나오지 않을 때가 있다. 그래서 거절에는 용기가 필요하다. 그 누구를 위한 것도 아니고 나를 위한 용기.

당신이 생각하는 '거절'은 어떤 의미인가요?

14

거짓-말
[거:진말]

사실이 아닌 것을 사실인 것처럼 꾸며 대어 말을 함. 또는 그런 말. ≒망설, 망어, 사언, 양언, 허사, 허설, 허언.

• 지금까지 당신이 생각했던 '사전'은 어떤 의미인가요?

썬의 정의

안 들킬 작정으로 시작해야 하는 것

내가 하는 거짓말은 항상 들켰다. 거짓말은 언젠가 반드시 들통 났기 때문이다. 엄마에게 말없이 학원을 빠진 뒤 이제 막 학원이 끝나 집에 가고 있다는 거짓말을 했을 때도, 아빠에게 친구들과 술을 마시는 동안 방금 가게에서 나와 택시를 잡고 있다는 거짓말을 했을 때도, 별로 안 친한 친구의 생일이 내일이라는 말에 당연히 알고 있었다는 거짓말을 했을 때도. 사람들은 항상 나의 거짓말을 알아챘다. 엄마는 나를 혼냈고, 아빠는 통금시간을 정했고, 친구는 그저 말없이 웃었다.

생각해보면 나의 거짓말은 들킬 수밖에 없었다. 일상 속 작은 거짓말을 할 때조차도 '남을 속이고 있다는 사실을 들키면 어쩌지?'라는 걱정이 눈빛, 표정, 말투에 드러났다. '뻥'은 장난이 될 수 있지만 '거짓말'은 장난이 될 수 없으니까. 아무리 작은 거짓말이라도 '남을 속였다'는 사실은 변하지 않으니까. 거짓말을 들키는 순간 '거짓말쟁이'가 된 상황을 모면하기 위해 또 다른 거짓말을 늘어놓게 되니까. 결국 나는 이 모든 이유들 때문에 거짓말을 항상 들켰다.

이런 나에겐 안 들킬 작정하고 거짓말을 하는 친구가 있다. 친구의 거짓말은 첩보 영화의 작전만큼이나 치밀하다. 중학생 때 매번 학원을 빠진 사실을 들켜 혼나던 나와 달리 친구는 똑같이 학원을 빠져도 어머니께 들킨 적이 한 번도 없었다. 학원을 빠질 때는 가장 먼저 학원 원장 선생님께 직접 전화해 배가 아파 학원을 못갈 것 같다고 말했다. 바쁜 어머니를 대신해 전화한다는 말도 잊지 않았다. 그 다음으로는 학원을 같이 다니는 친구에게 대신 학원 출입 카드를 찍어달라고 부탁했다. 선생님이 주위에 없을 때 찍어달라는 말도 덧붙였다. 집으로 돌아갈 때는 수업이 끝나는 시간과 버스 배차 시간까지 고려해 평소 학원을 마치고 집에 들어가는 시간에 정확히 맞춰 귀가했다.

나는 친구의 치밀함에 감탄하면서도 굳이 이렇게까지 해야 하나 싶어 물었다. 그렇게까지 거짓말을 해야 해? 친구가 무덤덤한 표정으로 답했다. 그렇게까지 해야 하는 게 거짓말인 거야. 들킬 작정으로 시작하면 아무것도 못해. 이왕 시작한 거짓말은 안 들킬 작정으로 해야지. 친구도 거짓말이 남을 속이는 행위라는 사실을 모를 리 없다. 오히려 너무 정확하게 알기 때문에 더욱 안 들킬 작정으로 거짓말을 하는 걸 수도 있다.

학년이 올라갈수록 친구가 거짓말을 하고 학원을 빠지는 횟수는 점점 줄었다. 학원을 정말 빠지고 싶은 날이면 친구는 어머니께 솔직하게 털어놓았고, 어머니는 친구의 예상과는 달리 흔쾌히 그 부탁을 들어주셨다. 엄격한 어머니의 허락을 받은 뒤로 친구는 학원을 빠지는 날보다 학원에 남아 공부하는 날이 더 많아졌다. 자습실에 앉아 공부하는 친구의 뒷모습을 보며 들킬 작정으로 시작하면 아무것도 못 한다는 친구의 말을 잠시 떠올렸다.

거짓말은 언젠가 반드시 들통난다. '남을 속였다'라는 사실이 주는 압박감과 두려움은 표정, 눈빛, 말투에 조금씩 묻어나오기 때문이다. 그러니 거짓말을 하려 한다면 안 들킬 작정으로 시작하자. 하얀 거짓말이든 까만 거짓말이든 의도가 어떻든 간에 거짓말이 남을 속이는 행위라는 사실은 변하지 않으니. 거짓말이 들키는 순간의 뒷감당은 모두 자신의 몫이니.

흑과 백

    아마 대부분의 사람들은〈피노키오〉라는 이야기를 알 것이다. 그 이야기를 동화책으로 읽었든, 애니메이션으로 봤든 변하지 않는 내용이 있다. 바로 '피노키오는 거짓말을 하면 코가 길어진다.'는 것이다. 그런 피노키오를 보며 '거짓말은 나쁜 것'이라는 생각이 굳어졌다. 거짓말이 좋은 행동이라면 피노키오는 코가 길어지는 게 아니라 그토록 바라던 남자아이가 되었을 테니까.

    사실이 아닌 것을 사실인 것 마냥 꾸며내어 말하는 것, 단순하게 말하자면 남을 속이는 거다. 거짓말은 남을 속이는 행위다. 남을 속이는 행위는 나쁘다. 그래서 거짓말은 나쁘다. 이런 삼단 논법을 통해 나온 '거짓말은 나쁘다.'라는 문장은 오랫동안 머릿속에 남았다. 그렇게 각인된 문장은 거짓말을 할 때마다 나를 안절부절못하게 만들었다. 어릴 때 엄마가 수학 학습지를 다 풀었냐고 물어봤을 때 바로 답하지 못했던 기억이 있다. 다섯 장 중에 한 장밖에 못 풀었지만, 놀고 싶은 마음이 커 대답을 망설였다. 결국 놀고 싶은 마음을 이기지 못하고 엄마의 똑같은 질문에 말없이 고개를 끄덕였다. 엄마에게 거짓말을 한 것이었다. 그러나 거짓말을 하고 나면 마음 한구석이 찝찝했다. 결국 엄마와 함께 있던 거실에서 슬그머니 벗어나 방으로 다시 들어갔다. 조용히 방문을 닫고 책상에 앉아 남은 네 장을 모두 풀고 나서야 마음 편히 거실로 향할 수 있었다.

    인디언의 속담 중에 그런 말이 있다. '우리들의 마음속엔 삼각형이 있다. 그 삼각형은 우리가 나쁜 짓을 할 때마다 우리의 마음을 찔러 아프게 한다. 하지만 나쁜 짓을 많이 하면 할수록 이 삼각형은 조금씩 닳아 동그래지고 점점 마음을 찌르는 아픔도 적어진다. 그렇게 양심은 사라진다.' 내 마음속 삼각형도 그랬다. 마음 한구석이 불편한 건 처음이나 그랬던 거였지, 시간이 지나니 얼굴색 하나 변하지 않고 거짓말을 하게 됐다. 아프지도 않으면서 아프다며 학교에서 조퇴를 했고, 학원 숙제를 안 했으면서 숙제 검사를 할 때면 교재를 두고 왔다고 태연하게 거짓말을 했다. 그렇게 거짓말이 내 일상에 익숙해질 때쯤 거짓말이 안 걸리길 조마조마 마음 졸이고 싶지 않았고,

남을 아무렇지 않게 속여도 양심의 가책 하나 못 느끼는 그런 사람으로 평생을 살고 싶지 않다는 생각이 들었다. 그래서 앞으로는 솔직하게 살자. 그렇게 다짐했다.

 솔직하게 살자고 다짐했지만, 무조건적인 솔직함이 좋지 않다는 건 금방 알게 되었다. 내가 하던 거짓말이 늘 남을 속이기는 했지만, 그 이유가 오직 나의 편의를 위해서만은 아니었다는 걸 깨달았기 때문이다. 친구가 새 신발을 샀을 때, 내 취향이 아니어도 친구가 만족해하는 모습에 잘 어울린다며 함께 웃었고, 새로 한 머리가 마음에 들지 않는다며 울상 지어도 새로운 스타일이 잘 어울린다며 엄지손가락을 들어 올렸다. 이미 알고 있던 유머라도 처음 들은 척 소리 내어 웃었고, 오랜 시간을 기다렸지만 미안해하는 친구를 보며 별로 안 기다렸다며 미소 지었다.

 내가 했던 행동들이 거짓말이라는 사실은 변하지 않는다. 하지만 거짓말을 하지 않았다면 친구는 자신의 취향을 무시당했을 거고, 새로 한 머리를 계속 신경 쓰며 기분이 좋지 않았을 거다. 이미 안다며 웃지 않는 내 모습에 민망했을 거고, 오래 기다리게 했다는 생각에 나와 함께 하는 시간 내내 눈치를 봤을지도 모른다. 그렇다고 해서 거짓말이 좋다는 말은 아니다. 다만 거짓말이 언제나 나쁘다는 건 아니라는 말을 하고 싶은 것뿐이다. 모두 남을 속이는 거짓말이지만, 그 안에도 검은 거짓말과 하얀 거짓말이 있다는 말.

모두가 할 수 있는 말

"나한테 거짓말했지? 아니, 왜 나한테 거짓말 했어?" 친구가 차가운 목소리로 물었다. 아니라고 말하려 했지만 나를 노려보는 친구의 눈을 바라본 순간 나는 친구가 모든 것을 다 알고 왔다는 사실을 깨닫고 응, 이라 답했다.

공부하는 척하며 몰래 휴대폰을 하고 부모님께는 공부했다 거짓말을 한 경험은 모두가 한 번쯤은 있을 것이다. 원하는 만화를 보기 위해 TV에서 이 시간에만 하는 만화가 있다 한 적도 있을 것이다. 우리는 어릴 적부터 수많은 거짓말을 하며 살아왔다. 나 역시 수많은 거짓말을 하며 살아왔다. 아주 어릴 적에는 혼나는 게 무서워 거짓말했고, 머리가 굵어지고 나서는 나의 욕심을 위해 거짓말했고, 친구를 지키기 위해 거짓말을 한 적도 있으며, 놀리기 위해 거짓말한 적도 있다.

그러나, 내가 거짓말을 하는 만큼 수많은 거짓말을 들었다. 부모님께 아기는 어떻게 생기냐고 질문했을 때 공장에서 사랑을 듬뿍 담아 만든다고 말씀하신 아버지의 거짓말은이 아직도 기억난다. 초등학교 보건 시간에 아기가 어떻게 생기는지 배우고 난 다음, 아버지가 날 속였다는 사실에 화가 나 그날 아버지께 한마디도 하지 않았다. 어렸을 때 나는 부모님은 절대 거짓말을 할 리가 없다고 믿었기에 아버지의 거짓말은 엄청난 충격이었다. 나는 내가 거짓말하는 것만 생각하고 남이 거짓말을 할 것이라고는 인지조차 하지 못했다.

"나 좀 숨겨주라!" 중학교 때 친구 A가 우리 반에 찾아와 숨을 헐떡이며 말했다. 나는 A를 우리 반 청소 도구함에 밀어 넣고 아무 일도 없었다는 듯이 행동했다. 1분도 되지 않아 다른 친구 B가 우리 반으로 뛰어오더니 "야, 혹시 A 못 봤어?"라고 물었다. 나는 아무것도 모르는 척 "왜 찾는지는 몰라도 여긴 없어."라고 대답했다. B는 내 말을 듣자마자 고맙다고 말한 뒤 곧장 밖으로 뛰쳐나갔다.
 잠시 뒤 A가 먼지투성이가 된 채로 청소 도구함에서 나왔다. 그러고는 왜 B가 자신을 찾는지 알려주었다. 이유는 간단했다. A가 B의 사물함 자물쇠의 열쇠를 훔쳐 도망쳤다는 것이다. 나는 깊게 한숨을 쉬며 A에게 B의 열쇠를 달라고 했다. B를 속인 것에 대해 사과하고 싶었기 때문이다. 그러나 A는 싫다고 말하며 순식간에 우리 반에서 뛰쳐나갔다. 나는 저러다 말겠지, 라는 가벼운 생각으로 A를 잡으러 가지 않았다. 다음날, 학생들이 모두 하교한 시간에 B가 나에게 찾아와 물었다. "나한테 거짓말했지?"라고 말이다.

    B는 A가 무엇을 했는지 말했다. A가 자기 가방을 뒤져 물건을 훔쳐 갔다는 것이다. 그걸 본 B는 A를 쫓았고 결국 잡지 못했다는 것이다. "사물함 자물쇠를 아직도 못 찾았다고?" 나는 B에게 물었고 B는 황당하다는 표정으로 말했다. "A가 훔쳐 간 건 내 학원비였어." B의 말을 들은 순간 눈앞이 새하얗게 변했다. A가 나에게 거짓말했다는 사실을 깨달았기 때문이다. 나는 B에게 정중하게 사과했다. 그런 일인 줄 몰랐다고 말이다. 정말 다행히도 B는 내 사과를 받아주었다. 우리는 곧장 교무실로 가서 A가 한 짓을 말했고 선생님께선 곧장 A의 부모님께 전화를 걸었다. 그로부터 몇 시간 뒤 A는 부모님의 손에 이끌려 교무실로 끌려왔으며 나와 B는 무슨 일이 있었는지 상세히 적었다. 나는 그 일을 통해 배웠다. 거짓말은 하면 안 되는 것이며, 동시에 모두가 할 수 있다는 것을.

내로남불의 정석

작은 거짓말이라도 해본 적 없냐는 질문에 몇 명이나 당당하게 고개를 끄덕일 수 있을까. 아마 끄덕이는 사람은 손에 꼽을 정도로 적을 것이고, 나 역시 끄덕일 수 없다. 친구들하고 놀고 싶어서 선생님께 아프다고 거짓말을 하고 야자를 뺐다. 오랜만에 친구가 한국에 오는데 만날 시간이 주말밖에 나지 않았다. 주말에 아르바이트를 하고 있었던 나는 중요한 시험을 봐야 한다며 사장님께 거짓말을 하고 아르바이트를 하루 뺐다. 그것뿐만이 아니라 나가서 빨래를 털고 개었냐는 엄마의 물음에 귀찮아서 그냥 갰다는 말 대신 나가서 털고 왔다는 거짓말을 했다.

이외에도 나의 입에서 거짓말이 나온 순간은 많다. 그만큼 거짓말은 사람의 입에서 쉽게 나오고, 관계에서도 자주 등장한다. 거짓말이 흔한 것인데도 불구하고 왜 우리는 거짓말을 '하면 안 되는 것'으로 여길까? 왜 거짓말을 하지 않았다고 말하는 순간 또 다른 거짓말을 낳게 되고, 거짓말 했다는 사실을 들키는 순간 왜 얼굴을 붉히게 되는 걸까? 이 질문에 대한 답을 찾기 위해선 거짓말에 대한 태도를 먼저 살펴봐야 한다.

거짓말을 하게 되는 상황은 다양하지만 거짓말을 하는 심리는 비슷할 것이다. '그럴 만한 정당한 이유가 있는 거니까.'라며 거짓말하는 자신을 애써 합리화하거나, '솔직하게 말하는 것보단 나아.'라며 상대방을 위해서 어쩔 수 없이 하게 된 것처럼 군다. 어쩔 수 없잖아. 이럴 때는 해도 되는 거야. 최선의 선택이었다면서 선과 악의 버튼 중에서 억지로 선을 누르기 바쁘다. 이유는 간단하다. 내가 잘못된 말이나 행동을 하고 있다는 걸 인정하기 싫어서. 좋은 사람으로 보이고 싶어서.

하지만 상대방이 나에게 거짓말한 걸 알았을 땐 기분이 찜찜하고 불쾌하다. 그럴 만한 정당한 이유가 있고, 솔직하게 말하는 것보단 낫다고 생각해서 상대방이 나에게 거짓말을 했을지라도 말이다. '차라리 솔직하게 말하는 게 덜 화나겠어.'라며 신뢰를 깨뜨리는 상대방의 행동을 탓한다. 어쩔 수 없었던 상황이어도 그렇지. 네 행동보다 네가 나에게 거짓말한 게 더 기분이 나빠. 최악의 선택이었다면서 선과 악의 버튼 중에서 바로 악을 눌러 버린다. 나의 거짓말은 애써 합리화를 하며 관대하게 바라보게 되지만 남의 거짓말은 냉정한 얼굴로 엄격하게 바라보게 된다. 심각한 모순이다. 마치 내로남불처럼 난 되고 넌 안 된단다.

내가 하면 로맨스, 남이 하면 불륜. 거짓말도 똑같다. 상대방이 하면 잘못된 것, 내가 하면 어쩔 수 없었던 것. 상대방이 하면 우리 사이의 신뢰를 깨뜨리는 최악의 선택, 내가 하면 우리 사이를 지키려다 보니 어쩔 수 없이 하게 된 최선의 선택.

앞서 말했던 거짓말에 대한 태도는 이렇다. 나에겐 너그럽지만 남에겐 엄격한 모순인 태도. 관계를 지키기 위해서 어쩔 수 없었다며 온갖 좋은 이유를 다 갖다 붙이니 거짓말이 흔한 것이다. 그러나 거짓말은 표면적으로 봤을 때 관계에 금이 가게 하는 행동이고, 신뢰를 깨뜨리는 일이다. 신뢰를 깨뜨리고 관계에 금이 가게 한 주체가 자신이라는 걸 인정하기 싫어 거짓말을 덮기 위해 또 다른 거짓말을 하게 되고, 그러다 들키면 얼굴을 붉힌다. 그러니까 내가 한 건 숨기기 급급하고 남이 한 건 다그치기 바쁜 것이다. 그 태도가 관계에 균열을 가져오는 건지도 모르고.

당신이 생각하는 '거짓말'은 어떤 의미인가요?

15 권태
[권:태]

어떤 일이나 상태에 시들해져서 생기는 게으름이나 싫증.

• 지금까지 당신이 생각했던 '권태'는 어떤 의미인가요?

궁금한 것도 기대할 것도 없는 상태

 고등학교 3학년 때 코로나 19가 시작됐다. 대학 입시를 준비해야 하는 시기였기 때문에, 학원에 가느라 집에 있는 시간은 많지 않았다. 하지만 학교 수업이 모두 비대면으로 진행 되면서 학원 일정도 주말에서 평일로 바뀌었고 집에 있는 시간과 더불어 주말에 부모님과 함께 있는 시간도 늘어났다. 코로나 19가 시작되기 전에는 주말에도 학원에 갔기 때문에 부모님과 함께 집에 있는 시간이 많지 않았다. 시간이 날 때는 집이 아니라 밖에서 저녁을 사 먹었기 때문에 부모님과 함께 하는 시간이 더욱 짧게 느껴졌다. 하지만 주말에 집에 있게 되면서 부모님과 삼시세끼를 함께 먹게 되었다.

 처음에는 부모님과 한 공간에서 밥을 먹고 대화를 나누고 같은 시간대에 잠을 자는 게 좋았다. 집에서 부모님과 함께 하는 시간보다 학교와 학원에 있는 시간이 훨씬 많았기 때문에 간만에 느긋하게 나누는 부모님과의 대화는 즐겁고 소중했다. 하지만 코로나 19의 확산이 멈추지 않고 비대면 수업 기간도 늘어나면서 부모님과 함께 하는 시간도 점점 늘어나기 시작했다. 유치원 교사인 엄마도 비대면 수업을 하게 될 때는 집에 있었기 때문에 학원에 가기 전까지 엄마와 계속 함께 있어야 했다. 하지만 '집'이라는 한정된 공간에서 하루의 대부분을 함께 지내다보니 슬슬 서로에게 싫증이 나기 시작했다. 너무 오래 붙어있다 보니 작은 일에도 서로 예민하게 반응하게 된 것이다.

 처음에는 이유 있는 싫증으로 시작했지만 갈수록 이유 없는 싫증으로 이어졌다. 별 거 아닌 일로 툭하면 서로에게 짜증을 내자 급기야 엄마는 환기가 필요하다면서 홀로 차를 타고 저녁이 다 되어서야 들어왔다. 아빠는 말없이 방문을 걸어 잠갔고 나는 평소엔 절대 하지 않던 자습까지 신청해 저녁 10시까지 학원에서 공부를 하고 늦은 시간에 집에 돌아왔다. 코로나 19가 시작되기 전까지는 거실에 불이 켜져 있기를, 부모님이 주무시지 않고 거실에 남아 나와 오늘 하루 있었던 일에 대해 이야기를 나누길 바랐지만, 막상 매일 붙어있다 보니 불이 켜지지 않은 거실을 마주하는 게 오히려 마음이 편했다.

　코로나 19가 시작되기 전에는 부모님이 오늘 점심으로는 어떤 메뉴를 먹고, 직장에서 어떤 일이 일어났고, 사람들과 어떤 대화를 나눴는지 등이 궁금했다. 궁금한 게 있으니 먼저 질문했고 돌아온 대답은 또 다른 질문이 되어 새로운 대화로 이어졌다. 하지만 점점 하루 동안 공유하는 일과 생활 반경이 겹치다 보니 더 이상 서로에게, 서로의 삶에 대해 궁금한 게 없어졌다. 우리 가족은 코로나 19가 시작되고 나서 처음으로 서로에게 권태를 느꼈다.

　서로에게 더 이상 궁금한 것도 기대할 것도 사라진 우리 가족은 직접적으로 말하지는 않았지만 자연스레 서로에게 거리를 두려 노력했다. 모든 일상을 공유하지 않고 생활 반경에서 겹치는 부분을 조금씩 줄여갔다. 그렇게 우리 가족은 서로에게 궁금한 것과 기대할 것들을 다시 만들어갔다.

　서로에게 더 이상 궁금한 것도 기대할 것도 없어지는 순간, 연인이나 친구뿐만 아니라 가족을 포함한 어떤 관계든 권태가 찾아온다는 것을 그때 처음으로 깨달았다.

그게 무엇이든 언젠가 반드시, 그러나 기억하기

"사랑에도 유통기한이 있다면 나는 만년으로 하고 싶다." 영화 〈중경삼림〉에 나오는 대사처럼 모든 사랑에는 유통기한이 존재한다. 그래서 그런 걸까, 오래된 연인이 나오는 드라마나 영화를 보면 자주 나오는 장면이 있다. 익숙함에 질려 다투고, 새로운 사람에게 흔들리는 연인 등, 연인 사이의 권태로움을 다루는 장면이다. 그래서 나는 권태로움은 연인들 사이에서나 적용되는 감정이라고 생각했고, 실제로도 그랬다. 애인을 사귀고 나면 얼마 지나지 않아 금방 애정이 식었지만, 친구들에게는 그렇지 않았기 때문이다.

권태의 대상이 연인에게만 한정된다는 생각이 바뀐 건 고등학교 2학년 때다. 중학교 때부터 친하게 지내던 친구와 같은 고등학교에 진학하게 되었다. 고등학교 진학과 동시에 친구가 우리 집 근처로 이사를 오며 동네 친구가 되었고, 가까이 살다 보니 자연스럽게 같이 등하교를 약속하게 되었다. 심지어 1학년 때 같은 반에 배정받아 우리는 운명이라며 기뻐했다. 이미 3년을 함께 한 친구였던 만큼 앞으로의 3년도 그때처럼 즐겁고 행복할 줄로만 알았다.

그러다 여름이 지나고 가을 즈음에 뭔가 이상하다는 생각이 들었다. 친구가 하는 모든 행동과 말들에 묘하게 짜증 났기 때문이다. 친구의 말과 행동이 달라졌나 생각해봤지만, 친구는 전과 변함없이 똑같았다. 달라진 건 친구가 아니라 나였다. 같은 행동이라도 전이라면 웃었겠지만, 왠지 모르게 웃음이 나오지 않고 '왜 이러지?' 싶었다. 그러다 이런 감정을 느끼는 내가 이상하게 느껴졌다. 친구는 원래 그런 사람이었고, 나는 그런 친구의 모습을 좋아하던 사람이었기 때문이다. 좋아하던 감정이 이렇게 변해버릴 수 있나 싶어 무섭기도 했다.

그래서 최대한 티 나지 않게 친구와 약간의 거리를 두기 시작했다. 친구와의 관계가 권태롭다는 생각과 감정을 그대로 가지고 있으면서 그 관계를 평소처럼 유지하다가는 그 친구와의 인연이 완전히 끝나버릴 것만 같았기 때문이다. 있지도 않은 학원 상담이 있다며 하교를 따로 하고, 늘 만나던 주말에는 다른 친구와 약속이 있다며 친구와의 약속을 거절하기도 했다. 그렇게 몇 주가 지났다. 거리를 두다 이대로 멀어지면 어쩌나 하는 걱정도 있었다. 내 순간의 감정으로 몇 년간 쌓아온 친구와의 시간이 무너지는 건 바라지 않았기 때문이다. 그러나 다행스럽게도 그런 일은 일어나지 않았다.

그렇게 시간이 지나고 다시 친구와 만나자 그 친구와 함께하는 시간이 즐거워졌다는 걸 느낄 수 있었다. 그때 내가 친구에게 느꼈던 감정은 권태로움이었던 거다. '익숙함에 속아 소중함을 잃지 말자.'라는 유명한 문장이 있다. 난 일상 속 익숙해진 친구라는 소중함을 잃을 뻔했던 거다. 내가 친구에게 느꼈던 것처럼 익숙함에 속아 그동안 함께 했던 시간들을 잊으면 안 된다. 즐거웠던 추억과 때로는 슬프기도, 화나기도 했던 모든 소중한 기억들을 잊으면 안 된다는 거다.

권태는 비단 애인과 친구 관계에서만 느껴지는 감정이 아니다. 내가 아끼던 물건이든, 가족이든, 선배든, 후배든. 그 대상이 무엇이든 언젠가 반드시 권태롭게 느껴지는 순간이 온다. 그 순간 우리가 해야 하는 것은 단 하나, 함께 했던 소중한 기억들을 잊지 않는 것이다.

랑의 정의

자극의 경계선

'권태'라는 단어를 직접적으로 본 지 꽤 오래됐다. 책을 읽어도, 뉴스 기사를 봐도 찾기 어렵다. 이유를 추측하자면, 권태는 꽤 어려운 단어이고, 명확하게 인지하지 못하는 감정이기에 그런 것 같다. 권태는 일종의 지루함이다. 이전까진 재미있던 일이, 더 이상 나에게 영향을 주지 못하기에 느껴지는 지루함. 즉 자극이 무뎌진 것이다.

나 역시 권태를 느껴본 적 있다. 어렸을 적 정말 친한 친구가 있었다. 등하교를 같이 하고, 마음도 잘 맞아 날이면 날마다 서로의 집, 놀이터 등 다양한 곳에서 놀았다. 하지만 노는 방법은 거의 같았다. 단둘이서 상황극 하기, 철봉 타기, 시장 구경하기. 이 3가지가 우리가 노는 방법의 전부였다. 반년 동안은 매우 재미있었다. 그 당시 나는 어렸고, 그 친구와 거의 초면이었기에 서로 이야기할 게 넘쳐났다. 어렸을 때 어떻게 지냈는지, 학교생활이 어떤지, 친척들은 어떤지 등 서로의 아주 깊은 속까지 이야기하며 즐겁게 놀았다. 그러나 반년이 지나자 그 친구와 노는 게 지루해졌다. 아니, 정확히는 그 친구가 질렸다. 나는 친구를 너무 잘 알았다.

내가 이 말을 하면 친구가 어떤 말을 할건지 예상이 되었고, 예상은 높은 확률로 정답이었다. 나는 지루함을 깨뜨리고자 친구에게 이 이야기를 했다. 너와 노는 것이 점차 지루해지고, 다른 방법으로 놀았으면 좋겠다고 말이다. 친구가 대안을 제시할 거라 생각했기 때문이다. 그러나 친구의 반응은 나의 예상과 달랐다. 친구는 조금 놀란 듯 나를 빤히 쳐다보다 동의하지 않는다고 말했다. 나는 그때 이 친구와는 여기까지 인가 보구나, 라고 느꼈다. 내 말을 무시한 듯한 느낌이 들었기 때문이다. 약간의 짜증, 다량의 권태가 섞인 감정은 관계를 끊어내고자 하는 결심을 하게 만들었다. 마침 내가 친구에게 답을 들은 시기는 2월 말, 학기 시작까지 일주일도 남지 않은 시점이었다. 나는 친구와 거리를 잠시 두고 지내자는 거짓말을 했고 친구는 그걸 믿으며 나와 멀어졌다. 그게 나와 그 친구의 마지막이었다.

권태가 오지 않는 관계도 있다. 바로 가족 관계다. 가족 관계는 너무나도 가깝다.

서로에 대해 너무나도 잘 알기에 같이 있어도 무언가 새로운 일이 생길 것이라는 기대하지 않는다. 때문에 권태가 올 일이 없다. 가족과 만나면서 '오늘은 무슨 새로운 이야기를 할까?'라고 기대하며 만나는 사람은 없지 않은가? 그냥 만난다. 딱히 할 말이 없어도, 함께 있어서 즐겁거나 행복하지 않더라도 만난다. 가족처럼 가장 가까운 관계는 굳이 새로운 자극이 필요하지 않기 때문이다.

친구 관계는 가깝지 않기에 서로에게 자극이 되는 게 필요하지만, 가족 관계는 너무나도 가깝기에 서로에게 자극이 필요하지 않다. 자극이 가족 관계보단 더 있지만, 친구 관계로 남기에는 부족한 그런 상태가 바로 권태라고 생각한다. 해결할 수만 있다면 가족처럼 가까워질 수 있지만, 해결하지 못한다면 그대로 관계가 끝나버리는 일종의 경계선처럼 말이다.

댕의 정의

단점만 보이는 색안경이라도 낀 것마냥

"아, 나 지금 남자친구랑 권태기야."

남자친구와 잘 만나고 있냐는 나의 물음에 친구가 했던 말이다. 권태기. 권태를 느끼는 시기이다. 그 시기가 언제냐는 질문에 명확하게 할 수 있는 대답은 없다. 관계에 따라서, 사람에 따라서 모두 다 다르기에 모른다고 고개를 저을 수밖에 없다. 그러나 권태를 깨닫게 되는 계기는 대부분 비슷하다.

눈만 마주쳐도 웃음이 나던 상대방과의 시간이 점점 따분해질 때, 상대방과 함께 하기 위해 부지런해지려고 노력했던 몸이 게을러질 때, 상대방의 눈보다 휴대폰 액정을 쳐다보는 시간이 늘었을 때, 상대방과 같이 먹으면 내가 좋아하는 크림 브륄레도 너무 달고 느끼하다고만 느껴질 때에 지금 우리 권태기구나, 하고 생각하곤 한다. 이전에는 함께라면 식은 피자도 맛있었는데 말이다. 그럴 때 깨닫는다. 이 사람과 있는 시간이 더이상 재밌지 않다는 걸. 너에 대한 나의 애정이 식고 있다는 걸.

한 번 깨닫고 나면 자연스럽게 보이는 게 상대방의 단점이다. 수염 정리 안 했네. 뭐 이리 이기적이지. 원래 이렇게 변덕이 심했었나. 되게 쩝쩝대네. 외모든 성격이든, 말투든 행동이든. 단점만 보이는 색안경이라도 낀 듯이 말이다. 이전에는 안 그랬을 것이다. 지금은 싫다고만 느끼는 상대의 단점이 보이지도 않았을 거고, 애초에 보려고 하지도 않았을 거다. 그러다가 손에만 꽉 쥐고 있던 색안경을 쓰는 때가 온다. 그럼 귀엽게 느껴지던 수염마저 꼴 보기 싫어지고, 솔직하다고 생각했던 면이 이기적으로 느껴진다. 그 사람의 모든 걸 좋아한다고 했지만 고민하는 모습이 싫증나고, 잘 먹는다며 사랑스럽게 쳐다보던 눈이 이젠 쩝쩝거리는 입으로 향한다. 관계에 싫증을 느끼는 출발점이다. 단점만 보이는 순간. 장점도 단점으로 변색 되는 순간.

관계에서의 무료함은 쉽게 느낄 수 있기에 상대방과의 애정에 따라 권태의 마무리가 달라진다. 그래서 색안경을 벗냐 안 벗냐로 관계의 지속이 정해진다. 자신의 권태를 인정하고 색안경을 벗으려고 노력한다는 건 권태를 극복하려고 하는 것이다. 끝까지 벗지 않는다면 권태라는 감정은 관계를 결국 끊어낸다. 나도 그런 적이 있다. 끝까지 색안경을 벗지 않았던 적.

한 번은 친구와의 관계에서 권태로움을 느끼기 시작했고, 그 친구와의 인연을 여기서 그만 끝내고 싶었다. 난 친구의 단점만 골라냈고, 나와 맞지 않는 점만 눈에 띄었다. 하루에 한 번씩 하던 연락이 지겨워져서 사흘에 한 번으로 줄였고, 질문이 아닌 대답으로만 카톡창을 채웠다. 답장의 길이가 점점 짧아지는 걸 보면서 또 느꼈다. 나 지금 얘랑 권태롭구나. 인연의 끈이 희미해져가는 걸 친구도 느끼는 듯했다. 친구의 답도 짧아지기 시작했고, 단답의 주인공은 나 하나가 아닌 둘이 되었다. 친구의 대답을 마지막으로 우리의 대화는 끝났다. 일상을 주고 받으며 웃음이 넘쳐나던 공간이 텅 비어진 게 느껴졌다. 한편으론 씁쓸하기도 하고 후회가 아예 안 되는 건 아니지만, 그때로 돌아가도 난 똑같은 선택을 할 것이다.

누군가의 단점만 보이고, 그 관계에 질렸을 때 우리 인연은 여기까지라고 믿고 싶어진다. 색안경을 끼고선 인연을 끊어낼 만한 모든 이유를 끌어들인다. 대게 색안경을 끼고 있다는 걸 눈치 채지 못한다. 변한 내 마음을 인정하기 보단 상대방의 탓으로 돌린다. '얘가 못난 탓이야.', '나 이런 사람 원래 싫어했어.' 우스운 합리화로 관계의 끝을 맞이하려 한다. 끝까지 색안경을 벗지 않은 채로 씁쓸하게 관계의 끝을 맞이한다.

당신이 생각하는 '권태'는 어떤 의미인가요?

- 팀별 인터뷰 : 총괄팀장 김재유 -

Q1. 간단한 자기소개 부탁합니다.

A1. 안녕하세요. 이 팀에서 감투가 제일 많은 총괄 팀장 김재유입니다. 이름만 총괄 팀장이고, 총괄팀 자체는 1인 팀이라서 늘 일하는 데다가, 인원 충원이 필요하면 충원으로 들어가기도 해서 모든 팀의 일을 다 하는 사람이기도 해요. 이 책 출판 과정의 PM(프로젝트 매니저)이기도 합니다.

Q2. 이 책은 어떻게 만들게 되셨나요?

A2. 사실 이 책의 아이디어는 사촌 언니에게서 사 왔어요. 언니가 친구들 셋하고 이런 걸 해봤어 하고 저한테 이야기해준 아이디어였거든요. 재유야, 너는 국문과에 가니까 학과에 가서 이런걸 해보렴. 하고 판 아이디어에요. 사람을 모아서 단어에 대한 개개인의 차이를 담아다가 이야기를 해보면 재밌을거야, 하고. 사실 제가 팔아달라고 졸랐어요.(^^) 원래도 잡생각이 많고, 아이디어가 끊이지 않는 편이에요. 교수님에게서 너는 논문 쓰게 되면 논문 주제는 평생 부족하지 않겠다, 라는 소리를 들은 적도 있어요. 보통 상상을 상상으로 두기 마련인데, 저는 상상을 제가 직접 해내는 편이거든요. 이거 하겠다고 출판사 만들고 사람 모아서 실제로 만들었어요.

Q3. 가장 재밌었던 에피소드를 하나 이야기 해주세요.

A3. 에피소드? 에피소드는 아니고, 그냥 하나의 징크스인데, 제가 그만둘까 싶어지는 순간에 뭐가 되는 게 참 재밌었어요. 혼자 하는 업무가 너무 많아서 주저

앉으려는 순간 팀을 프로젝트로 개편하자고 제안해주는 사람들이 있었고, 팀에 돈이 너무 없어서 고민하던 순간에는 누군가가 지원금을 받을 수 있는 사업을 물어왔죠. 그냥 그 순간들이 너무 재밌었어요. 일하는 내내 항상 내가 있어야지만 팀이 굴러가는 것 같아서 괴로웠는데, 괴로운 순간에 와주는 그런 순간들이 너무나 축복 같았어요. 그만두지 않아서 다행이에요. 그랬으면 이런

Q4. 책을 받아보실 분들이 이 점을 신경 써서 봐줬으면 하는 점이 있다면?

A4. 방구석에서 혼자 은밀하게 쓰기에 좋은 책이라는 사실요. 책 집필하는 내내 작가들한테 그런 얘기 했어요. 너무 멋 부리지 말아라. 멋있는 사람이고 싶은 욕망을 버려라. 그냥 내 얘기 부담 없이 하면 된다. 이 책의 묘미는 거기에 있어요. 진짜 나 자신을 나신으로 내다버리는 그 부분이에요. 그래서 여러분도 멋 부리지 말고, 괜찮을 생각 하지 말고 나 자신을 이 책에 쏟아부었으면 좋겠어요. 이 책을 읽으면서 왜인지 몸이 고양되는 기분이 들고, 책을 덮기 아쉽고, 다 하고 나니까 왜인지 후련한 기분이 들면 이 책을 제대로 읽은 거라고 생각해요.

Q5. 마무리 인사

A5. 제가 원래도 말이 많은 편인데, 하고 싶은 이야기 다 시키니까 인터뷰까지 말이 많네요. 쉬라고 만든 페이지인데 쉼은 전혀 되지 못한 것 같아요. 뭐, 남은 이야기는 마지막 페이지의 맺음말 쓰면서 마저 하겠습니다. 우리 맺음말에서도 만나요!

16

반려
[반:려]

짝이 되는 동무. ≒동려

• 지금까지 당신이 생각했던 '반려'는 어떤 의미인가요?

내가 혼자가 아니라는 감각을 일깨워 주는 존재

'반려'라는 단어를 들으면 '반려 동물' '반려자'가 가장 먼저 생각난다. 그 다음으로 반려 동물이나 반려자가 말없이 내 옆에 가만히 서 있는 이미지가 떠오른다. 나보다 한 발자국 앞에 서 있지도, 그렇다고 한 걸음 뒤로 물러서 있지도 않다. 그저 나와 동등한 위치에 서있다.

부모님이 맞벌이셔서, 외동인 나는 초등학생 때부터 홀로 집에 있는 것이 익숙했다. 학교에서 하교한 뒤 숙제를 하고 다시 학원에 가느라 집에 있는 시간은 생각보다 길지 않았다. 부모님도 어린 나를 위해 저녁 6시면 퇴근을 하셨기에 밤늦게 학원을 끝내고 집에 돌아와도 항상 거실에 불이 켜져 있었다. 적어도 밤늦게까지 혼자 있었던 적은 거의 없었다. 가끔 혼자 있는 게 외로워질 때면 티브이를 켜 볼륨을 높이거나 집에 있는 모든 불을 켜두면 되었다. 그러니 '내가 지금 혼자 있구나'라고 깨달을 틈이 별로 없었다.

하지만 고등학생 때부터 서울에서 경기도에 있는 학교까지 매일 홀로 등하교를 하기 시작하면서 집 현관문을 열기 전에 속으로 되뇌는 습관이 생겼다. 제발 누구라도 있어라, 하고. 나의 학년이 올라갈수록 부모님의 퇴근 시간은 점점 늦어졌다. 더 이상 혼자 있어도 위험하지 않은 나이가 되었기 때문이다. 오후 10시가 넘어 겨우 집에 돌아왔을 때 거실 불이 꺼져 있으면 마음이 공허했다. 그럴 때면 오히려 거실 불을 켜고 싶지 않았다. 그저 깜깜한 거실 한 가운데에 대자로 누워 상상했다. 귀를 펄럭이며 달려오는 반려견을, 꼬리를 살랑이며 사뿐사뿐 다가오는 반려묘를, 부모님이 아니더라도 나를 반겨줄 수 있는 반려자를. 나의 공허함을 무조건적으로 채워주기보다, 같은 공간에서 나를 반겨주고 그 자리에서 기다려줄 수 있는 존재를.

두 달 전 쯤 고등학교 친구가 집에 놀러왔다. 배달음식을 시켜 먹은 뒤, 나는 부엌에서 설거지를 하고 친구는 거실에 있었다. 설거지를 다 마친 다음 거실로 가니 친구가 색색 소리를 내며 자고 있었다. 잠든 친구의 얼굴을 가만히 내려다 봤다. 친구가 자고 있는 줄 몰랐다. 친구가 말없이 잠들어버렸기 때문이다. 하지만 나는 그 친구에게 '너 자는 거 아니지?' '너 거기 있는 거 맞지?'라고 묻지 않았다. 친구와 나는 같은 공간에 '함께' 있었기 때문이다.

 거실 소파에서 친구가 자는 동안 방에서 과제를 하다 침대에 누워 책을 읽었다. 분명 나는 내 방에, 친구는 거실에 있었지만, 이 집에서 내가 혼자가 아니라는 감각을 계속해서 느꼈다. 이 감각이 바로 '반려'의 감각이라고 생각했다. 떨어져 있어도 나의 눈앞에 보이지 않아도, 내가 혼자가 아니라는 사실을, 나는 너와 함께 하고 있다는 사실을 일깨워주는 존재.그런 존재가 바로 '반려'가 아닐까.

채의 정의

말하지 않아도 알아요

  '반려'라는 말을 들었을 때 누군가는 인생의 반려자라 하는 연인을 떠올리겠지만, 나는 '반려동물'과 '반려식물'이 먼저 떠오른다.

  동물을 키워본 적은 없지만, 식물을 키워본 적이 있다. 초등학생 때 생명과학과 관련된 방과 후 프로그램을 수강했었는데, 마지막 수업 날 선생님께서 수강생들에게 식물을 하나씩 나누어주셨다. 어떤 식물을 어떻게 키웠는지 기억이 선명하게 나진 않지만, 식물을 건강하게 키운다는 게 생각보다 많이 어려웠다는 것만은 분명하게 기억난다. 당연한 소리이긴 하지만, 처음 보는 식물을 키운다는 것은 물은 얼마나 줘야 하는지, 그늘에서 키워야 하는지, 햇빛을 충분히 받는 곳에 두어야 하는지와 같이 가장 기본적인 것부터 스스로 알아내야 한다는 것을 의미한다. 물을 너무 많이 줘서 뿌리가 썩어버리지 않게 관리해야 했고, 이파리 뒤에 벌레가 생기진 않았는지, 일조량이 부족하지는 않은지, 영양분이 부족하지는 않은지 늘 살펴야 했다. 그 작은 식물에 손은 왜 이리 많이 가는지, 없던 동생이 생긴 기분이었다. '차라리 뭐가 부족하고 뭐가 과하게 많은지 나에게 말이라도 해주면 좋을 텐데' 하고 생각한 적이 한두 번이 아니었다.

  이런 생각은 반려동물과 함께 사는 친구도 하는 생각이었다. 고양이를 키우는 친구의 집에 가본 적이 있었는데, 그 친구는 고양이가 야옹 하고 울면 '밥 줄까?', '물이 부족해?', '간식 먹고 싶어?'하며 고양이의 울음에 답했다. 내가 그 모습을 보고 고양이와 의사소통이 되냐고 묻자 친구는 그건 아니지만 그냥 말하는 것이라고, 자신이 고양이가 하는 말을 알아들을 수 있으면 좋겠다고 했다. 이어 친구는 개, 고양이, 토끼 등 반려동물과 함께 사는 사람이라면 모두가 자신과 함께 사는 반려동물이 '행복한지, 배고픈지, 부족한 건 없는지, 어디 아픈 곳은 없는지 자신에게 말해줬으면' 하고 바랄 것이라고 했다. 그 말을 듣고 보니 양방향으로 의사소통이 되지 않는 관계임에도 무한한 애정을 쏟는 것이 신기하게 느껴지기도 했다.

  한 번은 sns에서 사람이 속상한 척 연기하면 강아지는 어떤 반응을 보이는지를 촬

영한 영상을 본 적이 있다. 그 사람은 문을 열고 들어가 아무 소리도 내지 않고 웅크려 앉았다. 주인이 들어오는 소리를 듣고 달려온 강아지는 그런 주인의 모습을 보고 주춤주춤하다 이내 그 곁에 앉아 옆을 지켜주었다. 놀아달라고 재촉하지도 않았고, 소리 내어 짖지도 않았다. 시간이 지나고 주인이 웃으면서 강아지를 안아주자, 그제야 그 강아지도 꼬리를 흔들며 함께 웃었다. 사람과 동물, 둘 다 아무 말도 하지 않았지만 알아챈 것이다. 자신이 사랑하는 존재가 지금 어떤 상황인지, 어떤 기분인지.

　반려동물과 인간의 의사소통은 완전히 불가능하다고 말할 수는 없지만, 서로가 서로의 언어로 소통할 수 없기에 그 관계에 답답함을 느낄 수도 있다. 이러한 단점에도 불구하고 서로는 상대의 표정, 몸짓만으로 그 상대가 기뻐하는지, 슬퍼하는지를 짐작하고 함께 기뻐하거나 상대를 위로해 준다. 웃으며 팔을 벌리면 달려와 품으로 뛰어드는 개, 우울한 날 멍 때리고 앉아있으면 눈치채고 다가와 슬며시 엉덩이를 들이대 붙이는 고양이. 말하지 않아도 모든 걸 알아채주는 존재들. 이들은 기꺼이 우리의 반려가 되어준다.

외롭지는 않은 삶

"성원아, 잘 들어봐. 외로운게 싫으면 결혼하고, 괴로운게 싫으면 혼자살아."

어릴적 삼촌이 자주 하시던 말씀이다. '반려'와 관련된 말이면 삼촌께서는 이렇게 반응하셨다. 같이 있는게 무조건 좋은 삶이 아니라고. 그러나 결코 외롭지는 않을 것이라고 말이다.

옛날에는 반려라는게 평생의 동반자와 동일시 되는 느낌이었다. 사회에서 반려동물이라고 하면 내가 그 동물이 죽을 때 까지 돌봐주어야 하고, 반려자라고 하면 그 사람이 늙어 죽을 때 까지 같이 있어줘야 한다고 말했다. 어릴 적 나는 사회가 말하는 반려에 대해 의문을 품었다.

'둘이 멀어진다면 떠나간다면 반려가 아니게 되는 것일까?'

나는 이런 의문점을 삼촌께 여쭈어보니 껄껄 웃으며 대답하셨다. '정말 싫어하더라도 그 관계는 반려가 맞아. 왜냐하면 헤어지지 않았으니까 말이야. 만약 헤어진다면? 그러면 그 때부터는 반려가 아닌거지. 봐봐, 나도 이모를 싫어하지만 반려자는 맞잖아.' 삼촌은 이모에게 등짝을 한 대 맞으시면서도 끝까지 웃음을 잃지 않았다. 그 모습에 나는 '반려는 헤어지지 않으면 결코 깨지지 않는구나.'라고 생각했다.

중학교 2학년, 질풍노도의 시기에 같은 반 친구 한 명이 아무말 없이 학교를 나오지 않았다. 선생님께서는 걱정하셨지만 반 아이들은 '이게 말로만 듣던 중2병이구나.'라며 낄낄댔다. 점심시간에 교실에서 밥을 먹는 데 갑자기 문이 열렸다. 헉헉대며 땀을 뻘뻘 흘리는 한 남자와 우는 친구가 보였다. 나는 그 남자가 친구의 아버지임을 단번에 눈치챌 수 있었다. 늦게 왔다고 죄송하다고 연신 고개를 숙이는 친구의 아버지가 애처롭게 보였다. 고개를 숙일 때마다 땀이 떨어지는데, 왜인지 모르게 눈물도 섞여있는 것 같았다.

그렇게 약간의 소란이 지나가고 늦게 온 친구는 자기 자리를 찾아갔다. 그리고는 자리에 엎드려 울기 시작했다. 끅끅대며 우는 게 애처로워 보여서 우는 이유가 궁금했다. 마침 반장이 '너 괜찮아? 무슨 일 있어?'라고 물었다. 그러자 친구가 엄마아빠가 이혼했다고 말했다. 신기하게도 나는 친구보다는 친구의 아버지가 더 신경쓰였다. 운동장을 슬쩍 바라보니 어깨에는 힘이 쭉 빠지고 발걸음에는 힘이 없어 보이는 친구의 아버지가 보였다. 어깨가 짧은 간격으로 크게 흔들렸다. 맑은 날 깨끗한 운동장 모래에 물이 한방울씩 찍히고 있었다. 아무래도 울고있는 듯 했고, 무엇이 그를 그만큼 힘들게 했을까? 라는 의문이 생겼다.

그러나 나는 그것을 금방 잊어버렸다. 내가 본 것은 쓸쓸한 뒷모습 뿐이었지만, 그것마저 금방 가려졌다. 이제와서 생각해보니 친구의 아버지가 운 이유는 아마 외로움 때문이 아니었을까 싶다. 삼촌의 말처럼 혼자 살아야 한다는 외로움이 그를 그렇게 울게 만든 것이 아닐까.

이제는 어릴적 삼촌이 해주었던 말을 이해하게 되었다. 혼자 있다는 외로움이 싫다면 결혼하고, 인간관계가 괴롭다면 결혼하지 말라는 말을 이해했다. 그래서 반려는 외롭지는 않은 삶이 라고 생각한다. 반려가 가져다주는 '함께'라는 생각이 다른 모든 것을 이겨낼 만큼의 힘을 가진게 아닐까? 아직 결정하기에는 이르지만, 나는 외로운 것보다 괴로운게 낫다. 나는 반려자와 함께하는 삶을 살고싶다. 설령 헤어져서 친구의 아버지처럼 아파하고 괴로워 하더라도 그 순간만큼은 행복할 것 같으니까.

새끼손가락 걸고 약속

 '반려동물이 아프다는 건 정말 슬픈 일이에요.', '누구보다 소중한 인생의 반려자.'처럼 반려동물과 반려자라는 단어는 모두에게 익숙하다. 그런데 '동물'이나 '-자'가 빠진 '반려'라는 단어는 아마 조금 어색하게 느껴질 거다. 반려동물이나 반려자처럼 뒤에 무언가가 붙어야 완성되는 것 같고, 뭔가 빠진 기분이 들기 때문이다. 난 의문에 그치지 않고 답을 찾아내려 애썼다. 왜 이런 느낌을 받는지, 홀로 쓰이는 게 왜 어색한지. 찾아낸 답은 간단하다. 우리는 살아가면서 혼자가 아니라 사람이든 동물이든 다른 이와 함께하기 때문이다. 물론 365일 24시간 내내 함께한다는 건 아니다. 오랜 기간일 수도 한때의 순간일 수도 있다. 그런데도 당연하게 느껴질 정도로 누군가와 함께하는 시간이 많다는 것이다.

 누군가와 함께 한다는 건 한 마디로 짝이 된다는 건데 아직 반려동물도, 반려자도 없는 입장에서 그런 존재가 생긴다는 기분은 감히 말로 표현할 수도 없다. 하지만 왠지 그 기분을 아예 모를 것 같지는 않아서 항상 생각한다. 기쁘다 못해 벅차지 않을까, 하고. 함께 하는 그 순간만큼은 죽을 때까지 곁에 있을 거라며 평생을 약속하지 않을까, 하고. 그런 관계를 맺는 건 인생에서 손에 꼽을 정도로 찬란한 순간일 것이다.

 그래서 짝이 생기고, 반대로 누군가의 짝이 되는 과정을 아름답게만 바라보게 된다. 각자의 인생에 좋은 추억을 만들어주겠다는 다짐을 하고, 행복이라는 감정을 약속하는 것 같아서. 자신의 바운더리 안에 들인 누군가와 평생 함께하겠다는 건 당연히 무게가 무거울 수밖에 없다. 하지만 무게를 감수하고서라도 서로를 원하고 아끼는 마음이 크기 때문에 새끼손가락을 거는 것이다. 짐도 같이 짊어지면 가벼워지는 것처럼 그 무게도 함께 하면 덜 무겁게 느껴질 테니까. 한쪽만 비추던 스포트라이트가 다른 한쪽에도 비치는 기쁜 일이니까.
 이런 기쁜 일이 반려자와의 관계에서도 잘 나타나지만, 미디어에서 훨씬 많이 접해서 그런지 반려동물과 인간과의 관계가 내게 좀 더 인상 깊었다. 아쉽게도 주로 인간의 의지와 주도하에 이뤄지지만 계속 눈을 맞추고, 손 한 번 잡아보고, 쓰다듬어본다. 그러면서 애칭을 비롯한 이름이 생기고, 산책을 하고, 같이 지내게 된 포근한 공간에서 같이 자고, 먹고, 그야말로 일상을 함께 보낸다. 그런 영상을 본 적이 있다. 강아지가 주인을 알아보고 멀리서 달려오는 모습, 몇 년 만에 만나는 주인에게 꼬리를 흔들며 울먹이는 강아지의 모습을 담은 감동적인 영상이었다. 그런 영상을 볼 때면 강아지에게 자신과 함께 지내는 주인이라는 존재가 참 소중하다는 걸 보여주는 것 같아서 괜히 뭉클해진다. 주인이 아니라면 그냥 지나가는 한 사람에게 불과했을 텐데 말이다.

반려동물뿐만 아니라 반려자도 마찬가지다. 이루 표현할 수 없는 특별한 존재가 되어 서로를 알아보고, 자신보다 더 소중히 여긴다. 하지만 함께하다가도 언젠가 헤어지는, 서로의 짝이었다는 기억과 추억만 남는 그런 순간이 오기 마련이다. 그 순간이 올 때까지 서로를 사랑하고 아끼는 데 다 써버려서 이별이라는 것엔 아파할 여력 같은 건 없을 만큼 새끼손가락을 꼭 붙들고 있기를. 붙들었던 손가락이 떼어지더라도 그 약속에 힘입어 하늘에서라도, 다시 태어나서라도 서로를 알아보기를. 이 바람이 세상 모든 애틋한 관계에게 닿았으면 좋겠다.

당신이 생각하는 '반려'는 어떤 의미인가요?

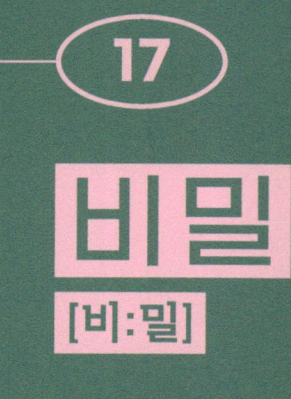

비밀
[비:밀]

숨기어 남에게 드러내거나 알리지 말아야 할 일.

- 지금까지 당신이 생각했던 '비밀'은 어떤 의미인가요?

너와 나의 연결고리

    중학생 때의 친구 관계를 생각해보면, 비밀을 나누는 순간 친구와 가까워졌던 적이 많았다. 그 비밀은 주로 누군가의 험담이었지만, 그때 당시에는 남의 험담만큼 친구 사이를 가깝게 만들어주는 것도 없었다. 실컷 험담을 하거나 단 둘만의 비밀을 나눈 뒤에는 '우리끼리만 아는 얘기인 거다?' '이거 비밀이다?' '이거 다른 애들한테는 비밀이다?' 등의 말을 꼭 덧붙였다. 아무도 모르는 단 둘만의 비밀은 친구와 나의 관계를 은밀하고 돈독하게 만들어주었다.

    나에게 비밀이 가장 많이 오갔던 때는 수련회에 갔을 때였다. 평소 같은 무리에 속했지만 단 둘이 있으면 어색한 친구가 수련회에서 내게 비밀을 털어놓았다. 그 친구는 무리에서 가장 친한 친구에게 불만이 있다며 험담인 듯 아닌 듯한 이야기를 늘어놓기 시작했다. 친하지 않은 친구로부터 다른 친구의 험담을 듣는 것이 불편하기도 했지만 동시에 흥미진진하기도 했다. 왜냐하면 내가 모르던 다른 친구의 약점을 듣고 그 약점을 단 둘이 은밀하게 공유했기 때문이다. 무엇보다 친구 관계에 예민한 중학생 시기였기에, 비밀을 털어놓는 시간이 길어질수록, 둘만 공유하는 비밀의 양이 많아질수록 그 친구와 나의 관계가 점점 끈끈해지고 가까워지는 것을 느꼈다.

    분명 그 친구도 알았다. 나와 같은 무리에 속해있지만 단 둘이 있으면 어색한 사이라는 것을. '친한'이라는 수식어보다 '같이 다니는'이라는 수식어가 붙는 친구라는 것을. 하지만 가끔씩 가까운 사람보다 가깝지 않은 사람에게 불쑥 비밀을 털어놓고 싶을 때가 있다. 나를 잘 아는 사람보다 잘 모르는 사람에게 내밀한 이야기를 꺼내는 게 더 쉬울 때가 있다. 그리고 갑작스럽게 은밀한 이야기를 나누면 예상치 못하게 관계가 끈끈해질 수 있다.

    나는 그 친구가 털어놓는, 지금이 아니면 다시는 못 들을 이야기에 최대한 열심히 반응했다. '걔가 그런 애인 줄 몰랐어.' '그 친구 때문에 너 많이 힘들었겠다.' '그 친구의 얼굴을 보면 네가 해준 이야기가 생각날 것 같아.' 등 네가 털어놓는 이야기를 귀담아 경청하고 있음을 어필했다. 그 친구는 나의 반응에 더 깊고 새로운 비밀을 이야기했다. 비밀을 나누는 시간이 길어질수록 멀찍이 떨어져있던 친구와 나의 어깨가 점점 가까워졌다. 지금이 아니면 다시는 꺼내지 못할 비밀을 다 나눈 뒤 우리는 서로를 마주 본 채 입을 가리고 웃었다. 친구가 웃는 그 모습을 나 말고는 아무도 못 본다는 생각에 웃음을 참을 수 없었다. 수련회가 끝난 뒤 친구와 나는 처음으로 단체 채팅방이 아닌 개인 채팅방에서 문자를 주고받았다. 그 비밀이 친구와 나를 가깝게 만들어주었다.

사실 그 친구와 나눈 것은 험담이었지만, 그 친구가 내게 '이거 다른 애들한테 말하면 안 된다?'라고 말하는 순간 그 대화는 비밀이 되었다. 비밀이 되는 순간 그 친구와 나 사이에는 남들이 모르는 단 둘만의 것이 생겼다. 그것은 끈끈함일 수도, 소속감일 수도, 은밀함일 수도 있다. 하지만 그 모든 것은 그 친구와 나 사이에 '연결고리'를 만들었다.

비밀은 너와 나 사이에 연결고리를 만든다. 오직 둘 만의 비밀은 둘 사이에 쉽게 끊을 수도 없고, 발 뺄 수도 없는 은밀하고 내밀한 연결고리를 만든다.

내가 쥐여준 칼

남들이 모르는 내 비밀에 대해 알려줄 수 있냐는 질문에 '비밀인데 왜 말해요?'라고 답하는 인터뷰 장면을 본 적이 있다. 생각해 보니 정말 맞는 말이었다. 남들이 모르는 비밀을 왜 말해서 모두가 알게 해야 하나 싶었다. 그러나 돌이켜 생각해 보니 나는 내 비밀에 대해 말하고 다닌 적이 많았다. 이제 와서 그때의 행동을 후회해 봤자 달라지는 건 없지만 후회되는 건 어쩔 수 없는 것 같다. 가령 지금은 사이가 안 좋은 친구나 입이 가벼운 친구에게 비밀이랍시고 말한 것들이 후회되는 것처럼 말이다.

다른 사람에게 나를 공격할 수 있는 무기를 쥐여주는 사람이 있을까? 아마 없을 것이다. 자신이 위험할 수 있는 상황을 자초한다는 것은 말이 안 되기 때문이다. 내가 쥐여준 무기, 내가 쥐여준 칼. 나는 그게 상대에게 말해준 비밀과 같다고 생각한다. 나만 알고 싶은 것, 나와 가까운 사람들에게만 공유하고 싶은 것. 비밀은 그런 것이다. 그렇기에 자신의 비밀이 불특정 다수에게까지 전달되는 것을 바라는 이는 아무도 없다.

그러나 발 없는 말이 천리 간다는 말을 증명이라도 하듯, 내 입에서 떠난 비밀은 순식간에 퍼진다. 말하지 말라고 신신당부해도 그 비밀을 말하고 말고의 문제는 결국 내 비밀을 들은 상대가 정하는 것이다. 나에게는 심각하고 무거운 비밀이라도 상대에게는 그저 술안주에 불과한 가벼운 비밀처럼 느껴질 수 있기 때문이다. 내가 상대의 손에 쥐여준 나의 약점은 특히 술자리에서 쉽게 퍼진다. '너네 그거 알아? 내가 진짜 여기서만 말하는 건데… 다른 데 가서 말하고 다니지 마.' 그렇게 누군가로 인해 시작된 이야기는 '나도 어디서 들은 건데…'와 같은 말들로 계속 퍼져나간다.

그렇게 퍼진 비밀이 돌고 돌아 나에게로 다시 전해지는 순간이 있다. 난 분명히 이 사람에게 내 비밀에 대해 말해준 기억이 없는데 나에게 그 비밀에 대해 묻는다. '어디서 들었어?'라고 물으면 상대방은 그제야 '아차' 싶은 표정을 짓는다. 난 믿고 말한 비밀이었는데 상대에겐 아니었다. 결국 우리끼리만 알고 있자 했던 비밀은 없었던 것이다.

　나 역시 비슷한 경험을 하고 영원한 비밀은 없다는 걸 알게 되었다. 정말 나만 알고 있는 것이 아닌 이상, 한 번 전해진 비밀은 계속 다른 사람에게 전달된다. 우리만의 영원한 비밀이라 했던 약속은 믿었던 사람의 쓰라린 배신이 되어 돌아오고, 나의 치부만 널리 퍼져나간다. 내가 그때 느꼈던 감정은 배신감이었다. 난 정말 내 친구를 믿고 말한 것이었으니까 당연한 감정이다. 처음에는 엄청난 배신감이 들어 친구가 원망스러웠다. 그러나 시간이 지나고 다시 생각해 보니 그 사람을 믿고 말한 건 나였다. 어쩌면 내가 자초했다는 생각에 후회가 밀려들어왔다. 그래서 비밀이란 건 내가 직접 상대에게 쥐여준 칼일지도 모른다.`

감정을 담는 그릇

"비밀은 나쁜 것일까?"
"글쎄. 아마도 나쁜 것이지 않을까?"

어느 날 친구가 내게 물어봤다. 나는 나쁘다고 답했지만, 마음 한편에는 '이게 맞나?'라는 의문이 들었다. 내가 배운 것과 깨달은 것이 충돌했기 때문이다.

나는 비밀은 나쁜 것이라고 배웠다. 절대로 가져서는 안 되고, 반드시 털어놓아 없애버려야 하는 것으로 말이다. '무슨 비밀 있으면 무조건 털어놔야 한다.'. '엄마, 아빠한테 숨기는 거 없지?' 거의 일주일에 한 번씩은 이런 말을 들으며 살았다. 그때는 무언가를 숨기는 게 재미있기도 하고, 한편으로는 두려웠다. 그래서 아주 사소한 것들은 비밀로 간직하고, 조금이라도 큰일은 부모님께 말했다. 어린 나에게 그것은 재미와 안전을 모두 잡을 수 있는 행동이었다.

나이를 서서히 먹어가며 나는 비밀이 생각보다 나쁘지는 않다는 것을 깨달았다. 비밀이 절대 악으로서, 용납할 수 없는 것이 아니라는 것을 깨달았다. 비밀을 간직하는 것은 때론 솔직하게, 숨김없이 말하는 것보다 더 좋을 때도 있었다. 언젠가, 친구와 나는 서로에게 우정의 증표로 가장 깊은 비밀을 한 개씩 털어놓았다. 서로에게 비밀을 공유하는 것은 우리의 우정을 깊게 만들었고, 비밀을 공유했다는 것을 다시 비밀로 만드니 우정은 한층 더 깊어졌다.

대학교에 들어와서는 비밀은 선악으로 판단할 수 없다는 것을 깨달았다. 누군가의 비밀은 자신의 힘듦을 꾹꾹 눌러 담아 겉으로는 표가 나지 않는 것이었다. 다른 누군가의 비밀은 겉으로는 온갖 힘든 척을 하면서 실제로는 전혀 노력하지 않는 것이었다. 세상에는 엄청난 양의 비밀이 있었고, 그중에서는 평가될 수 없는 비밀들이 많았다.

그러나 비밀은 비밀인 데에 이유가 있다. 아무리 평가될 수 없고, 고귀하다 해도 그것은 비밀이었다. 엎질러진 물을 다시 담을 수 없듯, 한 번 새어나가는 순간, 그것은 절대 비밀이 될 수 없다. 물처럼 바닥에 흘러 아주 멀리까지 퍼져나간다. 아주 많은 사람이 나의 약점을 알게 되고, 나의 숨겨진 감정을 알게 된다.

어릴 적 나의 비밀에는 재미가 담겨있었고, 친구와 공유한 비밀에는 우정이 담겨있었다. 누군가의 비밀에는 힘듦이, 거짓이 담겨있었다. 그러나 비밀이 깨져버리고, 넘쳐흘러 버리면 그것은 비밀이 아니게 된다. 어쩌면 비밀은 감정을 담고 있는 그릇 아닐까? 깨지기 쉽고, 흘러넘치기 쉽지만, 아주 많은 감정을 담을 수 있는 그릇. 내가 생각하는 비밀이란 이것이다.

댕의 정의

가까이서 보면 비극, 멀리서 보면 희극

주인공의 비밀을 시청자에게도 숨기는 TV드라마도 있고, 시청자에게만 먼저 알리고 내용을 전개하는 TV드라마도 있다. 후자의 경우 시청자의 입장에서는 굉장히 흥미진진하다. 저 비밀을 어떻게 풀어나갈지, 비밀을 알게 될 주변 인물의 반응은 어떨지 기대 가득한 시선으로 바라본다. 꼭 주인공이 아니어도 된다. 등장인물이 비밀을 가진 것 자체를 흥미로워하고, 비밀이 있음으로 발생하는 일들을 재밌어한다. 그리고 등장인물이 가진 비밀을 아는 순간 괜히 뭐라도 된 것처럼 행동한다. '아, 범인 쟤 아닌데.' 하면서 잘못된 방향으로 흘러가는 수사에 답답함을 토로하고, '와 저걸 저렇게 말한다고?' 하면서 예상과는 다른 전개에 놀람을 감추지 못한다. 등장인물의 은밀한 비밀은 시청자에게 드라마를 계속 보게 만드는 명분을 준다.

이러한 현상은 가상 세계인 미디어가 아닌 일상생활에서도 적용된다. 고등학생 때 친구들의 카카오톡 프로필을 구경하다가 같은 반 친구의 프로필 사진을 봤다. 남자친구와 같이 찍은 사진이었고, 잘 어울리는 모습에 옆에 있던 친구에게 '되게 오래 만났는데도 예쁘게 잘 사귄다.'라고 말했다. 그때 당시에는 가벼운 마음으로 만나는 친구들을 자주 봤기 때문에 신기하기도 하면서 부러운 마음에 튀어나온 말이었다. 그러나 친구에게 뜻밖의 이야기를 들었다. '야, 걔 남자친구한테 겁나 쩔쩔맨대. 남자애가 잘못해도 계속 봐주고….' 의도치 않게 커플 사이의 비밀을 알게 됐다. 그 친구 입장에서는 제3자도 아닌 반 친구1에 불과한 내가 그들 사이의 비밀을 알게 된 거다. 비밀이라 하기엔 애매할지도 모르지만 자신이 을의 입장에 있다는 걸 숨기고자 했을 것이다.

이후에 달라진 건 내가 그 친구를 바라보는 시선이었다. 겉으로 봤을 땐 걱정 하나 없어 보이고 한없이 밝은 친군데 건강하지 않은 관계를 맺고 있다는 생각에 오지랖이지만 괜히 걱정되기도 했다. 그리고 비밀을 감춘 모습과 비밀이 드러난 모습 사이에 괴리감과 왠지 모를 흥미로움까지 느껴졌다. 저 관계가 어떻게 될지 궁금했다. 결국 헤어질지, 계속 만날지. 그러다 어느 날 반에서 친구의 우는 소리와 그를 향한 친구들의 위로가 들려왔다. 울음과 위로의 이유는 뻔했다. 이별이었다. 나는 속으로 '그럴 줄 알았다. 오래 가는 게 이상한 거지.' 생각하며 씁쓸한 표정을 지었다. 비밀을 알았던 나는 저들 사이에 일어난 일이 하나의 사연같이 느껴졌다. 제삼자 입장에서 관계의 방향이 어떻게 흘러갈지 흥미진진하게 바라본 것이다.

그럼 여기서 질문이 생긴다. 반대로 내 일이 되면, 내 비밀이어도 그렇게 맘 놓고 제삼자 입장에서 바라볼 수 있을까? 내 답은 절대 아니다. 주인공 입장에서 맘 졸이며 비밀을 지키려고 애쓸 것이다. 아무에게도 말하지 않은 나만의 비밀이 있고, 소수의 사람끼리 아는 비밀이 있다. 사람들은 드러나면 곤란한 것들을 비밀로 하기 때문에 비밀이 드러나는 걸 싫어한다. 그래서 필사적으로 막는다. 비밀이라 함은 숨겨야 하거나 숨기고 싶은 거니까. 쉽게 말해서 내가 가진 비밀은 들키지 않으려고 지키기 바쁘고, 남이 가진 비밀은 나와 상관없으니 흥미롭게 바라보거나 어떤 경우에는 오히려 드러나길 바란다.

인생은 멀리서 보면 희극, 가까이서 보면 비극이라고 하지 않나. 비밀도 똑같다. TV드라마에서 등장인물이 가진 비밀, 일상생활에서 친하지 않은 반 친구의 비밀은 희극이다. 그저 나에게는 흥밋거리에 불과한 것이기 때문이다. 그에 비해 내가 가진 비밀은 비극이다. 숨기기 위해 필사적으로 애쓴다. 비밀이 드러났다면 새어나간 근원지를 찾는다. 대개 친구나 연인 사이이고, 그 관계는 배신감, 서운함, 화남 등 여러 감정과 함께 파국을 맞는다. 인간의 밑바닥과 추한 모습까지 보이면서 소중히 여기는 게 비밀이니까. 그래서 비밀은 가까이서 보면 지키려고 아득바득 애쓰니 비극, 멀리서 보면 그저 흥미로운 것에 불과하니 희극이다.

나의 정의

당신이 생각하는 '비밀'은 어떤 의미인가요?

[사:과]

잘못을 용서함.

• 지금까지 당신이 생각했던 '사과'는 어떤 의미인가요?

~~~~~~

~~~~~~

~~~~~~

~~~~~~

계약서에만 묶여 있지 않은 일상 속 관계

나의 잘못을 직면하는 것은 괴롭다. 그렇기에 내가 저지른 일이 무엇인지 정확히 알고, 그 일을 수습하고, 앞으로 그런 일을 저지르지 않기 위해 성찰하고, 나로 인해 상처받았을 사람에게 사과하기까지 오랜 시간이 걸린다. 긴 과정을 거친 뒤 진심이 담긴 사과를 하면 용서받을 기회를 얻게 된다. 그렇다. 사과하면 용서받게 된다. 하지만 사과를 한다고 해서 항상 용서받을 수 있는 건 아니다. 사과가 타인의 몫이 아닌 나의 몫인 것처럼, 용서도 나의 몫이 아닌 타인의 몫이기 때문이다.

'미안하다'라는 말을 가장 많이 해봤던 때는 고등학교 2학년, 수학여행 장기자랑 연습을 할 때였다. 나를 포함한 다섯 명의 친구가 모여 장기자랑 팀을 꾸렸다. 고등학생이 되고 나서 처음으로 가는 수학여행이었기 때문에 우리는 누구보다 자랑스럽고 멋진 무대를 해내고 싶었다. 처음에는 하교 후 1시간에서 1시간 30분 정도만 연습을 했지만, 갈수록 욕심이 나 학원을 빠지고 밤늦게까지 연습을 하거나 쉬는 시간마다 틈틈이 대형과 안무를 맞추었다. 그리고 수학여행을 가기 이틀 전, 우리는 열의에 불타 주말 아침 6시에 학교 근처 연습실에서 만나 연습을 하기로 했다.

아침에도 만나 연습을 하는 건 좋았지만 문제는 기상 시간이었다. 서울에 있는 집에서 출발해 경기도에 있는 학교 근처 연습실까지 6시에 도착하려면 적어도 새벽 4시에는 일어나야 했다. 첫차도 없어서 가려면 아빠의 차를 타고 가야 했다. 하지만 수학여행 장기자랑 연습을 하겠다고 주말 아침 일찍 아빠를 깨우기에는 어쩐지 죄송했다. 그렇다고 이제 와 약속을 취소할 수도 없었던 나는 이러지도 저러지도 못한 채 새벽까지 걱정만 하다 늦잠을 자 버렸다.

진심으로 미안하면 미안하다는 말도 안 나온다는 것을 친구들에게 온 부재중 전화 기록을 보며 깨달았다. 하지만 말은 안 나와도 사과는 해야 했다. 나로 인해 피해를 받은 사람은 있고 사과한 사람은 없으면 안 되었기에. 나는 최대한 진심을 담아 친구들에게 일일이 사과 문자를 돌렸다. 수학여행 장기자랑을 먼저 제안한 친구, 함께 무대에 설 사람으로 나를 추천해준 친구, 내가 어려워하는 안무를 친절히 알려주던 친구 등 친구들에게 도움받은 일이 떠오를수록 사과 문자가 점점 길어졌다. 문자 내용은 친구들마다 달랐지만 그 안에 담긴 사과는 진심이었다. 문자를 보내기 전 마지막으로 사과한 내용을 읽어 봤다. 이 정도면 나의 진심이 잘 전해져 용서를 받을 수 있을 것 같았다.

 하지만 예상과는 달리 나는 모두에게 용서받지 못했다. 한 친구는 이렇게까지 미안해야 하지 않아도 된다며 나의 문자와 비슷한 길이의 답장을 보냈고 다른 친구는 너의 사과는 알겠지만 다시는 이런 일이 없었으면 좋겠다는 짧은 답장을 보냈다. 처음에는 사과 문자의 내용을 몇 번이고 다시 읽으며 진심이 잘 느껴지지 않는 부분을 찾아보았으나 내가 직접 쓴 문자이기 때문에 찾을 수 없었다. 다음으로는 친구들의 답장을 읽으며 날 용서해주려는 대목을 발견하려 했다. 하지만 친구들의 답장을 읽으면 읽을수록 한 가지만이 확실해졌다. 내가 아무리 진심으로 사과를 했다 한들 용서가 반드시 돌아오는 게 아니라는 것. 사과는 비는 것이지 바라는 것도, 당연한 것도 아니라는 것. 그날 처음으로 사과는 당연한 거지만, 용서는 당연한 게 아닐지도 모른다고 생각했다.

 어렸을 때, 친구와 싸우고 나면 선생님이 먼저 잘못한 친구의 손을 잡고 말했다. 미안하다고 사과해야지. 그러면 친구는 선생님의 말을 그대로 따라 말했다. 미안해. 친구가 사과를 하면 선생님은 나의 손을 잡아 친구의 손에 얹으며 말했다. 괜찮다고 말해야지. 그러면 나는 용서해 줄 마음도 없으면서 선생님의 말을 따라 했다. 괜찮아, 친구야. 선생님의 말을 따라 상대에게 사과하고 용서하는 행위는 어렸을 때나 가능한 일이다. 우리는 이제 사과한다고 해서 용서가 바로바로 돌아오지 않는다는 것을 잘 안다. 왜냐하면 사과는 용서를 빌되, 바라기만 해서는 안 되는 거니까.

반창고 붙이기

    어릴 때 자전거를 타다 넘어졌던 기억이 있다. 심지어 그냥 넘어진 게 아니라 언덕에서 굴렀었다. 아스팔트 바닥이라 얼굴부터 팔, 무릎까지 몸 곳곳에 심하게 상처가 났다. 어린 나는 눈물만 뚝뚝 흘리며 자전거를 질질 끌고 집까지 갔다. 엄마 앞에서 엉엉 울면 엄마는 눈물을 닦아주고 상처를 치료해 줬다. 상처 주변에 묻은 흙먼지를 털고, 피를 닦아내고, 그 위에 약을 바르고 반창고까지 붙여줬다.

    새 반창고로 갈기 위해 붙어있던 반창고를 떼어내면 상처에는 딱지가 앉아있었다. 간지러워 긁으면 엄마는 새 살이 올라오는 중이라 그런 거니 흉이 지기 싫으면 참으라고 했다. 그래도 간지러워 긁던 상처가 있었고, 별로 간지럽지 않아 한 번도 손대지 않았던 상처가 있었다. 간지러워 벅벅 긁던 곳은 딱지가 지기 무섭게 떨어져 나왔고, 긁지 않았던 곳의 딱지는 얌전히 붙어있다 시간이 지나면 떨어져 나갔다. 긁었던 곳이든, 긁지 않았던 곳이든 종국에는 새살이 돋아났다. 한 번 상처가 난 곳에는 흉이 졌다. 흉터가 남아 속상해하면 엄마는 '그러니까 긁지 말라고 했지.'라며 꾸중하다가도 더 강해진 거라며 위로해 줬다.

    누군가와 다투고 건네는 사과도 반창고 같다. 싸울 때는 상대가 마음에 상처를 입든 말든 일단 내지르고 본다. 그러다 시간이 지나 화가 좀 식으면 아까의 일을 후회한다. '너무 심했나.'하고 말이다. 그래서 사과한다. 내 잘못을 인정하고, 용서를 구하는 거다. 내가 한 행동을 후회하고, 그 행동으로 상대의 기분을 상하게 한 것에 대해 용서를 구한다. 상처받은 마음 위에 붙일 반창고를 건네는 거다.

    중학생 때 친구와 크게 싸웠었다. 지금은 왜 싸웠던 건지 기억이 나지 않을 정도로 사소한 이유였다. 사소한 이유면 대화로 간단하게 풀 수 있었을 텐데, 그때는 둘 다 자존심을 먼저 굽히기 싫어 아득바득 싸웠던 것 같다. 그렇게 싸워놓고 학교가 끝나고 집은 또 같이 갔다. 종례를 마치고 나오니 친구가 기다리고 있었다. 아무 말 없이 집까지 같이 걸어갔다. 그러다 아파트 단지 입구에서 툴툴대는 말투로 먼저 말을 꺼냈다. 아까는 내가 미안. 사과에 친구가 울컥 눈물을 터뜨렸다. 나는 왜 우냐고 달래다가 같이 울었다. 그럼 친구는 너는 왜 우냐고 또 울었다.

 울음을 그치고 우리는 아파트 놀이터로 갔다. 그네에 앉아 아까는 내가 그렇게 말해서 미안, 그런 말로 서로가 서로에게 사과했다. 그러고 나니 괜히 더 어색해진 기분이었고 민망해졌다. 친구가 먼저 '좀 민망하다. 그치?' 하고 말을 꺼내 웃을 수 있었다. 그 친구와는 8년이 지난 지금도 종종 연락하고 지낸다. 이제는 사는 지역이 달라 예전처럼 자주 만날 수는 없지만, 우리는 만나면 아직도 그날의 기억을 안주 삼아 떠든다.

 누군가와의 다툼으로 관계가 망가지기도 한다. 그러나 망가진 관계를 더 단단하게 만들 수도 있다. 상처 난 무릎에 반창고를 붙였던 것처럼, 다툼으로 상처 난 관계에 사과라는 반창고를 붙이면 된다. 붙이고 기다리다 보면 상처가 간지러워진다. 사과 후 민망함에 손만 꼼지락댔던 것처럼 말이다. 상처가 회복되고 있다는 거다. 반창고를 붙여도 흉터가 남을 수 있고, 사과를 해도 그때의 기억에 어색할 수 있다. 그래도 그건 아마 더 강해진 걸 의미하고, 그 사람과의 관계가 더 단단해졌다는 의미일 거다.

우리 다시 한번 잘해보자

사과는 얼핏 보면 자책과 비슷하다. 나의 치부를 직접 들추며 그것이 구체적으로 왜 잘못되었는지 말해야 하기 때문이다. 하지만 사과가 자책과 분명히 다른 점은 그것을 남에게 말한다는 점이다. 나의 자존심을 스스로 짓밟고 고통에 덜덜 떨면서도 멈추지 않아야 한다. 마치 옛날 일본의 사무라이가 할복하는 것과 비슷하다. 그러나 사과는 여기서 끝나지 않는다. 애초에 사과의 목적은 상대방의 용서를 구하는 것이기 때문이다. 상대방이 용서하지 않는다면 그것이 자신의 죄책감만 덜어가는 반쪽짜리 사과이다. 상대방이 '용서한다'라고 말해야만 사과는 그 끝을 맺고 상대방과의 관계를 회복할 수 있다.

중학교 때 친구와 작게 다툰 적이 있다. 지금은 이유조차 기억나지 않을 정도로 아주 작은 다툼이었다. 자존심이 상했던 나는 그 친구와 대화를 줄여보았다. '네가 먼저 사과해!'라는 생각이었다. '나는 네가 없어도 잘먹고 잘산다'라는 걸 보여주기 위해 의도적으로 그 친구 옆에서 다른 친구와 신나게 놀기도 했다. 그러자 그 친구도 나와 똑같이 내 앞에서 다른 친구와 신나게 놀았다. 나는 그 모습에 자존심이 더 상해 그 친구와의 연락을 더욱 줄였다. 그 친구와 나는 같은 동네에 살아 등하교도 같이 했었는데 그 이후로는 일부러 일찍 나가거나 늦게 들어와 그 친구와 만나는 일 자체를 줄였다. 그렇게 관계가 서먹해지고 서로를 남남이라 여길 때 즈음 나는 전학을 갔다.

전학 간 뒤에도 나는 그 친구를 잊지 못했다. 마무리가 너무나도 찝찝했기 때문이다. 하루에도 몇 번씩 사과를 했으면 어떻게 됐을까, 라는 생각을 했다. 그러나 시간이 지나자 서서히 잊혀졌다. 바쁘기도 했고 새롭게 친구를 사귀기도 했기 때문이다. 그 친구와의 일을 내 머릿속에서 지우개로 지워버린 느낌이었다. 바뀐 삶에 적응하고 이전 학교에 대한 기억이 흐릿해질 즘 부모님이 이전 학교 근처에 갈 일이 있다며 나를 그곳에 대리고 갔다. 나는 친구들과의 추억을 되살리기 위해 친구들과 놀았던 곳을 방문했다. 같이 놀던 놀이터, 공원, 산책로…. 마지막으로 나는 친구들과 가장 많이 놀았던 PC방에 갔다. PC방은 내가 떠날 때의 모습 그대로였기에 나는 추억을 되살리며 찬찬히 모습을 뜯어보았다. 잠깐 동안 추억을 회상한 뒤 이제 나갈까, 라는 생각이 들 때쯤 익숙한 모습이 보였다. 짧게 자른 스포츠머리, 계절과 상관없이 입던 반팔 티셔츠. 내가 기억하던 그 친구였다.

 나는 그 친구에게 인사하며 다가갔다. 이전에 싸웠던 기억이 있지만 그것은 직접적으로 싸웠다기 보단 자존심 싸움에 가까웠다고 생각했기에 나는 당연히 그 친구가 반갑게 맞아줄 줄 알았다. 그러나 그 친구가 나를 바라본 눈빛은 반갑다는 눈빛이 아닌, 당황스러움이 섞인 눈빛이었다. "네가 여길 왜 왔어…?" 친구의 첫 말을 듣고 나는 우리의 앙금이 시간이 지나도 어렴풋이 남아있다는 것을 깨달았다. 친구가 나와 같이 생각하지 않는다는 것을 알자 약간의 서운함을 느꼈다. 그러나 그 서운함에 빠져있을 시간이 없었다. 그것 때문에 친구와 멀어졌기 때문이다. 뇌가 빠르게 돌아가고 하루에 몇 번이나 생각했던 말이 떠올랐다. "사과하려고 왔다, 이 녀석아. 우리 다시 친구 할 때가 되지 않았어? 난 그렇게 생각하는데." 내 말에 친구는 잠깐 입을 벌리고 멍을 때리다 피식 웃었다. "그래, 다시 한 번 잘해보자." 우리는 그 말을 시작으로 쌓인 앙금을 다 풀었다. 왜 서운했는지, 마지막에 떠날 때 어떤 기분이었는지 등 정말 다양한 이야기를 했다. 시간이 흐르고 이제 가야할 때가 되자 우린 전화번호를 교환했다. 다시 한번 시작하기 위해서이다.

진심이 들어가면 내뱉기 힘든

어느 영상인지 제대로 기억은 안 나지만 아르바이트나 일을 하다가 실수하거나 잘못했을 때 대처법을 알려주는 내용이었다. 그리고 개중에는 '죄송합니다'를 얼른 먼저 말하라는 내용도 있었다. 그 영상에는 '알바하면서 하는 사과는 저렇게 쉬운데 왜 가까운 사람들한테는 말하기는 힘들까.'라는 댓글이 달렸고, 대댓글에는 '진심이 들어가서 그럼'이라고 적혀있었다. 그 댓글을 보는 순간 무언가를 깨달은 기분이었고, 무엇을 깨달았는지 알고 싶어서 그동안 내가 했던 사과들을 돌아보게 되었다.

아르바이트 하면서 실수하거나, 실수하지 않아도 사과를 해야 하는 상황은 차고 넘쳤다. 고등학교 1학년, 아르바이트를 막 시작한 나에게는 그 말이 그렇게 어려웠다. 입에서 잘 나오지 않아 우물쭈물 대서 손님을 더 화나게 만들었다. 그러나 6년이 지난 지금은 입에 붙은 것처럼 잘만 나온다. 어떤 상황이든 손님이 불만을 토로하거나 불편함을 티내면 '죄송합니다.'부터 내뱉고 시작한다. '드시기도 전에 불편을 드려서 죄송하다.', '좀 더 신경 써서 보내드렸어야 했는데 그러지 못해서 죄송하다.'와 같이 말의 시작과 끝에 죄송하단 말이 꼭 붙었다. 습관처럼 입에 붙은 이유는 나의 죄송하단 말 한 마디가 손님의 기분에 큰 차이를 가져온다는 걸 알았기 때문이다. 기분 나쁜 상황이어도 나의 사과 한 번이면 다는 아니더라도 분위기를 조금은 유하게 만들 수 있기에.

그러나 딱 그 이유 때문이다. 정말 잘못한 상황이면 진심으로 머리 숙여 사과하겠지만 그런 경우는 별로 없었다. 그저 불만이 가득한 상대방의 기분을 풀어주려고, 그 상황을 모면하려는 이유뿐이다. 사실은 별로 죄송하지 않았던 적도 많고, 왜 사과를 해야 되는지 모르겠는 경우도 있었다. 진심으로 말을 내뱉는 게 아니라 진심을 가장한 귀찮음으로 내뱉는 사과였기에 툭툭, 습관처럼 말할 수 있었다. 진심이 들어가 있지 않아서 사과가 쉬웠던 것이다.

여기서 알게 되었다. 가족이나 친구, 연인처럼 가까운 사람에게 사과를 하는 게 어려웠던 이유를. 그들에게 사과를 해야 할 상황이 많지는 않다. 있어봤자 한두 번의 상황이다. 그러나 그 한두 번은 어쩔 줄 모를 만큼 너무 미안한 상황인 것이다. 그렇기에 말을 고르고 또 골라야 하고, 사과하는 타이밍을 잘 맞춰야 하고, 상대방의 기분도 신경 써야 한다. 한 마디 내뱉는 게 어려운 이유는 상대방에게 진심으로 미안한 마음이 있기 때문이다. 나의 미안한 마음이 진심으로 잘 전달되었으면 하는 바람이 들어가 있다.

깨달은 건 가까운 사이에서 내 진심이 들어갈수록, 관계를 더 소중히 생각할수록 내뱉기 어렵다는 것이다. 사실 이유를 잘 모르겠다. '진심이 들어가면 더 빨리, 더 많이 사과해야 하는 거 아닌가?'라는 의문을 가질 수도 있지만, 그 의문에 정확한 답을 줄 수 없을 만큼 이유를 모르겠다. 그나마 떠올려지는 건, 사과하는 모든 경우의 수를 다 따진 후에 상대방에게 내 진심을 전달하고 싶은 만큼 관계를 회복하거나 유지하고 싶어서가 아닐까. 조금이라도 잘못 전달해서 관계를 망치거나 상대방과 멀어질까 봐 조심하게 돼서 그런 게 아닐까. 소중한 사람에게 진심을 전하는 건 조심스럽고 또 조심스러운 것이니까.

당신이 생각하는 '사과'는 어떤 의미인가요?

19 사제
[사제]

스승과 제자를 아울러 이르는 말. ≒사생.

• 지금까지 당신이 생각했던 '사제'는 어떤 의미인가요?

어른으로 가는 길을 함께 갈고 닦는 사이

　청소년기를 생각해보면 나의 옆에는 항상 선생님이 있었다. 그들은 선생님이라는 직업을 가진 어른이었다. 어른 같지 않은 어른도 많았지만, '어른이란 이런 존재'라는 것을 깨닫게 해준 어른도 많았다. 그들을 보며 내가 되고 싶은 어른의 모습을 상상했다. 어른으로 가는 길을 갈고 닦을 수 있었던 건 선생님, 즉 '어른'이 나의 청소년기를 함께 보내준 덕분이다.

　기억에 남는 선생님이 몇 분 계신다. 첫 번째로 기억에 남는 선생님은 중학교 3학년 때의 역사 선생님이다. 학생회 지도 교사도 맡고 계셨는데, 중학교 마지막 시험을 보던 날 학급 임원 전부에게 '그동안 수고 많았어. 앞으로의 너희를 응원할게'라고 적힌 띠지를 두른 컴퓨터 싸인펜을 나눠주셨다. 중학생이 된 후로 선생님께 진심이 담긴 선물을 받았던 적은 처음이라 감동받았다. 무엇보다 역사 선생님이 기억에 남는 이유는 나의 진로를 진지하게 고민하고 꿈꾸게 만들었기 때문이다.

　역사 선생님은 매 수업마다 열정적이고 진중한 태도로 역사를 가르치셨다. 역사가 그렇게 흥미진진한 과목인지 몰랐다. 수업 방식, 학생들을 대하는 태도, 역사라는 과목을 가르치는 선생님의 자세 등 모든 것이 멋졌다. 역사 선생님이 좋아 수업에 집중하다보니 자연스레 역사 과목 점수도 올랐다. 역사 선생님으로부터 역사와 관련된 지식을 배울수록 역사 과목에 흥미가 생겨 '역사 선생님'이 되고 싶었다. 무언가를 이루고 싶고 진심으로 원했던 적은 처음이었다. 지금은 전혀 다른 학과에 진학해 다른 직업을 생각하고 있지만, 그때 당시 역사 선생님은 새로운 진로를 상상하고 꿈꾸게 만들었다. 또 나의 미래를 구체적으로 그려보고 나아가 무언가를 열망하는 감각을 느낄 수 있게 해주었다.

　학교 선생님뿐만 아니라 학원 선생님도 나에게 많은 영향을 주셨다. 고등학교 3년 내내 다녔던 학원 원장 선생님은 친아빠보다도 나를 더 걱정하고 챙겨주셨다. 경기도에 있는 학교를 다녀서 학원도 경기도로 다니게 되었는데, 시험기간에 늦은 시간까지 공부를 하다 보면 지하철이 끊기는 경우가 종종 있었다. 그때마다 원장 선생님께서는 부모님을 대신해 직접 차로 서울까지 데려다주셨다. 원장 선생님께서 나를 데려다 주실 때마다 부담스럽다는 생각은 들지 않았다. 집으로 가는 차에서 나눈 대화는 선생님과 학생과의 대화이기도 했지만 동시에 어른과 청소년의 대화이기도 했기 때문에, 그 시간이 의미 있게 다가왔다.

학원 원장 선생님은 내게 선생님으로서의 조언뿐만 아니라 어른으로서의 조언도 아낌없이 해주셨다. 시험 결과에 만족하지 못하거나 본격적으로 공부를 해보기도 전에 포기하려는 내게 선생님은 나의 두 눈을 똑바로 마주보고 필요한 조언을 해주셨다. '왜 못 할 거라고 생각해? 너라면 충분히 할 수 있어.' 새롭고 강렬한 한 마디는 아니었지만 성인보다 상대적으로 미성숙하고 예민한 청소년이었던 나에겐 큰 원동력이 되었다. 원장 선생님은 내가 고등학교를 졸업하고 학원을 그만두던 날, 편지와 함께 소설 한 권을 선물로 주셨다. 그동안 수고했고 고마웠다는 내용의 편지와 내가 가장 좋아하는 소설가의 작품을 읽으며 이렇게까지 나를 챙겨주고 걱정해주는 어른이 있다는 사실에 감사함을 느꼈다.

이 외에도 반 학생 모두에게 손수 만든 편지지에 쓴 손 편지를 선물해 진심을 전하는 방법을 가르쳐주신 초등학교 4학년 선생님부터, 청소년인 나보다도 철없고 미성숙했지만 어른이 쉽게 이해하지 못하던 고민에 대해 함께 이야기하고 공감해준 국어 선생님, 나의 미래를 구체화할 수 있도록 도와준 수학 선생님, 학교 안에서의 삶에 익숙한 내게 세상 밖의 이야기를 들려준 사회 선생님까지. 학교 안팎에서 나를 챙겨주고 성장시켜주는 어른은 항상 계셨다.

나는 혼자 성장하지 않았다. 선생님과의 관계 속에서 점차 책임감 있고 성숙한 어른이 되었다. 그러니 선생님과 나는 어른으로 가는 길을 함께 갈고 닦는 사이일 수밖에 없다.

학급 속 부반장

　초등학생 때부터 고등학생 때까지 매년 새 학기가 돌아오면 학급에서는 늘 반장과 부반장을 뽑았다. 후보들은 교실 앞으로 나와 자신의 공약이나 다짐에 대해 발표했는데, 내 기억 속 부반장들은 꼭 하는 말이 있었다. 바로 '반장을 도와-', '반장과 함께-'와 같이 반장과의 협업을 강조하는 다짐들이었다. 그런 다짐을 들으며 부반장은 반장보다 할 일이 없겠다 싶었다. 선생님도 반장만 찾았고, 반 친구들도 반장만 찾으니 부반장은 어떤 일을 하나 궁금한 마음도 들었던 것 같다.

　이런 궁금증들은 내가 부반장이 되고 나서야 해결되었다. 나 역시 반장을 도와 함께 학급을 잘 이끌어 나가겠다는 그런 뻔한 말을 했고, 어찌어찌 학급 부반장이 되었다. 처음에는 예상했던 것처럼 나를 찾는 사람들이 별로 없었다. 반 친구들은 반장만 찾았고, 교과목 선생님들도 '너네 반 반장이 누구야?'라는 질문만 하셨지, 부반장까지 찾는 선생님은 드물었다. 내가 하는 일은 안내장 배부, 숙제 걷어오기 같은 잔심부름과 모두가 기피하는 청소 구역 맡기 정도가 전부였다.
　부반장도 중요한 역할이라는 것을 깨닫게 된 건 반장이 아파서 결석한 날이었다. 선생님이든 학급 친구들이든 모두 나를 찾았고, 모든 공지사항은 나에게 전달되었다. 반장은 하는 일이 정말 많았고, 반장이 없는 순간부터 학급의 반장은 내가 된다는 걸 실감할 수 있었다. 나는 그동안 자잘한 것만 맡는다고 생각했는데, 사실 그 자잘한 일들도 다 중요한 일이었다는 것 역시 알게 되었다.

　그런 의미에서 '사제'라는 관계는 학급 속 부반장 같다. '나'라는 학급 속에서 반장이 부모님이라면 부반장은 선생님이란 말이다. 많은 사람들이 공감하겠지만 '나'라는 사람에게 가장 많은 영향을 미치는 사람은 부모님이다. 그 영향이 좋든 나쁘든 부모님은 나의 성격, 가치관, 말투, 습관 등을 형성하는데 큰 부분을 차지한다. 모든 것이 형성되는 시기에 가장 많은 시간을 보내는 사람이기 때문이다.

　그렇다면 부모님 다음으로 영향을 많이 미치는 사람은 누구일까? 나는 그 사람이 선생님이라고 생각한다. '학교는 작은 사회'라는 말이 있듯이 학교는 복잡하다. 새로운 환경 속에서 새로운 사람들을 만나 새로운 관계를 맺는 건 항상 어려운 법이다. 그런 학교 속에서 문제가 생기거나 고민이 생겨 조언이 필요하다면 우리는 선생님을 찾아가곤 한다. 부모님이 부재한, 반장이 결석한 상황이니까. 그 순간만큼은 반장의 역할을 대신하는 부반장, 선생님을 찾아가는 것이다. 부모님과 함께 있다면 아마 선생님의 역할이 크게 느껴지지 않을 것이다. 선생님은 학교에서만 마주칠 뿐, 집이나 밖에서 만날 일은 거의 없기 때문이다. 그러나 부모님이 부재하는 상황이 온다면 선생님의 역할이 부각된다. 주변 사람들 중 가장 어른이고, 믿을 수 있는 사람이 되기 때문이다.

고등학교 1학년 담임 선생님은 나에게 그런 분이셨다. 부모님을 대신할 수 있는, 정말 믿을 수 있는 어른. 정말 자녀처럼 나를 아껴주셨던 분이다. 그 마음에 부응하고 싶어 더 열심히 공부하고 선생님이 담당하시는 교과목 수업 시간에는 발표도 적극적으로 하는 그런 1년을 보냈다. 학교생활에 대한 고민이 생기면 언제든 편하게 찾아오라는 말씀에 여러 번 찾아갔던 기억이 있다. 상담을 하다 감정이 북받쳐 울면 당황하지 않으시고 오히려 마음 편히 울어도 된다고 다독여주셨던 선생님이셨다. 늘 학교에서 부모님의 역할을 대신해주신 분이었다. 그래서 선생님은 '나'라는 학급 속 영원한 부반장이다.

제 2의 부모 자식 관계

    선생과 제자라는 관계는 깊은 울림을 준다. 이 관계는 굳이 세어보자면, 세상에서 부모와 자식 다음으로 중요하다. 어떤 제자는 스승에게 평생의 가르침을 받고, 어떤 스승은 제자를 자식인 양 대하기도 한다.

    초등학교 3학년 때 만난 학원 선생님이 아직도 기억이 난다. 헤어진 지 무려 6년이 지났음에도 말이다. 초등학교 3학년 2월. 전학 온 직후, 영어 학원이 필요해서 수학 학원 선생님의 소개로 그곳을 다니게 되었다. 조금 뚱뚱하고 웃음이 많은, 호탕하신 선생님이셨다. 사비를 털어 각종 이벤트를 하시고 학생 1명이 연락이 닿지 않으면 안절부절못하시며 걱정하시기도 하셨다.

    어느 날 선생님께서는 바자회를 진행하겠다고 하셨다. 안 쓰는 물건을 내놓으면 그 물건을 필요로 하는 사람이 가져가는 이벤트였다. 특이하게도 화폐는 돈이 아닌, 자신이 지금까지 학원에 다니며 받은 '칭찬 도장'이었다. '칭찬 도장'은 숙제를 다 하고 일정 부분의 예습까지 해야 받을 수 있는 것이었기에 무척이나 모으기 어려웠다. 그럼에도 나는 칭찬 도장이 엄청나게 많았다. 나 다음으로 많은 학생이 내 절반조차 쫓아오지 못할 정도로 말이다. 나는 마음만 먹으면 바자회에 나온 모든 물건을 전부 살 수 있었다. 그런 상황을 경계하신 선생님께선 내게 갖고 싶은 것을 사주는 대신 칭찬 도장을 모두 가져가겠다고 하셨다. 이벤트의 취지를 내가 망가뜨릴 수 있다는 가능성 때문이었다. 나는 무선이어폰이 갖고 싶다고 하였고 선생님께서는 그 당시 기준으로 최신형 무선이어폰을 사주셨다.

    시간이 흘러, 나는 중학교에 입학했다. 초등학교 때 다니던 학원은 이제는 놓아줘야 할 시기가 온 것이다. 그러나 선생님께서는 나 때문에 중등반을 따로 만들어주셨다. 중등반 학생은 나와 새로 들어온 남학생 1명뿐이었다. 최저시급조차 안 나오는 상황이었지만 선생님께서는 남학생 1명이 학원을 나가고, 내가 중학교 2학년이 되어 전학 갈 때까지 그것을 끝까지 놓지 않으셨다.

나는 그 선생님과 아직도 연락하며 지낸다. 아직도 바자회 이벤트는 계속하는지, 중등반은 유지되고 있는지를 말하며 말이다. 연락할 때마다 나는 이 모습이 부모와 자식 간의 모습과 비슷하다는 생각이 들었다. 계속해서 관심을 갖고 연락하며, 늘 어떻게 해야 서로에게 도움이 될지를 고민하는 모습이 다른 사람의 눈으로 봤을 때는 부모와 자식으로 보이지 않을까?

 나는 사제 관계란 이런 것이라고 생각한다. 학생의 마음을 헤아리며 지속적인 연락을 계속하는 그런 관계. 그야말로 마음으로 낳은 부모와 가슴으로 이어진 자식의 관계라고 말이다.

댕의 정의

선을 넘지 않으면 우리는 친구

　고등학교 3학년 때 수능이 끝나고 친구들끼리 동심으로 돌아가자며 아파트 단지에서 술래잡기를 하는데 저 멀리서 날 부르는 소리가 들렸다. 점점 가까워지고 정체를 알자마자 반가워서 안을 뻔했다. 고등학교 1학년 담임선생님이었는데 우리가 2학년으로 올라갈 때 휴직을 하셔서 그 이후로 못 뵌 선생님이었다. 예상치 못한 곳에서 2년 만에 마주친 선생님은 오랜만에 만난 친구처럼 반가웠다.

　추운 날씨인데도 반팔 차림인 나에게 안 춥냐며 따뜻하게 입고 다니라고 말씀하셨는데 2년 전 선생님의 애정 어린 눈빛이 떠올랐다. 그 눈빛은 선생님의 결혼식 축가로 반 친구들과 함께 합창을 했을 때 받은 눈빛이었다. 맨 앞자리에서 부르다가 그 눈빛을 보고 울컥했기 때문이다. 그 눈빛이 아직까지 기억날 만큼 선생님과 함께한 학창 시절이 즐거웠다. 신혼여행을 다녀와서 우리에게 선물로 주신 키링은 아직 내 방 서랍에 있다. 내 이름이 영어로 새겨져있는 나무 키링 말이다. 키링이 주는 기운 덕분인지 1학년 때가 유난히 기억에 오래 남는다. 입학했을 때 아는 친구 하나 없었는데도 불구하고 무척이나 행복한 날들로 1년을 채웠다. 친구들 덕분도 있지만 친구 같이 좋은 선생님이 있었기에 그 시절이 찬란하게 기억되었다. 물론 선생님도 우리와 함께했던 그 시절이 행복했다고 말씀하셨다.

　중학교 때도 선생님과 함께한 즐거운 기억이 많다. 개방적인 분위기였고 젊은 선생님들이 많이 계셔서 통하는 게 많았다. 그래서 친구들과 교무실을 자주 드나들었다. 쉬는 시간에 틈만 나면 교무실에 가서 간식을 얻어먹고, 선생님 휴대폰으로 사진을 찍고, 밖에 나가서 떡볶이를 사달라며 조르고, 졸업식 때는 졸업앨범 뒤에 편지를 써달라고 졸랐다. 마치 또 다른 친구 같았다. 같이 수다를 떨고, 맛있는 걸 먹고, 편지를 주고받는 건 보통 또래 친구들끼리 하는 거니까. 선생님 입장에서도 학생들이 친구 같았을 거다. 정형화된 모습으로 수업하는 게 아니라 조금은 풀어진 모습으로 아이들과 친근하게 이야기를 나누고 교류했기 때문이다.

하지만 그럼에도 선이 존재했다. 친구 같이 지내도 두 관계 속에 선이 그어져 있는 것 같았다. 선생님과 아무리 친하게 지내도 친구를 부르듯이 '야' 또는 'OO아'라고 하진 못한다. 그건 선을 넘는 거니까. 선생님도 마찬가지이다. 학생들과 친구같이 친하게 지내도 막상 자신의 오랜 친구를 대하듯이 행동하진 못한다. 사적인 고민을 나누고, 개인적인 부탁은 못하니 말이다. 선을 넘지 않고 지내야 화목한 사이를 유지할 수 있다. 학교 또는 학원이라는 울타리 안에서 학생이라는 본분과 선생님이라는 본분을 잊지 않는 것이다. 친하게 지내도 그 공간 안에서 선생님과 학생이라는 가면은 벗겨지지 않기 때문이다.

그래서 사제라는 관계에는 선이 중요하다. 학교라는 울타리 안에서 재미를 나누더라도 선을 넘으면 선생님 입장에서는 예의 없다고, 학생 입장에서는 부담스럽다고 느낀다. 그러나 친하지 않은 사이처럼 선이 진해지는 것도 원치 않고, 없어지는 것도 원치 않는다. 이 애매한 간극 때문에 신경을 많이 써야 하는 관계이다. 적당한 대화와 적당한 교류로 적당한 거리를 유지해야 한다. 선을 넘지 않으면 우리는 친구이다. 넘으면 예의 없는 학생, 부담스러운 선생님이 된다. 어느 관계든 선을 넘으면 관계가 틀어지기 마련이지만 그 특성이 유난히 예민해지는 게 바로 사제 관계이다.

당신이 생각하는 '사제'는 어떤 의미인가요?

선-후배
[선후배]

선배와 후배를 아울러 이르는 말.

• 지금까지 당신이 생각했던 '선후배'는 어떤 의미인가요?

이런 사이의 친구도 있는 거야.

대학교에서 가장 주의해야 하는 점은 바로 '호칭'과 '존댓말'인 것 같다. 중학교, 고등학교와 달리 대학교에서는 같은 연도에 입학했다 해서 무조건 같은 나이가 아니기 때문이다. 새 학기, 같은 학번이라 당연히 동갑인 줄 알고 25살 언니에게 '안녕'이라 인사를 했다가, 주위 친구들이 나를 이상하게 봤던 적이 있다. 친구들은 내게 그 언니가 우리보다 다섯 살이 많다며 앞으로는 존댓말을 사용하라고 말했다. 하지만 정작 당사자인 언니는 내게 아무 말도 하지 않았다. 그저 밝게 '안녕' 하며 나의 인사를 받아주었다. 나는 그 이후로 언니에게 변함없이 반말로 인사한다. '안녕, 오늘 입은 옷 언니랑 잘 어울린다.' 언니도 여전히 어떤 말없이 나와 반갑게 인사한다. '고마워, 너도.'

청소년기를 떠올려보면, 후배보다는 선배와의 관계만을 더 중요하게 생각했던 것 같다. 그때는 '한 살' 차이가 선후배 관계의 모든 것을 좌지우지했다. 한 살 어린 우리는 선배들 앞에서 최대한 얌전하고 겸손하게 굴어야 했고, 한 살 많은 선배들은 학교 어른 중 누구도 가르쳐 준 적 없는 '한 살 많은 선배'로서의 권력을 여기저기 행사하고 다녔다. 선배들이 만족할 만큼 그 권력에 따르면 그들은 후배 중 한 명을 선택해 '양'을 맺어 친 자매나 남매처럼 지냈다. 지금 생각해 보면 인간관계라고는 학교에서 맺은 관계가 전부였던 청소년기에나 가능한 선후배 관계인 것 같다.

청소년기에 만난 선배들은 '한 살 차이'의 간극을 걷잡을 수 없이 벌려둔 존재였기에, 대학생이 된 이후에도 선후배 관계의 간극을 좁히기 쉽지 않았다. '선배'라는 호칭만으로도 선배들과는 절대 가까워질 수 없다고 생각했다. 고작 한 살 차이인데, 반말보다 존댓말을 쓰는 게 더 편했다. 하지만 대학교에서 만난 선배들은 한 살 이상으로 차이가 나는데도 불구하고 선배라는 이유로 권력을 휘두르지 않았다. 마음대로 나를 선택하거나 함부로 대하지 않았다. 그저 선배와 후배는 호칭일 뿐, 호칭에서 벗어난 동등한 관계에 서서 나를 대했다.

또 세상에는 한 살 차이 나는 선배만 있지 않았다. 대학교에는 다양한 나이대의 선배와 동기, 후배들이 있었다. 다른 대학교에 다니다 편입한 22살 동기, 휴학 한 번 하지 않고 졸업한 뒤 다른 학교에 한 번 더 입학할 거라는 23살 선배, 같은 나이에 재수를 하고 입학한 후배 등 다양한 선배와 후배, 동기가 나의 곁에 있었다.

22살 동기와 23살 선배와 함께 술을 먹을 때는, 처음으로 존댓말을 쓰는 데도 이 관계가 딱딱한 선후배 관계가 아니라는 생각이 들었다. 우리는 같은 위치에서 서로의 눈을 마주 보며 대화를 나눴다. 나이 차가 나지만 22살 동기, 23살 선배와 나는 마치 친구 같았다. 그제야 나이 차는 정말 말 그대로 태어난 해가 다른 것일 뿐이라는 사실을 알게 되었다. 나는 조심스레 그들에게 반말을 해도 되냐고 물었고, 그들은 '네가 그 말을 꺼내길 기다렸다'며 나의 잔에 그들의 잔을 부딪쳤다.

선후배 관계도 충분히 가까운 친구 사이가 될 수 있다. 존댓말을 해도 친구가 될 수 있고, 나이 차가 많이 나도 반말을 하며 편하게 어깨동무를 할 수 있다. 이런 사이의 친구도 있는 거니까.

딱딱하게 생각하지 말기

　모든 '선후배'라는 관계가 나이로만 정해지는 건 아니지만 선배는 대부분 나보다 나이가 많았고, 후배는 나보다 나이가 적었다. 그리고 그 몇 살 차이가 선배, 후배 사이에 엄청난 거리감을 만들어냈고, 그 거리감은 한 살 차이밖에 안 나는 선배와 후배에게도 적용됐다. 말로만 한 살 차이지, 사실 몇 달밖에 차이 나지 않는 사람인데도 우러러보아야 하는 선배같이 느껴졌고 항상 모범을 보여야 하는 후배같이 느껴졌다. 그들과는 죽었다 깨어나도 동갑내기 친구들만큼 친해질 수 없을 것만 같았다. 특히 그 '한 살'로 온갖 텃세를 부리는 선배를 만났었던 나에게는 후배보다 선배와의 관계는 더 어렵게 다가왔다.

　이런 나의 생각이 바뀐 건 고등학생 때 알게 된 두 사람 덕분이다. 한 사람은 나에게 먼저 연락을 한 선배였고, 다른 한 사람은 친구를 통해 알게 되었다. 말 한마디 해본 적 없는 선배, 처음 보는 선배. 모두 나에게는 어렵고 불편한 존재였다. 그러나 두 선배 모두 나에게 자신을 친구처럼 대하라고 말했고, 나를 친구처럼 대해주었다. 처음에는 그런 모습에 놀라기도 했다. 그전까지 만났던 모든 선배들과는 늘 친해진 듯싶다가도 문득 느껴지는 거리감에 결국 멀어졌기 때문이다. 선 없이 대하는 선배들 덕에 나도 선배들을 더 편하게 대할 수 있었다. 정말 친구처럼 지내다 보니 그 사람들이 나보다 나이가 많은 선배들이라는 사실을 잊을 때도 있었다.

　한 번은 내가 너무 편하게 대하나 싶어 두 사람 모두에게 '그래도 내가 후밴데 너무 편하게 대하나?'라고 물어본 적이 있다. 반응은 비슷했다. 한 선배는 '이제는 네가 나한테 존댓말 쓰면 소름 돋을 것 같아.'라고 했고, 다른 한 선배는 '우리 친군데 뭐가 문제야?'라고 했다. 대답을 듣고 안심이 되는 한편, 나도 선후배의 관계를 딱딱하게 만들지 않는 그 선배들처럼 되고 싶었다. 언젠가 만날 후배와 친구처럼 지내는 사람이 되고 싶다는 생각이 들었다.

　2년간의 수험생활을 끝내고 대학에 입학한 뒤 정말 다양한 사람들을 만났다. 나보다 2살 많은 동기, 1살 어린 동기 등 같은 연도에 입학했다고 같은 나이가 아니라는 걸 실감할 수 있었던 순간이었다. 고등학생 때 만난 선배들 덕에 선배들, 혹은 나보다 나이가 많은 동기들과 친해지는 건 어렵지 않았다. 문제는 나보다 어린 동기들이었다. 어떻게 친해져야 하나 많은 고민을 했었는데, 이런 고민은 의외로 쉽게 해결되었다. 전공 수업에서 조별 과제를 하며 나보다 어린 동기들과 친해질 수 있었다. 말이 트이니 친해지는 건 순식간이었다. 그때 선배들이 편하게 대해주었던 것처럼 나도 어린 동기들에게 친구처럼 지내자고 말했고, 지금까지 정말 편한 사이로 지내고 있다. 나보다 어린 사람들에게는 모범을 보여야 할 것만 같았는데, 오히려 내가 그들에게서 긍정적인 태도나 배려를 배우기도 했다.

중·고등학생 때는 나보다 3개월 일찍 태어난 선배가 불편했었는데, 대학에서는 나보다 3살 많은 선배와 친구처럼 지낸다. 나보다 고작 1살 어린 후배에게 모범을 보여야 한다는 생각을 했었는데, 오히려 나보다 어린 사람에게 배우기도 한다. 더 이상 나에게 선후배는 딱딱하고 직선적인 관계가 아니다. 배울 점이 있는 사람, 함께 배우고 나아갈 수 있는 사람, 혹은 동갑내기가 아니어도 친구가 될 수 있는 사람. 둥글둥글하고 곡선적인 관계다.

소속감을 느끼는 사이

    선배, 후배. 믿음직한 사람일 수도, 의미 없는 사람일 수도 있다. 적어도 내게 있어 선후배는 꽤 부담스러운 사람이다.

    학창시절에는 선후배의 관계가 명확하지 않았다. 만날 기회 자체가 별로 없었기 때문이다. 학교 행사는 각 학년, 각 반을 구분하는 게 다반사였고 전학년이 함께 활동하는 것은 동아리를 제외하곤 아예 없다고 봐도 무방했다. 고등학교 1학년, 나는 친구들과 함께 동아리 하나 만들었다. '비주류의 희망!'이라는 이름을 가진, 누가 봐도 동아리의 컨셉을 명확히 알 수 있는 동아리였다. 하지만 우리는 오직 1학년뿐이었고 전담 선생님 역시 비주류 직업에 대한 이해가 높지 않았다. 때문에 우리는 주먹구구식으로 동아리를 운영했다. 선배라도 한 명 있다면 무언가 달라지지 않았을까…라는 생각으로 우리는 동아리라는 이름 안에서 묶여 가까스로 소속감을 느꼈다.

    1학년 말이 되고 동아리 운영이 슬슬 익숙해질 무렵, 방학이 되었다. 방학 때 많은 일들이 있었다. 가장 큰 일은 코로나19였다. 많은 사람에게 피해를 줬고 나 역시 큰 피해를 보았다. 그중 가장 큰 건 인간관계의 단절이었다. 고등학교 2학년 1학기가 다 끝날 무렵, 코로나 사태가 가까스로 진정된 뒤 학교에 나와보니 많은 것이 달라져 있었다. 마스크를 끼고 수업했고, 매 수업 시간이 끝나면 책상을 닦았다. 그러나 가장 많이 바뀐 건 동아리였다. 원래 있던 사람들이 대거 탈퇴했고, 홍보조차 하지 않았는데 5명의 1학년이 들어왔다. 동아리원 중 그 누구도 1학년과 아는 사이가 아니었기에 조금의 신기함을 느낀 체 2학년의 동아리 활동이 시작되었다. 나를 포함한 2학년은 1학년 때보다 더욱 열심히 활동했다. 1학년에게 모범이 되고 싶었기 때문이다. 동아리를 편하게 생각하라고, 우리와 함께 있자고 말이다. 그래서였을까, 1학년들도 열심히 활동했다. 함께 프로젝트를 진행했고 꽤 유의미한 성과를 거두었다. 우리는 마지막 동아리 활동 날 서로 수고했다며 축하 파티까지 열기도 했다.

    시간이 흘러 대학교에 들어왔다. 이곳에서 선후배 관계는 고등학교의 관계와 조금 달랐다. 고등학교에선 선후배를 규정하던 가장 큰 울타리가 '학교'였다면 이곳에선 '과'였다. 그러나 1학년과 2학년이 속한 과는 달랐다. 과가 개편되었기 때문이다. 1학년은 웹문예학과, 2, 3, 4학년은 국어국문학과. 기본적인 선후배 관계가 흔들렸기에 나는 어디까지가 선배이고 어디까지가 후배인지 감을 잡지 못했다. 선배와 배우는 게 다른데 같은 과라 할 수 있을까? 라는 의문에 휩싸인 채 1학기를 통으로 보냈다. 2학기에 들어와 각종 행사를 하며 이런 의문은 더욱 심해졌다. 같은 활동을 해도 나와 다르게 생각하며 다른 관점으로 글을 바라보았다. 때론 이런 관점이 부러울 때가 있지만, 대부분의 상황에선 굳이 이렇게 돌아가야 할까? 라는 의문이 들었다. 그러다 문득 생각이 들었다. 내가 이 고민을 왜 하고 있지?

고등학교 때는 선배로서 활동했고 대학교에선 후배로서 활동했다. 모든 것이 다른 생활이었지만 나는 공통점을 찾을 수 있었다. 고등학교 때는 어떻게 하면 좋은 선배로서 보일 수 있을까, 라는 생각으로, 어떻게 하면 동아리를 완벽하게 운영할 수 있을까 고민했다. 대학교에선 과연 선배가 선배가 맞는 것일까? 라는 고민을 했다. 그 두 고민의 공통점은 소속감과 관련된 고민이었다. 나는 이제 정의할 수 있다. 선후배란 소속감을 느끼는 사이라고 말이다.

점점 쉬워지는 관계

초등학교 시절엔 나와 선후배 사이에 점점 벽이 생겼고, 중학교 시절엔 벽이 너무 단단해서 그 주위로 다가가지도 못했고, 고등학교 시절에는 벽 너머를 궁금해 하며 조금씩 허물어지길 바랐고, 대학교 시절에는 큰 맘 먹고 주먹으로 친 벽이 쉽게 무너졌다.

나의 초등학교 시절에는 사실 선후배라는 말이 어울릴까 싶을 정도로 선배와 후배를 신경 쓰지 않았다. 그저 또래 친구들과 놀기 바빴고, 중학교나 고등학교처럼 선후배와 마주칠 기회가 별로 없었기 때문이다. 그렇게 선후배와 아무런 교류 없이, 그냥 같은 학교 안에서 지내는 학생들이라고 생각했다. 그런 내게 당황스럽고 새로운 시선을 안겨준 게 중학교 시절이었다.

처음 보는 모르는 사람이어도 명찰 색이 나보다 선배면 인사를 해야 한다는 말이 있을 정도로 선후배 사이에 위계질서가 엄격했다. 다행히 인사까지는 하지 않았지만 후배는 튀는 색의 옷을 입으면 안 되고, 선배는 조금이라도 쳐다보면 안 되는 무서운 존재임은 확실했다.

중학교를 졸업할 때까지 선배는 물론 후배와 친하게 지내지 않았다. 선배는 무서웠고 후배는 왠지 모르게 불편했다. 그래서 선후배와 인연이 닿거나 친해질 기회가 하나도 없던 내게 또 다른 시선을 심어준 게 고등학교 시절이었다. 학교에 사는 고양이에게 줄 사료를 나눠주는 친절한 선배가 생겼고, 동아리에서 같은 짝이 되어 활동을 같이 한 이후로 인사하고 지내는 착한 후배도 생겼다. 이들 말고도 고등학교에는 벽을 허물고 싶다는 생각을 하게 만든 인연들이 많았다.

누군가에겐 선후배 관계가 익숙하거나 평범하게 느껴질 수 있지만, 나에겐 새롭고 놀라웠다. '중학교'라는 공간에서는 단단한 벽으로 무장하고 나를 해칠 것만 같았던 존재들이 '고등학교'라는 공간에서는 전혀 다른 상냥한 모습을 하고 있었기 때문이다. 그래서 그때부터 벽 너머를 궁금해하고, 벽이 조금씩 허물어지길 바랐다. 하지만 또래를 대하는 법은 알아도 선후배를 대하는 법은 서툴렀기에 아쉽게도 지금까지 이어온 인연은 없다.

이렇게 냉탕과 온탕을 경험하고 나니 대학교는 냉탕일지 온탕일지 걱정되면서도 기대가 되었다. 결과는 다행히도 온탕이었다. 대학교는 선후배라는 단계가 존재하지 않는 것처럼 나보다 학번이 높아도, 나이가 많아도 무섭지 않았다. 나보다 학번이 낮아도, 나이가 적어도 불편하지 않았다. 한두 살 차이는 아무것도 아닌 것처럼 느껴졌다. 동갑 친구처럼 같이 수업을 듣고, 동아리 활동을 하고, 조별 모임에서 의견을 나누며 관계를 쌓아갔다. 같이 밥을 먹고 술을 마시는 등 사적으로도 함께 한 적이 많았다. 대학교라는 공간 특성상 그럴 수밖에 없는 환경이었지만 내게는 이런 모습이 신기했다.

학창시절 때는 한 살 차이가 열 살 차이가 나는 것처럼 느껴졌고, 한 학년 차이인데도 나보다 20년이나 더 산 것처럼 느껴졌다. 하지만 영원히 허물어지지 않을 것 같던 선후배 관계의 벽을 큰맘 먹고 주먹으로 치니 정말 쉽게 무너졌다. 어려워하고 무서워했던 게 우스워질 정도로. 선후배와 나의 관계는 인생에서 한 걸음 한 걸음 나아갈수록 조금씩 쉬워지는 관계이다.

당신이 생각하는 '선후배'는 어떤 의미인가요?

- 팀별 인터뷰 : 작가팀장 김희진 -

Q1. 간단한 자기소개 부탁합니다.

A1. 안녕하세요. 팀 프로젝트 ㅊㅊㅊ 작가 팀장 김희진입니다. 첫 번째 책에 이어 두 번째 책으로 인사드릴 수 있어서 영광입니다!

Q2. 1. 원고를 작성하는 과정에서 가장 신경 쓴 부분이 있다면?

A2. 가독성을 가장 신경 썼어요. 아무리 좋은 내용이어도 독자분들께 잘 전달되지 않는 글이라면 밑 빠진 독이라고 생각해요. 단어가 모이면 문장이 되고, 문장이 모이면 문단이 되고, 문단이 모이면 글이 되죠. 그래서 문장이나 문단 연결성은 어떤지, 일관된 내용과 구조로 깔끔하게 잘 정리되어 있는지, 사소한 것부터 큰 부분까지 신경 쓰면서 부드럽게 잘 읽히는 걸 중요시했습니다. 그렇기에 가독성을 최대한으로 신경 쓰면서 저희의 메시지를 잘 전달하고자 했죠.

Q3. 가장 재밌었던 에피소드를 하나 이야기 해주세요.

A3. 작가 팀 안에서 한 번의 피드백을 거쳐서 최종고를 완성해요. 또 총괄 팀장님과 작가 팀장인 제가 몇 차례 대피드백을 거치죠. 그렇게 대피드백을 하는 도중에 같은 아이돌 그룹을 좋아하게 된다는 걸 알게 됐어요. 중간에 지칠 때쯤 프로젝트의 팀장이 아닌 한 그룹의 팬이 되어 이야기를 나누는 그 순간들이 참 재밌었습니다. 에너지도 생겨서 글도 더 잘 읽히는 것 같고요. ㅎㅎ

Q4. 책을 받아보실 분들이 이 점을 신경 써서 봐줬으면 하는 점이 있다면?

A4. 저희 작가 팀은 단어마다 각자 다른 정의를 내리고, 비슷한 정의라도 다른 내용으로 자신의 이야기를 채웠어요. 바로 그 부분에 집중해주셨으면 좋겠습니다. 하나의 단어라도 다른 내용으로 채워지는 저희만의 이야기를요. 각자만의 색깔이 담긴 정의를 신경 써서 봐주신다면 다음에 나올 내용이 훨씬 더 기대될 거예요. 조심스레 추천하자면 글을 읽으면서 어떤 정의가 인상 깊고, 어떤 내용에서 울림을 얻었으며, 어떤 글에 유난히 공감이 갔는지 기록해 보는 건 어떨까요? 그럼 단어에 대한 자신의 정의도 자연스럽게 채울 수 있을 테니까요 :)

Q5. 마무리 인사

A5. 조용한 집 안에서 휴식을 취하며 읽고 계실지, 조금은 소란스러운 지하철이나 버스에서 소소한 재미로 읽고 계실지 모르겠지만 그 순간에 저희의 책을 초대해주셔서 감사합니다. 독자분들의 모든 순간을 응원하며, 잠시나마 저희와 함께 수다를 떨며 감정을 공유하는 시간이 되었으면 좋겠습니다. 웃음 지으면서 써 내려갔던 글을 보면서 같이 웃으실 수 있기를, 조금은 울컥하는 마음으로 써 내려갔던 글을 보면서 같이 먹먹한 감정을 느낄 수 있기를 바랄게요.

손절
[손:절]

앞으로 주가가 더욱 하락할 것으로 예상하여, 가지고 있는 주식을 매입 가격 이하로 손해를 감수하고 파는 일.

우리가 친구 관계에서 통상적으로 쓰는 손절이라는 표현은 비표준어이다.

- 지금까지 당신이 생각했던 '손절'은 어떤 의미인가요?

서로의 존재를 알아도 모르는 척 해야만 하는 관계

나는 손절을 해보거나 당해본 적이 있나?

'해보다'라는 단어를 타이핑하는데 한 친구가 생각난다. 그 친구의 이름이 입 안에 맴돈다. 나는 여전히 그 친구의 이름에 성을 붙이는 게 어색하다. 성을 뺀 단 두 글자의 이름을 부르는 게 훨씬 익숙하다. 하지만 이 익숙함도 손절 앞에서는 무의미하다. 나는 그 친구와 손절했다. 정확히 말하자면, 내가 먼저 그 친구에게서 일방적으로 멀어졌다. 멀어진 것도 아니다. 완전히 관계를 끊어버렸다.

손절은 관계에 있어 가장 가차 없고 신속한 작별법인 것 같다. 그 친구와 나는 달라도 너무 달랐다. 나와 너무 달라서 끌렸고, 동시에 도저히 견딜 수 없는 친구의 모습도 쉽게 띄었다. 그 친구와 손절하게 된 계기는 커다란 하나가 아니었다. 그저 작은 것들이 쌓이고 쌓이다 어느 날 결정적인 한방으로 '손절 각'이 날카롭게 세워진 것이었다. 나는 그때 당시 내가 손절을 했다는 자각도 하지 못 했다. 그저 그 친구와의 관계에서 당장이라도 벗어나고 싶었다.

손절은 '내가 지금 너와 손절하는 것이다'라고 친절하게 예고하는 방식으로 이뤄지지 않는다. 문자에 답하지 않고 연락을 받지 않고 눈을 마주쳐도 인사하지 않는 등 친구를 남보다 못한 사이로, 나의 앞에 버젓이 있어도 없는 존재로 바꿔버린다. 손절은 어쩌면 이미 예정된 관계의 결말이 아닐까. 네가 왜 별로인지, 우리 사이에 무엇이 잘못되었는지 등을 일일이 하나하나 설명할 만큼의 에너지조차 쓰고 싶지 않을 때 우리는 과감하게 손절을 외친다. 그래서 나도 외쳐버린 것이다. 그 친구와의 손절을. 그간 있었던 모든 추억과 시간들이 무색할 만큼 재빠르게.

'손절'이라는 단어는 가차 없고 매정하게, 한편으로는 감정적이고 가볍게 느껴지기도 한다. 타인의 입장은 하나도 고려하지 않은 채 자신의 입장만 우선시해서 벌어진 사건처럼 다가오기도 한다. 손절이라는 단어의 어감은 긍정적이거나 상냥하지 않다. 절교를 천천히 발음해보면 알 수 있다. 우리는 언제부터 절교라는 단어를 쓰지 않게 되었을까. 우리는 언제부터 절교보다 손절이라는 작별법을 선택하게 되었을까.

절교와 손절의 의미를 되짚어보고 싶다. 절교는 훨씬 단정하고, 분명한 이유와 오고 가는 대화 속에서 끝끝내 정해진 결말로 다가온다. '절교'라는 결말에 가닿는 과정 안에는 기승전결이 있을 것 같다. 반대로 손절은 생각하기를 포기한 것 같다. 대화하기를, 대화로 해결하기를, 대화로 해결해 화해하기를 완전히 포기해버린 것 같다. 절교는 점진적인 느낌이고 손절은 빠르고 단호한 느낌이다.

너랑 나 이제 친구 아니야. 남도 아니야. 아예 서로의 존재를 모르는 상태가 되는 거야. 처음보다 훨씬 그 이전으로 돌아가는 거야. 그러니 마주쳐도, 혹시나 한 번이라도 내가 떠올라도 모른 척 해야 해. 존재 자체를 모르고 있었던 것처럼 행동해야 해. 그래야만 해. 왜냐하면 우리는, 손절했으니까.

채의 정의

떠올라도 내뱉을 수 없는

    손절은 짧게는 몇 달, 길게는 몇 년간 쌓아온 관계를 한순간에 무너뜨리고, 한때 나와 모든 것을 공유했던 사이를 남보다 못하게 만들어버린다. '손절'이라는 단어가 언제부터 인간관계에까지 적용되었는지는 잘 모르겠다. 그러나 한 가지 알 수 있는 것은, 손절이라는 단어가 인간관계에 등장한 뒤로 누군가는 홀가분함을, 또 다른 누군가는 당황스러움을 느꼈을 것이라는 거다. 손절이라는 건 우리에게 다양한 형태로 다가오지만, 대부분의 손절은 일방적인 통보로 발생하기 때문이다.

    손절을 통보받은 이는 아마 처음엔 당황스럽고 '내가 뭘 잘못했길래 그러지.'라는 생각이 들지도 모른다. 하지만 시간이 지나면 '아무리 나한테 쌓인 게 많아도 그렇지, 어떻게 칼같이 끊어내냐.'하며 손절을 통보한 이에게 배신감과 약간의 분노를 느끼고, 더 많은 시간이 지나면 그 상대가 기억 속에서 지워지는 순간이 온다.

    그렇게 기억 속에서 지워버렸다고 생각했는데, 내 의지와는 무관하게 그 사람이 떠오르는 순간들이 있다. 그 친구와 함께 만나곤 했던 다른 친구와 만날 때가 그렇다. "야, 나 얼마 전에 걔 만났는데 진짜 웃긴 일 있었다?" 하며 무의식적으로 튀어나오는 이야기를 들을 때, 나와 그 친구의 끝난 인연을 모르는지 "야, 걔는 잘 지낸대? 네가 걔랑 제일 친했잖아."라고 그 친구의 안부를 물을 때, 원하지 않아도 그 친구와 함께 했던 추억이 생각난다. 혹은 그 친구가 좋아했던 걸 보면 '얘 이거 되게 좋아했는데.'라고 생각하며 나도 모르게 그 친구를 떠올린다.

    손절한 사람은 아마 처음에는 홀가분하고, 더 이상 그 사람과의 관계로 인해 스트레스 받지 않아도 되는 것에 행복할 것이다. 혹은 '내가 너무 다짜고짜 끊어냈나.'하며 약간의 후회와 미안함을 느끼는 이도 있을 것이다. 그러나 후회를 하던, 후회를 하지 않던 똑같은 건 이 사람들 역시 시간이 지남에 따라 그 친구를 차차 잊어간다는 것이다. 그리고 손절을 이야기한 사람 역시 문득 그 친구가 떠오르는 순간이 생긴다. 물론 이것도 의지와는 무관하게 누군가와 함께 하면서, 혹은 그 사람이 좋아했거나 싫어했던 무언가를 보면서 떠올린다.

　손절을 한 사람과 손절을 당한 사람. 두 사람에게는 공통점이 존재한다. 자신의 의지와는 무관하게 상대가 떠오르는 순간이 있다는 것, 앞으로는 서로의 근황을 알 수 없다는 것이다. 우연히 길에서 마주쳐도 옛날처럼 "어, 뭐야. 여기서 보네?"라며 인사할 수 없고 모르는 사람처럼 지나쳐야 한다. 어쩌다 다른 친구가 '너 요즘 개랑은 연락 안 해?'라고 물으면 머쓱한 웃음이나 지으며 '아, 나 개랑 연락 안 한 지 오래됐어.'라고 답해야 하는 관계가 되어버렸기 때문이다.

　'야, 나 오늘 진짜 대박인 일 있었다.'하며 사소한 일상을 공유하던 상대가 없어지고 남은 빈자리는 생각보다 크다. 묻고 싶은 질문도, 하고 싶은 이야기가 많아도 공유할 수 없다. 어쩌다 전해들은 근황에 '그 애는 그렇게 지내는구나.'하며 고개만 끄덕이고, '또 뭐하고 지낸대?'하고 더 묻고 싶지만 물을 수는 없다. 어쩌다 그 사람과 함께 봤던 영화의 재개봉 소식에 그 사람이 떠올라도, 그 영화 재개봉 했다더라 같이 자연스러운 일상 얘기는 이제 할 수 없다. 그 사람이 떠올라도 그냥 어디선가 잘 살고 있겠거니 하며 짐작만 하며 애써 다른 생각을 할 뿐이다.

너무 가벼울 수도, 너무 무거울 수도

   손절이라는 단어가 관계의 단절을 의미하게 된 것은 언제부터일까? 잘은 모르지만, 오래전부터 쓰인 것 같지는 않다. 어렸을 때는 '손절'을 대신해 '절교'가 대세였으니. 절교는 지금의 손절과는 조금 느낌이 달랐다. 손절은 장난삼아, 재미로 이야기할 수 있지만 절교는 다신 안 볼 사람에게 말하는 단어였다. 단어의 무게가 달랐다.

   지인에게 혹은 친구에게 '손절해라'라고 말한 경험이 다들 한 번씩은 있을 것이다. 진지한 상담에서 '그 사람을 손절해라.'라고 말한 적도, 가벼운 농담으로 '너 손절해버린다.'라고 말한 적도 있을 것이다. 다른 대안을 생각하기도 전에 '손절'을 가장 먼저 떠올린 적 역시 있을 것이다. 이해는 한다. 어떤 문제를 해결하는 방법 중 관계를 끊어버리는 것이야말로 가장 간단하기 때문이다. 남에게 '손절해라'라고 말하기는 쉽다. 손절을 말하는 사람도, 손절을 받아들이는 사람도 모두 '손절'이라는 단어의 사용을 쉽게 생각하기 때문이다. 즉, 손절은 일종의 만능 대안이나 마찬가지이다.

   단어에는 무게가 존재한다. 남용해도 되는 단어가 있고 그러지 않아야 하는 단어가 있다. 관계와 관련된 단어는 남용하지 않아야 하는 단어다. 손절의 의미를 한번 되짚어보자. 보통 사람들이 사용하는 손절은 '특정 사람과 관계를 끊어버리는 것'이라 정의내릴 수 있을 것이다. 그렇다면 단어를 바꾸어보자. '연을 끊다.', '앞으로 보지 않는다.', '널 잊겠다.'라고 말이다. 이 표현들은 일상에서 무의미하게 써도 될 정도의 무게를 가지지 않았다. 관계의 단절을 의미하는 손절 역시 일상에서 무의미하게 써도 되는 단어가 아니다.

   관계란 가벼운 것이 아니다. 하나하나의 인과가 모이고 그것이 겹쳐 관계가 되는 것이다. '우리는 인연인 것 같다.', '외로움이 느껴진다.' 이런 말들이 일상에서 함부로 들을 수 있는 말들은 아니지 않은가?
   나는 관계를 무척이나 무겁게 생각하는 사람이다. 연기론이라고 아나? 연기론은 모든 것이 원인과 결과로 이루어져 있다는 불교의 이론이다. 흔히 인과법칙이라 부르는 것이 가장 대표적인 연기론이다. 나에게 있어 관계는 이런 연기의 결과물이다. 과거에 특정 행동을 했기에 특정 관계를 맺은 것이다. 관계를 통째로 끊어내라는 단어인 손절은 내가 과거에 했던 행동을 부정하라는 것과 같은 의미이다.

 물론 내 생각을 남에게 강요하는 것은 아니다. 자신의 사상을 남에게 강요하는 것은 그 자체만으로 모욕과 비슷하니 말이다. 세상에는 관계를 가볍게 여기는 사람이 무겁게 여기는 사람보다 더 많다. '손절'이라는 용어가 널리 퍼진 데에는 그만한 이유가 있을 것이다. 그러나 그런 사람들이 조금이라도 관계의 무거움을 알아주었으면 한다.

 내가 생각하는 손절의 정의는 '너무 가벼울 수도, 너무 무거울 수도'이다. 관계가 가볍냐, 무겁냐는 아마 사람마다 다를 것이다. 관계를 가볍게 생각하는 사람들에게 손절은 가벼운 단어다. 그들에게 손절이란 단지 여러 개의 관계 중 하나를 끊어내는 것이니 말이다. 하지만 나 같이 관계를 무겁게 생각하는 사람에게 손절이란 무섭기까지 한 단어다. 나의 행동을 되돌아보며 그 행동 중 잘못된 행동을 살펴보고 어떤 이유로 이 사람을 손절해야 하는지 되짚어보는 과정은 두렵고 힘든 일이기 때문이다.

댕의 정의

뚝

'무궁화 꽃이 피었습니다'라는 놀이에서 최후의 사람에게는 임무가 있다. 술래와 술래의 포로가 된 아이들이 걸고 있는 새끼손가락을 끊어내는 것이다. 이것을 끊어내지 못하면 진다는 생각으로 있는 힘껏 끊어낸다. 인간관계도 똑같다. 어떤 인연을 뚝, 끊어낼 때가 있다. 그건 생각보다 흔히 나타나는데, 이유와 형태는 모두 다르다는 것에 주목할 필요가 있다. 그리고 나도 그 주목의 대상이 되어 본 적이 있다.

인간관계, 좁게 말하면 친구 관계에서 기브앤테이크는 필요 없다고 생각했다. 내가 주고 싶으면 주는 거고, 상대에게서 무언가가 돌아오지 않아도 대수롭지 않게 넘겼었다. 하지만 이런 생각을 바꿔놓은 관계가 있다. 한 번 서운했을 때는 '뭐, 그럴 수 있지.', 두 번 서운했을 때는 '사정이 있겠지.', 세 번 서운했을 때는 '왜 그러지?', 네 번 서운했을 때는 '너무한다.', 다섯 번 서운했을 때는…. 그때는 더 이상 입을 열지 않고, 생각하는 걸 포기했다. 서운하다고 느낄 때마다 그 감정을 받아들이는 태도가 달라졌다. 이해의 다음 단계는 합리화가 되고, 의문을 지나치니 상대를 향한 실망이 나타나고, 끝에서야 지속되던 관계를 끊어야겠다는 생각을 한다. 그래도 놓치기는 싫어 손톱으로라도 옷자락을 잡고 있던 건데, 그 간절함마저 무시당하고 나서야 손을 놓았다. 게임에서 최후의 사람이 된 것처럼 걸고 있는 새끼손가락을 있는 힘껏 끊어냈다.

손절의 시발점은 어디일까. 아마 행동이나 말에서 비롯된 실망감, 배신감, 서운함, 그리고 그 언저리에 존재하는 또 다른 감정들일 거다. 나를 실망하게 하는 행동에서 서운함을 느꼈고, 그로 인해 관계에 대한 회의감이 들었다. 그쪽 우물은 넘치는데 내 우물은 텅 비어있다 못해 말라비틀어진 것처럼 느껴졌다. 이 와중에 넘치는 우물에 물을 채워주려고 발 벗고 뛰어다닌 내 꼴이 헛웃음이 나올 정도로 처참했다. 기브앤테이크의 순환은 형편없었다. 대수롭지 않게 생각하고 넘길 정도를 지나쳤다. 한두 번은 필요 없을지 몰라도 그게 지속된다면 그 관계를 버틸 힘은 없어진다. 그걸 깨닫고 나서 관계를 끊어내니 마음이 편안해졌다.

관계를 끊어내고 나서 오히려 편안해지다니. 나는 절대 그럴 수 없을 거라 생각했다. 불편하고 신경 쓰이고, 얼마 안 가 후회할 줄 알았다. 하지만 그렇지 않았다. 나도 모르게 곪아 있던 관계를 뚝, 끊어내니 난 더 이상 누구에게 실망하지도, 서운함을 느끼지도 않았다. 그럴 대상이 없어졌다는 것은 마음이 한결 편안해진다는 걸 의미했다. 그때 알게 됐다. 손절이란, 그 누구를 위한 것이 아니라 오로지 나를 위한 것이란 걸.

그러니 그 선택을 하기까지 너무 겁먹지 않아도 된다. 살면서 사람들은 갖가지 이유로 관계의 지속을 거부한다. 관계를 뚝, 끊어낸다. 우린 그걸 손절이라 부르고, 손절은 오로지 나를 위한 선택이다.

당신이 생각하는 '손절'은 어떤 의미인가요?

시선
[시:선]

눈이 가는 길. 또는 눈의 방향. ≒내자, 목용, 목자, 안자.

• 지금까지 당신이 생각했던 '시선'은 어떤 의미인가요?

가닿아 머무르는 것

고등학교 친구가 전화로 내게 말했다. 교양 수업 시간에 너랑 똑같은 눈빛을 가진 사람을 봤다고. 눈도 아니고 눈빛? 나는 이해가 되지 않아 나와 같은 눈빛이 뭐냐고 물었다. 친구는 대답했다. 뭔가를 응시하는 눈빛. 대상의 너머를 포착해내는 눈빛. 그런 눈빛을 내가 가지고 있다고 친구는 말했다. 전화를 끝내고 거울로 내 눈을 마주봤다. 나의 눈빛. 나의 시선. 친구가 말한 눈빛은 어디를 향했을까. 어디에 가닿았을까.

고등학생 때부터 버스나 지하철에서 사람 관찰하기를 좋아했다. 나와 전혀 다른 패션 스타일을 가진 여성, 때가 타 너덜너덜해진 마스크를 끼고 이효리가 소주 광고모델일 때 만들어진 부채를 손에 든 중년 남성, 앳된 얼굴과 어울리지 않게 양복을 입고 지하철 칸마다 걸린 광고판에 전단지를 붙이는 소년, 폭염 주의보가 발령된 한여름에 패딩조끼를 입은 중년 여성 등, 나의 시선은 항상 타인에게 머물러 있었다. 그리고 그 시선은 한 사람을 평가하기 보단 궁금해 하는 데 쓰였다. 보이는 것을 그대로 믿고 섣불리 판단하지 않기 위해서다.

시선은 '쳐다본다' '바라본다'라는 표현과는 조금 다른 것 같다. 쳐다보거나 바라보는 행위는 대상의 겉을 훑거나 보이는 것을 보는 느낌이라면, '시선'은 대상에게 가닿아 머무르거나 보이지 않는 것을 발견해내는 느낌이다. 눈앞에 있는 대상을 있는 그대로 보는 것도 중요하지만 그만큼 보이지 않는 것을 보는 것도 중요하기에, '시선'은 대상을 깊이 알아가는 데 꼭 필요한 과정이자 방식인 것 같다.

시선은 관계의 시작에 있어 중요하다. 시선이 향한다는 것은 그 대상에게 나를 이끄는 무언가가 있다는 의미이기도 하다. 그 시선이 일방적일 수도 있지만, 중요한 건 그 대상이 존재한다는 사실을 인지하게 되는 것이다. 만약 일방적이던 시선이 상대방의 시선과 만나게 되면 새로운 관계가 시작된다고 생각한다. 무엇보다 우정이든, 사랑이든 어떤 관계이든 간에 서로의 존재를 인지하게 되는데 중요한 역할을 하는 것은 '시선'이다.

 관계를 맺고 이어가는 과정에서도 시선은 빠질 수 없다. 시선을 주고받는 것에서 나아가 상대방이 무엇을 하고 있는지, 어떤 생각을 하고 있는지, 어떤 감정을 느끼고 있는지 등을 시선을 통해 알 수 있기 때문이다. 시선이 향한다는 것은 상대방을 계속해서 궁금해 한다는 의미이기도 하니까. 꾸준한 관심과 애정, 신뢰를 '시선'으로 표현할 수 있는 것이다.

 요즘은 학교에 가는 게 즐겁다. 그 이유 중 하나는 '학교'라는 특정 공간에서 내 또래의 다양한 사람들을 마주할 수 있기 때문이다. 나와 다른 사람이 궁금하다. 함부로 판단하지 않고 섣부르게 단정 짓지 않기 위해, 조금 더 오래 나와 다른 사람에게 시선이 머무른다. 그렇게 조금씩 가닿으려 한다. 한 사람에게, 한 사람의 행동에, 한 사람의 표정에. 그렇게 한 사람의 보이지 않는 새로운 모습에.

채의 정의

하나의 시선, 여러 개의 해석

    때와 장소를 불문하고 하루에 몇 번씩 받는 것이 있다. 바로 시선이다. 맞은편에서 걸어오는 사람의 시선을, 버스에 앉아 창밖에 있는 사람들의 시선을, 교수님의 질문을 받으면 강의실에 있는 사람들의 시선을. 하지만 이런 시선을 즐기는 사람들이 있는 반면, 타인의 시선을 불편하다고 느끼는 사람들도 있다. 이렇게 상반된 반응은 시선을 받는 사람이 처해있는 상황의 문제일 수도 있다. 길을 걷다 넘어져서 받는 사람들의 시선은 불편하고 부끄럽지만, 무대 위에서 노래할 때 받는 사람들의 시선은 즐겁고 더 원하게 되는 것처럼 말이다. 그러다 문득 시선이라는 건 참 애매하다는 생각이 들었다. 같은 시선이라도 처한 상황에 따라 달라지고, 시선을 받는 이가 어떻게 해석하는지에 따라 또 다르게 느껴지기 때문이다.

    시선이라는 건 눈길이다. 즉, 눈이 가는 길을 의미한다. 눈길이 향하는 곳은 오직 그 사람만이 알 수 있다. 어떤 것을 보고 있는지 확실하게 아는 사람은 자기 자신밖에 없다. 그래서 종종 오해가 생기기도 한다. 나는 아무 생각 없이 창밖을 보고 있었는데 창문에 비친 사람은 내가 자기를 바라보고 있다고 오해할 수도 있고, 그 사람 뒤에 있는 간식을 쳐다본 건데 그 사람은 자기를 노려보고 있다고 오해할 수 있는 것처럼 말이다.

    이런 오해들은 무지에서 비롯된다고 생각한다. 내가 어디를 바라보고 있는지 제대로 알지 못해서 생기는 오해이기 때문이다. 내 눈이 어디로 향하는지 알 수 없기에 사람들은 추측할 수밖에 없다. 그래서 그 사람을 쳐다본 게 아님에도 불구하고 '왜 쳐다보지? 시비 거는 건가?' 혹은 '뭐지? 나한테 관심 있나?'라는 오해가 생기기도 한다. 가령 술자리에서 옆 테이블이 시킨 안주가 맛있어 보여 자꾸 쳐다본 건데 그 테이블에서 욕설이 날아오거나, 합석 제의가 들어오는 것처럼 말이다.

    나는 앞서 말한 오해를 고등학생 때 매점에서 겪어본 기억이 있다. 내가 다니던 고등학교의 매점은 학교 구석 작은 건물에 위치해있어 늘 비좁았다. 그날따라 좁은 매점엔 사람들이 몰렸고, 계산을 위해 서있는 사람들도 많았다. 나도 계산을 하기 위해 그 긴 줄 사이에 서 있었고, 매점 밖에서 기다리고 있는 친구에게 금방 나가겠다는 눈짓을 주었다. 그런데 그 눈짓이 매점 입구에 서있던 한 살 많은 선배에게 오해를 사버렸다.

아마 공감하는 사람들이 있을 것이라 생각한다. 졸업하면 아무것도 아닌 것 같이 느껴지는 한 살 차이가 중·고등학생 때는 엄청난 차이로 느껴지는 현상을 말이다. 나 역시 그때는 그렇게 생각했었다. 그래서 그 선배가 사람을 왜 쳐다보냐고 내 팔을 붙잡고 화를 낼 때 오해라고 말하지도 못한 채 그냥 죄송하다고 말할 수밖에 없었다. 좁은 공간에서 그 많은 사람들의 이목을 산 것이 불편하고 부끄러워 그냥 그 선배가 나를 오해하든 말든 그 자리를 벗어나고 싶었다.

나는 친구에게 눈짓을 주었지만 선배가 오해한다. 눈길이 향하는 곳은 오로지 나만이 알 수 있기 때문이다. 이처럼 내가 보낸 시선은 하나라도 그 시선을 보고, 받는 이가 어떻게 해석하느냐에 따라 달라지는 것이 시선이라고 생각한다. 그래서 나에게 시선이란 '하나의 시선, 여러 개의 해석'이다.

변화의 시작

　우리는 누구나 시선을 느끼며 살아간다. 혼자가 아닌 모든 시간이 시선으로 꽉 차 있다. 가족의 시선, 친구의 시선, 교수님의 시선, 생판 모르는 남의 시선. 수많은 시선 속에서 살다 보니 우리는 자연스레 그 시선이 바라는 대로 살게 된다.

　시선은 우리를 주변 사람들이 바라는 대로 바꾼다. 어릴 적, 부모님께선 내게 무척이나 책을 많이 읽어주셨다. 단 하루도 빠짐없이 말이다. 부모님의 시선은 나의 관심사가 온전히 책에만 머무를 수 있게 도왔다. TV, 영화를 보는 것보다 책을 보는 게 즐겁다는 것을 알려주었고, 상상력이 만개할 수 있도록 도와주셨다. 그렇게 나는 책을 달고 사는 사람이 되었다. 학창시절 국어 성적은 늘 좋았고 대학마저도 국어 관련 학과에 오게 됐다.

　반대의 경우도 있다. 중학교 2학년, 가정사가 겹겹으로 오고 이런저런 사건이 터져 몹시 혼란하던 시기였다. 주위 사람들은 내게 약간의 신경조차 못 쓰는 상황이었다. 그때, 몹시 방탕하던 친구의 시선이 내게 미쳤다. 그는 온갖 유혹을 들이밀며 나를 엇나가게 했다. 게임, 사치, 나태…. 나는 그 유혹에 저항하지 못하고 서서히 엇나가기 시작했다.
　시작은 PC방이었다. PC방은 생각했던 것과는 달랐다. 담배 연기가 자욱하지 않았고 사람들은 조용하게 작업을 했다. 생각보다 조용하고 평화로운 PC방에 나는 빠져들었다. 하루를 게임으로 시간을 보내고 유튜브로 마무리하는 그런 폐인 같은 생활에 나는 빠져들고야 말았다. 나는 이 생활을 벗어나기까지 아주 오랜 시간이 걸렸다. 학창 시절의 절정인 고등학교 3학년이 되어 내 주변 사람들의 시선이 공부에만 머무르는 그 순간에서야 가까스로 벗어났다. 어딜 봐도 수능특강이 보이고 인터넷 강의가 있는 테블릿이 보였다. 눈에 보이는 모든 것이 공부였기에 가능했다.

　사람은 주변을 자신과 비슷하게 물들인다. 본능적으로 '다름'을 경계하고 '낯섦'을 싫어한다. 그렇기에 사람은 주변을 '익숙함'으로 물들인다. 부모님께선 책을 좋아하셨다. 아버지의 아침은 늘 신문이었고 어머니의 점심은 늘 육아 관련 책이었다. 방탕하던 친구는 게임을 좋아했다. 이들은 주변을 자신의 색으로 물들였다. 부모님의 주변 사람들이 신문을, 책을 보기 시작하고 친구가 PC방에 데려가는 사람을 점차 늘려 나가는 것처럼 말이다.

　내 모습이 바뀔 때, 내 모습이 남에게 익숙하지 않은 모습일 때 사람들은 나에게 시선을 던진다. 그리고 묻는다. 왜 우리와 다르냐고. 직접적인 말로 하지 않더라도 남들의 시선은 나에게 닿아 나의 행동을 변화시킨다. 그 방향이 옳든 그르든 말이다.

　나는 시선을 '변화의 시작'이라 정의했다. 시선이 닿으면 나의 변화가 시작된다. 사소한 것이라도 말이다. 향수를 바꾸고 옷 스타일을 바꾸며, 가치관을 바꾸며 생활 패턴을 변화시킨다. 시선이란 그런 것이다. 어떻게든 바뀔 수밖에 없는, 변화의 시작.

댕의 정의

어쩔 땐 원하고, 어쩔 땐 피하고 싶은

누군가에게 시선을 줄 때가 많을까, 아니면 받을 때가 많을까. 수업을 들을 때면 교수님에게, 수다를 떨 때면 친구에게, 지하철역에서 악기를 연주하는 소리가 들리면 그 사람에게 시선이 향한다. 이외에도 누군가에게 시선을 두는 경우는 많다. 그리고 그중에서 당연한 시선이 있고 그렇지 않은 시선이 있다. 수업을 들을 땐 교수님을 봐야 하고 수다를 떨 땐 친구를 봐야 하는 건 당연한 시선이다. 지하철역에서 악기를 연주하는 소리가 들려도 시선이 그 소리의 근원지로 향할 수도 있고 그냥 지나칠 수도 있다. 이건 당연하지 않은, 선택적인 시선이다.

내가 누군가의 시선을 받을 때도 있다. 며칠 전에 좋아하는 아이돌 그룹 콘서트를 갔는데 그 상황에서는 그들의 시선을 죽도록 원하게 된다. 재치 있는 슬로건을 들어 팔을 쭉 내밀거나, 고래고래 소리를 지르거나, 여기를 봐 달라고 손을 흔들며 관심을 받으려고 안간힘을 쓴다. 그 시선이 나에게 향하길, 시선의 끝에 내가 있길 간절히 바라는 순간이다. 그들에게는 잠깐의 순간일지 몰라도 나에게는 그 순간이 평생을 살아갈 수 있을 만큼 행복하다고 느껴지니까.

반대로 누군가의 시선이 나에게 향하지 않길 바랄 때도 있다. 강의실에서 발표를 하면 맨 앞에 서게 되고, 자연스레 다른 학생들은 나를 바라보게 된다. 그럴 때 그 많은 시선이 나에게 향하지 않았으면 좋겠다고 생각한다. 멍 때릴 수도, 발표하는 내가 아니라 발표 내용에만 집중하는 걸 수도 있는데 왠지 모르게 부끄러워진다. 그래서 그 상황에서는 그들의 시선을 죽도록 피하고 싶다. 발표자의 입장에서는 그게 불가능한 걸 알고 있음에도 불구하고.

비슷한 상황인데 정도에 따라 달라지기도 한다. 중학생 때 학교에서 계단을 내려가다가 발을 헛디뎌 넘어진 적이 있다. 빨리 가겠다고 두 칸씩 내려가던 욕심이 불러온 사고였다. 생각보다 심하게 넘어졌는지 일어나지도 못하고 주저앉아서 발목만 붙잡고 있었다. 그때는 창피함이고 뭐고 같은 반 친구든 선생님이든 누군가가 나를 발견해서 보건실로 데려다주길 바랐다. 다행히 얼마 안 돼서 지나가시던 선생님께 도움을 받았고 감사하다는 말을 몇 번이나 전했다.

몇 달 전에도 넘어진 적이 있다. 비 온 다음 날이라 미끄러워진 버스 바닥이 원인이었다. 하지만 나는 내가 얼마나 아픈 지보다 얼마나 많은 사람이 나를 쳐다보는지가 더 중요했다. 창피한 게 더 커서 괜찮은지 묻는 분, 우산을 주워주는 분들의 얼굴을 제대로 쳐다보지도 못하고 고개만 연신 끄덕이며 감사의 말을 전했다. 얼굴은 붉게 달아오른 채 속으로 '괜찮으니 제발 쳐다보지 말아 주세요….'를 외치며. 이처럼 넘어진 상황은 똑같은데 시선을 죽도록 원할 때와 죽도록 원하지 않을 때가 있다. 계단에서 넘어진 게 더 우스꽝스러운 모습인데도 그때는 시선을 받길 원했고, 버스에선 식은땀이 날 정도로 시선을 받지 않길 원했다.

시선은 내가 원한다고 해서 받을 수 있는 것도 아니고, 내가 원하지 않는다고 피할 수 있는 것도 아니다. 그런데도 내가 기분이 좋아지기 위해서 시선을 바라고, 내가 기분이 나아지기 위해서 시선을 바라지 않는다. 내가 든 슬로건을 가리키고 웃어준다면 기분은 미친 듯이 좋아진다. 나를 쳐다보지 않고 책이나 PPT 화면을 응시한다면 좀 더 편한 마음으로 발표하게 된다. 어떻게 보면 이기적인 마음일 수 있지만 현재보다 좋아지고자 하는 건 인간의 당연한 마음이다. 그래서 죽도록 원하는 시선이 있고 죽도록 피하고 싶은 시선이 있다. 시선의 끝에 내가 있길 바랄 때가 있고 없길 바랄 때도 있다. 그 이유는 내가 행복하기 위해서, 내가 편해지기 위해서다.

나의 정의

당신이 생각하는 '시선'은 어떤 의미인가요?

11

약속
[약쏙]

다른 사람과 앞으로의 일을 어떻게 할 것인가를 미리 정하여 둠. 또는 그렇게 정한 내용. ≒권약.

• 지금까지 당신이 생각했던 '약속'은 어떤 의미인가요?

다섯 번째 손가락에 힘주기

유년 시절, 친구와 약속을 할 때면 '새끼손가락 고리 걸고'라는 노래를 부르며 서로의 다섯 번째 손가락을 걸었다. 다섯 번째 손가락에 힘을 주고 엄지손가락까지 맞대면 친구와 나 사이에 보이지 않는 줄이 연결되는 것 같았다. 친구와의 약속을 지키기 힘들어질 때는 친구와 내가 함께 걸었던 다섯 번째 손가락을 떠올렸다. 손가락 중에서도 가장 작고 약한 다섯 번째 손가락에 어떤 마음으로 힘을 줬는지 차근차근 떠올리면 약속을 지키고 말겠다는 의지가 다시 샘솟았기 때문이다.

약속은 신뢰를 쌓는데 있어 중요하다. 다양한 약속 중에서도 '시간 약속'을 통해 신뢰가 가장 빠르게 쌓이면서도 가장 쉽게 무너진다고 생각한다. 시간 약속을 잘 지킬 때와 못 지킬 때에 따라 상대방에 대한 신뢰도, 이미지, 기대감 등이 달라지기 때문이다.

2년 전, 친한 친구 두 명과 오랜만에 만나기로 했다. 오랜만에 만나는 만큼 시간 약속을 잘 지키고 싶어 알람을 1분 간격으로 맞추고 일찍 잠에 들었다. 하지만 전날한 준비가 무색하게도 늦잠을 자버려 친구들에게 약속 시간을 30분만 늦출 수 있냐는 문자를 보냈다. 그러자 평소에 만날 때도 매번 10분씩 늦게 오던 친구가 자신도 늦을 것 같다며 약속 시간을 30분만 늦추자 했다. 나는 급하게 일어나 준비를 하느라 나머지 한 친구의 답장을 확인하지 못한 채 서둘러 화장실로 향했다.

화장실에서 나와 약속 시간까지 얼마나 남았는지 확인하려 휴대폰을 켜니, 나머지 한 친구의 문자가 와있었다. '나는 약속 장소까지 얼마 안 남았어. 얘들아, 나는 너희와 만나는 시간이 즐겁고 행복해서 개인적인 일정도 미루고 약속을 잡은 거야. 너희의 시간만큼 나의 시간도 소중하다는 걸 알아줬으면 해. 그리고 다음부터 약속은 꼭 지켜줬으면 좋겠어. 기다리고 있을게. 천천히 와.'

약속 장소에 거의 다 와 가고 있다는 친구의 문자를 보자마자 머릿속에 단 한 가지 생각 밖에 들지 않았다. '친구와 나 사이에 있던 신뢰에 금이 가버렸구나. 그 금을 내가 만들고 말았구나.' 친구가 상의 없이 약속 시간을 늦춘 내게 실망했다고 직접 말하지는 않았지만, 나는 분명 알 수 있었다. 나에게 실망했다는 것을. 그 실망감은 앞으로 서로가 맺을 수많은 약속 밑에 계속 자리 잡게 될 거라는 것을. 친구의 문자를 받은 날 이후로 나는 소중한 관계일수록 약속을 더욱 성실히 지켜야 한다는 것을 깨달았다. 소중한 관계일수록 금이 가 버린 약속은 나에 대한 기대감보다 실망감을 먼저 불러일으킨다는 것도 알게 되었다.

약속은 눈에 보이지 않아 지키기 어렵다. 마치 가장 작고 약한 다섯 번째 손가에 힘을 주는 것과 닮았다. 하지만 유년 시절의 우리는 약속을 할 때마다 '새끼손가락 고리 걸고'라는 노래를 부르며 가장 두꺼운 엄지도, 가장 긴 중지도 아닌 새끼손가락을 걸었다. 그리고 보이지 않는 약속을 최대한 성실히 지키기 위해 손가락에 힘을 주었다. 약속은 그런 것이다. 눈에 보이지 않지만, 성실히 지켜야 하는 것. 그렇게 다섯 번째 손가락에 세게 힘을 주어야 하는 것.

이인삼각 달리기

　중학교 3학년 때 체육대회 종목에 '이인삼각 달리기'가 추가됐다. 처음 생긴 종목인 만큼 모두가 낯설었다. 한 달 내내 체육 시간마다 이인삼각 달리기만 연습했던 것 같다. 1주일에 한 번 듣는 체육 수업 시간마다 연습하는 짝꿍이 바뀌었다. 친한 친구와도 해볼 수 있었고, 그다지 친하지 않았던 친구와도 해볼 수 있었다. 짝꿍이 어떤 친구로 바뀌든 우리는 항상 앞에 놓인 고깔을 향해 한 발자국씩 내디뎠다. 한 달 내내 연습을 하며 알게 된 것이 있다. 이인삼각은 나 혼자만 잘한다고 되는 종목이 아니라는 거다.

　아무리 하나 둘, 하나 둘 구령을 외치며 걸어도 한 사람이 삐끗하면 그대로 같이 넘어졌다. 그러면 두 가지 반응이 나왔다. 괜히 투덜대거나, 그럴 수도 있다며 별거 아닌 것처럼 넘어갔다. '하나에 왼발, 둘에 오른발이라니까?' 하면 함께 연습하는 친구는 자기도 잘하려고 노력 중이라며 같이 투덜대다 알겠다며 고개를 끄덕였다. 그렇게 다시 어깨동무를 하고, 허리에 팔을 감아 함께 고깔로 향했다. '그럴 수도 있지.'라며 별일 아닌 것처럼 말하면 친구는 일어나 다시 팔을 잡고 한 걸음씩 다시 맞추어 걸어 나갔다. 약속도 이인삼각 달리기 같다. 두 사람이 약속을 해도 둘 중 한 사람이 지키지 않으면 약속은 깨진다. 이번 주 금요일 3시에 역 3번 출구에서 만나자는 약속을 잡았을 때, 한 사람만 그날 그 시간 그 장소에 도착한다면 지켜진 약속이 아닌 거다.

　고등학생 때 친구와 크리스마스에 만나자는 약속을 했었다. 우리가 자주 놀러 가던 장소에서 평소보다 일찍 만나기로 했었는데, 약속 당일까지 친구가 메시지를 읽지 않았다. 그래도 약속을 했으니까 나오겠지 싶은 마음에 약속 장소로 향했다. 도착해서 주위를 둘러봐도 친구는 보이지 않았다. 5분, 10분을 기다리다 20분이 지났을 때 친구에게 전화했다. 전화를 받은 친구의 목소리는 잠에서 덜 깬 목소리였다. 내 전화로 잠에서 깼던 거다. 친구는 바로 나오겠다고 했지만 오기까지 오래 걸릴 걸 알기에 그냥 각자 집에서 쉬자고 했다. 집으로 돌아가는데 나만 이 약속을 지키려고 노력한 것 같아 서운한 감정이 들었다. 친구에게 장문의 사과 문자가 왔지만 바로 답한다면 감정적으로 대답할 것만 같아 바로 읽지 않았다. 집으로 가며 마음을 정리하고 문자를 읽으니 마음속 응어리가 금세 녹아내렸다. 괜히 민망함에 툴툴대는 문자를 몇 개 주고받다 친구와 화해할 수 있었다.

 대학에 오니 더 많은 약속이 생겼다. 친구와의 약속뿐만 아니라 교수님과 과제를 언제까지 제출하겠다는 약속, 조원들과 자료를 언제까지 공유하겠다는 약속, 학과 사무실에 서류를 몇 시까지 제출하겠다는 약속 같은 것들 말이다. 많은 약속들 중에서도 특히 조별 과제에서 하는 약속은 잘 안 지켜진다. 첫 조별 과제를 했을 때, 자료를 수합하고 피피티에 정리하는 역할을 맡았다. 마감 시간이 지나도 자료를 제출하지 않는 사람들이 많았다. 그 사람들에게 문자를 보내고 나서야 자료를 받을 수 있었다. 화가 난 상태였지만 이상하게 자료를 받고 나니 '한 시간 정도는 늦을 수도 있지' 같은 생각이 들었다.

 약속을 깨고 사과를 했다고 해서, 뒤늦게 자신의 역할을 다 했다고 해서 자신이 약속을 어겼다는 사실이 사라지는 건 아니다. 이인삼각 달리기를 하다가 넘어져서 생긴 상처가 일어났다고 없어지는 게 아닌 것처럼 말이다. 서로의 합을 맞추어야 넘어지지 않고 완주할 수 있는 이인삼각 달리기처럼, 약속도 서로가 의무를 지키기 위해 최선을 다해야 한다.

변명조차 믿을 수 없는

관계에서 절대 무시할 수 없는 것이 있다. 입 밖으로 내뱉은 말을 지키는 것, 지키진 못하더라도 지키려 노력하는 것, 그리고 지키지 못하면 사과하는 것. 바로 약속이다.

약속을 지킨다면 서로 좋은 것이다. 화기애애한 분위기에서 '수고하셨어요.' '감사합니다.'를 주고받을 수 있다. 그러나 약속을 지키지 못한다면 분위기가 험악해지며 약속을 지키지 못한 쪽이 주눅 든다 변명한다. '내가 ~한 이유가 있었다.', '다음부터는 꼭 약속을 꼭 지키겠다.'라며 말이다. 그러나 약속을 믿은 사람에게 약속을 어긴 사람은 믿음조차 안가는 사람일 뿐이다.

약속을 아주 잘 지키는 한 친구가 있었다. 약속 시간 10분 전에는 약속 장소에 나와 기다렸고 같이 과제를 하면 필요 이상으로 조사를 해오는 아주 착한 친구였다. 모두가 그 친구와 한 약속을 믿었고 친구는 단 한 번도 그 믿음을 배신한 적이 없었다. 때문에 나는 조별 과제를 할 땐 언제나 그 친구에게 가장 먼저 달려가 함께 하자고 했고, 친구는 늘 흔쾌히 수락했다.

나는 그 친구와 수많은 약속을 했다. 약속 시간에 늦지 말기, 와 같은 간단한 약속부터 괜히 불편한 구석 건드리지 말기처럼 무거운 약속까지 말이다. 어느 날 친구가 아무 말도 없이 갑작스레 약속을 어겼다. 영화 한 편 보자는 가벼운 약속이었지만 그 친구가 약속을 어긴 것은 처음이었기에 나는 큰 충격을 받았다. 친구는 변명했다. 그날 너무 피곤해서 잠을 늦게까지 잤다고 말이다. 나는 이해했다. 나 역시 그런 적이 있었기 때문이다. 그러나 바로 다음 약속에서도 친구는 약속을 지키지 못했다. 2인 1조로 하는 과제였는데 깜빡 졸아 제출하지 못했다는 것이다. 나는 친구에게 한참이나 분풀이하고 겨우 진정할 수 있었다. 그럼에도 화가 다 식지 않자 나는 최후통첩으로 다음번에도 약속을 지키지 않는다면 다신 너와 약속하지 않겠다고 말했다.

하지만, 나의 그런 말에도 불구하고 친구는 그 다음 약속 역시 지키지 않았다. 심지어 이번 약속은 4인 1조인 조별 과제와 관련된 약속이었기에 친구는 나를 포함한 3

명에게 질타받았다. 친구는 변명했다. 누가 봐도 거짓말인 걸 알 수 있을 정도로 허접한 변명을 말이다. 처음에는 깜빡 졸아서 그랬다고 했고 나중에 가선 집안일을 도와 할 수 없었다고 말했다. 최후에는 가정사가 생겨 할 수 없다고 말하기까지 했다.

연속해서 약속을 어긴 친구의 말은 도저히 믿을 수가 없었다. 나는 친구를 믿을 수 없었고 결국 친구와의 관계를 완전히 정리했다. 단 3번에 불과했지만, 약속의 불이행은 관계에 치명적이었고 마지막에 한 거짓말은 관계의 단절까지 이어졌다. 약속은 지킬 때는 아무런 문제가 없다. 그러나 어긴다면 문제가 된다.

그래서 나는 약속을 '어긴다면 변명조차 믿을 수 없는'이라 정의한다. 반복해서 약속을 어긴다면 관계의 신뢰를 깨트리고, 신뢰가 깨진다면 그 사람이 하는 말을 믿을 수 없게 한다. 때문에 약속은 관계에 있어 그 무엇보다 중요하고, 반드시 지켜야 한다. 보이지 않지만, 관계의 신뢰를 굳힐 수 있을 만큼 중요한 게 약속이다.

유리처럼 소중히

관계에서 무엇보다 중요한 건 그 속에서 쌓이기도 하고 깨지기도 하는 신뢰이다. 신뢰는 서로 간의 약속을 통해 차근차근 쌓아 가는데, 약속은 시간이든 일이든 무언가를 정하는 것이다. 그래서 약속을 지킨다는 건 상대방과의 신뢰를 쌓는 것이고, 그 말은 곧 약속을 지키지 않으면 신뢰가 깨진다는 것이다. 완전히 깨지진 않더라도 서서히 금이 가고, 관계에 균열이 생긴다. 약속을 하는 이유는 신뢰를 쌓기 위해서가 아니지만, 그것을 지키면 저절로 쌓이고, 지키지 않으면 저절로 깨지는 게 신뢰이다. 마치 유리병처럼 말이다.

고등학교 때 장기간에 걸쳐 팀별로 보고서를 작성해야 하는 수행평가가 있었다. 5-6명이 각자가 맡은 임무에 책임감을 가져야 했고, 제대로 해야지만 완성도 높은 결과를 얻을 수 있었다. 초반의 분위기는 화기애애했다. 잘해보자며 파이팅을 외치기도 했다. 이렇듯 모든 관계가 처음에는 평온하듯 유리병은 안전한 선반에 올려져 있다. 그 자리에 온전히. 자신을 지키고 있다.

여러 번의 회의를 거쳐야 했기 때문에 자신이 조사한 것들을 발표하고 팀원들과 상의하는 회의 시간을 정했다. 발표하고 상의하는 시간을 약속한 것이다. 그러나 모든 것이 순탄하게 흘러가지 않듯 한두 명은 꼭 그 약속을 어겼다. 파이팅을 외친 게 무색해질 정도였다. 시간에 늦는 건 물론, 잠수를 타 버린 적도 있었다. 우리와의 약속은 잘 지키지도 않으면서 다른 약속은 뭐 그리 중요한지 회의가 끝나자마자 교실을 나가버리는 행동에 기가 막혔다. 신뢰에 금이 가기 시작했다. 선반이 흔들리면 유리병도 자신의 자리를 지키기 어려워진다.

한두 번은 그럴 수 있다고 생각했지만, 약속을 어기는 행동이 반복되고, 그들의 행동이 대담해지면서 생각은 180도 달라졌다. 맡은 일을 제대로 해 오지도 않은 친구가 이런 말을 했다. '약속 지키려고 했는데 어제 갑자기 일이 생겨서….' 초반엔 정말 어쩔 수 없는 사정이 있었구나, 하면서 이해했다. 그러나 핑계거리라는 주머니에서 하나씩 꺼내오기라도 하는 건지 변명은 갈수록 늘어났다. 그저 반에서 같이 지내는 친구로서는 참 괜찮았다. 괜찮은 친구라고 생각했기에 이렇게 관계가 망가질 줄은 몰랐다. 점점 미안하다는 말도 삼키고, 이해를 강요하는 그 행동에 정이 떨어질 때까지 떨어졌다. 약속을 지키지도 않고, 지킬 생각도 없는 그 친구를 끝까지 데려가기엔 무리였다. 결국 약속을 지키지 않아 팀이 망가지고, 관계가 깨졌다. 위태로움 속에서 자신의 자리를 끝까지 지키지 못하고 결국엔 바닥에 떨어진 것이다. 유리가 산산조각이 난 채로, 처음의 형태를 알아볼 수 없을 만큼.

그 이후로 약속을 지키는 건 곧 관계를 지키는 것이란 걸 깨달았다. 그렇기에 언제 누구와 한 약속이든 지키려고 하고, 약속을 지킴으로써 상대방에게 믿음과 신뢰를 주려고 노력한다. 먼 사이에도 중요하지만 가까운 사이일수록 더욱 확실히 지켜야 하는 게 약속이다. 붙잡았던 새끼손가락을 더 꽉 붙잡아야 하기 때문이다. 유리병이 선반을 벗어나지 않도록, 온전히 자신의 자리를 지키도록 약속을 소중히 해야 한다. 깨지면 다시 주워 담을 수 없으니 처음부터 소중히 다뤄야 한다. 유리병이라는 믿음과 신뢰는 우리 사이의 약속을 통해 지켜지니까.

당신이 생각하는 '약속'은 어떤 의미인가요?

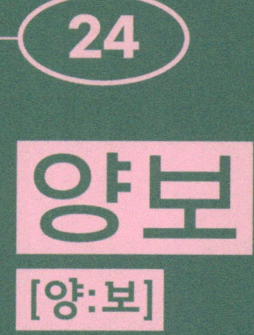

양보
[양ː보]

길이나 자리, 물건 따위를 사양하여 남에게 미루어 줌.

• 지금까지 당신이 생각했던 '양보'은 어떤 의미인가요?

너라면 기꺼이

고등학교 2학년 때의 일이다. 겨울방학을 맞아 친구와 전시를 보러 가기로 했다. 사진 촬영이 가능한 전시였기 때문에 평소 사진 촬영을 즐기는 친구가 작품뿐만 아니라 전시를 감상하는 나의 사진도 찍어 주었다. 사진 찍히는 것을 선호하는 편이 아니었지만 친구의 호의를 거절할 수는 없어 묵묵히 친구의 카메라 앞에 섰다. 무엇보다 나의 사진을 찍어주는 친구의 표정이 정말 즐거워 보였기에 좋은 추억을 사진으로 남기는 거라 생각하며 사진을 찍었다.

전시를 다 감상한 뒤 점심을 먹고 미술관 주위를 산책하기로 했다. 미술관 주변에는 작은 상점들이 있었는데 상점 사이마다 작은 언덕이 있었다. 이곳저곳을 구경하며 걷고 있는데 친구가 언덕을 가리키며 말했다. 나 저 언덕을 뛰어 내려가고 싶어. 같이 뛰어줄 수 있어?

친구는 모험심과 호기심이 많았다. 사람들의 시선이나 평가가 어떻든 자신이 하고 싶은 일이 있으면 그 즉시 실행에 옮겼다. 나는 친구에 비해 모험심이나 호기심이 적은 편이었다. 하고 싶은 일이 있어도 주변 시선이나 평가가 좋지 않으면 실행할 용기를 쉽게 갖지 못했다. 그날은 주말에 하는 전시였기 때문에 사람들이 많았다. 그 언덕을 빤히 바라보는 사람은 친구와 나밖에 없었다. 우리가 그 언덕을 함께 뛰어 내려가면 주위에 있던 행인들이 우리를 쳐다볼 것만 같았다.

내가 대답을 망설이자 친구는 아쉬워하며 말했다. 역시 안 되겠지? 그러고 보면 친구는 평소 내가 하고 싶은 일이 있으면 늘 함께해 주었다. 고수를 먹어본 적 없는 친구가 나를 위해 고수를 넣은 쌀국수를 주문해 주었고, 지하철을 선호하는 친구가 버스를 좋아하는 나를 위해 지하철 대신 함께 버스를 타주었고, 독립영화를 좋아하는 친구가 나를 위해 함께 액션 영화를 봐주었다. 친구는 늘 내게 사소한 것부터 양보하고 있었다. 주위의 시선이나 평가가 어떻든 내가 하고 싶은 일은 기꺼이 나서서 함께 해주었다. 나는 아쉬워하며 걸음을 옮기려 하는 친구에게 말했다. 가자. 우리 뛰어 내려가자. 걸음을 멈춘 친구는 나의 사진을 찍어줄 때처럼 활짝 웃었다.

우리는 기다렸다는 듯 언덕을 뛰어 내려갔다. 친구와 내가 달리기 시작하자 주위에 있던 사람들이 우리를 힐끔거렸다. 바람이 차 얼굴도 깨질 것 같았다. 하지만 괜찮았다. 친구가 좋아했기 때문이다. 친구가 원하는 일을 함께 할 수 있었기 때문이다. 나의 양보가 헛되지 않을 만큼 친구는 언덕을 다 뛰어내려온 뒤 빨개진 나의 귀를 살짝 움켜쥐며 말했다. 네가 같이 뛰어줘서 너무 다행이야. 나는 오히려 그렇게 말해주는 친구가 있어 다행이었다. 내게 먼저 양보해 주지 않았더라면, 나에게 양보라는 게 무엇인지 알려주는 친구가 없었더라면 나는 친구와 함께 그 언덕을 뛰어 내려가지 않았을 테니 말이다.

나는 여전히 사진 찍히는 것을 별로 좋아하지 않지만 친구 앞에서는 기꺼이 포즈를 취한다. 사람들이 많은 곳에서 눈에 띄는 행동을 하는 것도, 사람들의 시선이나 평가로 인해 하고자 하는 일을 쉽게 하지 못하는 것도 여전하지만, 적어도 친구와 함께라면 기꺼이 해낸다. 왜냐하면 너니까. 너라면 기꺼이 양보할 수 있으니까.

미래를 봐야 해

'인생은 Birth와 Death 사이의 Choice다.'라는 말처럼 우리는 언제나 선택하며 살아간다. 그리고 우리는 선택의 기로에 섰을 때 미래를 떠올리곤 한다. 내가 이 선택지를 골랐을 때 나중에 어떤 일이 일어날지, 혹여나 이 선택을 했을 때 후회하지 않을지 상상하며 최선의 선택지를 고른다.

선택한다는 건, 포기하는 것을 의미하기도 한다. A와 B라는 두 선택지 중에 B를 선택하면 우리는 A를 포기해야 하기 때문이다. 양보도 그렇다. 양보도 선택이기에 양보는 포기를 의미하기도 한다.

'만약에'로 시작하는 질문을 좋아하는 친구와 만나면 온갖 상황이 머릿속에서 그려진다. 한 번은 이런 질문을 받았다. "만약에 네가 어디에 합격했는데, 그 자리에 너보다 간절한 사람이 있어. 그럼 그 자리를 양보할 거야?" 나는 '어디'에 합격했는지, 그리고 내가 처한 '상황'에 따라 선택이 바뀔 것 같다고 답했다. 사실 당연한 대답이다. 내가 동아리에 합격한 것과 인턴에 합격한 것은 분명 그 중요도가 다르며, 돈이 필요할 때 아르바이트에 합격한 것과 돈이 급하지 않을 때 아르바이트에 합격한 건 명백히 다른 상황이기 때문이다.

앞에서 언급했듯이 누군가에게 양보한다는 건 포기를 의미하기도 한다. 양보함으로써 나의 기회를 포기하는 것이기 때문이다. 그래서 누군가에겐 양보가 어렵다. 지금 내 눈앞의 기회가 소중해서, 포기할 수 없어서, 후회할 것 같아서 같이 다양한 이유가 있으니까.

친구들과 피자를 먹으러 간 적이 있다. 사람은 3명인데 피자는 8조각이라 한 명이 양보해야 하는 상황이었다. 친구들은 가위바위보를 해서 그 한 명을 정하자고 했지만 그냥 내가 안 먹을게, 하고 양보했다. 나에게 피자 한 조각은 다른 사람에게 충분히 양보할 수 있는 것이었기 때문이다. 버스를 타고 가다 내 앞에 빈자리가 났을 때 옆에 서 있던 사람에게 양보했다. 나에게는 빈자리 하나도 충분히 양보할 수 있는 것이었다.

반대로 내가 양보할 수 없었던 건 뭐였을까 생각해 봤다. 답은 생각보다 간단했다. 나중을 떠올렸을 때 내가 후회할 것만 같은 것들이었다. 고등학교 1학년 때, 동아리 부원 모집 기간 동안 2학년 선배들이 1학년 반에 들러 홍보를 하는 시간이 있었다. 그중 가장 흥미로워 보이는 동아리에 신청서를 제출했고, 며칠 뒤에 1차 합격자로 선발되었으니 면접 가능한 일자를 알려달라는 연락이 왔다. 그렇게 면접날이 되었고, 간단한 자기소개와 면접이 시작되었다. 면접에서 가장 기억에 남았던 것은 "본인이 이 동아리에 합격할 것 같아요?"라는 마지막 질문이었다. 나는 '그렇다'고 답했다. 선배는 "그럼 옆에 있는 친구랑 둘 중에 한 명만 붙을 수 있으면 양보할 거예요?"라고 물었고 나는 안 할 것 같다고 답했다. 그 이유를 묻자 "하고 싶은 동아린데 양보했다가 나중에 후회할 거 같아서요."라고 답했다. 그렇게 면접이 끝나고 집에 돌아가며 동아리 합격을 글렀다고 생각했다. 면접이 끝나고 생각해 보니 마지막 질문은 사실 배려나 양보를 시험하는 게 아니었나 싶었기 때문이다. 그러나 동아리 합격 문자를 받았고, 나중에 알게 된 사실은 마지막 질문은 해당 동아리에 얼마나 간절한가를 물어보는 질문이었다고 한다.

그래서 나에게 양보는 반드시 미래를 봐야 하는 것이다. 후회하기 전에, 선택하기 전에, 항상.

바보가 되는 말

    양보는 아주 간단하게 기분 좋아질 수 있는 일이다. 잃는 것은 내 욕심밖에 없으면서 얻는 건 무려 상대방의 진심 어린 감사와 미소라니. 이렇게까지 가성비 넘치는 행동은 세상에 몇 없을 것이라 확신할 수 있다. 깊은 고뇌와 함께 후회할 때도 있지만, 양보할 당시의 행복은 그 후회조차 매 꿀 수 있다.

    나는 종종 내 사정조차 무시하고 양보할 때가 있다. 고등학교 2학년 2학기. 새 학기가 시작하고 얼마 지나지 않아 우리 반은 당번을 정했다. 우유 당번, 급식 당번, 청소 당번 등등…. 나와 친구는 4명이 하는 '교실 쓸기'를 지원했다. 그러나 나와 친구를 제외하고 지원한 사람은 총 6명이나 되었다. 사람이 상당히 많이 몰렸기 때문에 4명씩 2개 조로 나눈 뒤 각 조에서 2명씩 뽑기로 했다. 나와 친구는 다른 조였다. 가위바위보를 하기 위해 우린 잠시 떨어졌고, 다시 만난 친구의 얼굴엔 아쉬움이 가득했다. 가위바위보에서 진 것이다. 친구는 아쉬운 표정으로 말했다. "교실 쓸기에 사람이 좀 많이 몰렸네. 너라도 이겨서 다행이다." 나는 친구의 말을 들으며 가위바위보에서 이긴 친구들의 얼굴을 바라봤다. 그들은 기분 좋은 듯 환히 웃고 있었다. 친구가 저렇게 웃었으면 좋겠다는 생각이 순간 들었고, 그 즉시 말했다. "네가 해라. 갑자기 다른 게 하고 싶네." 어떠한 계획도 없었고, 거짓말이 그리 자연스럽지도 않았지만, 친구는 내 양보를 받아들였다. 그 뒤 내가 맡은 당번은 힘들기로 소문난 분리수거 당번이었다. 나와 친한 친구들은 날 보며 우스갯소리로 바보라고 놀렸으나 나는 만족했다. 친구의 웃는 얼굴을 보았기 때문이다.

    내가 양보를 이렇게 좋아하게 된 계기는 꽤 단순하다. 내가 먼저 양보를 받아봤기 때문이다. 나는 고등학교 1학년까진 심리 상담사를 목표로 했었다. 그때의 나는 심리 상담사라는 꿈을 갈망했기에 학생부에 1줄 추가되는 '또래 상담사'라는 학급 당번마저 소중했다. 또래 상담사는 학급에서 단 한 명만 가능한 당번이었다. 때문에 나는 집착했고 우리 반에서도 내가 이 당번을 노린다는 걸 모르는 사람이 없었다. 그러나 우리 반에는 나 말고도 심리 상담사를 목표로 하는 친구가 있었다. 그 친구 역시 또래 상담사를 노리고 있었기에 나는 우리 둘이 틀림없이 또래 상담사를 놓고 대립할 거라고 생각했다.

그러나 그런 일은 일어나지 않았다. 학급 당번을 정하는 그날, 또래 상담사를 할 거냐는 담임 선생님의 질문에 친구는 가볍게 웃으며 다른 사람에게 양보한다고 말했다. 담임 선생님의 질문에 답한 것이지만 사실상 나에게 말한 것이나 다름없었다. 그 친구 덕분에 나는 단 한 명의 경쟁자도 없이 또래 상담사를 할 수 있었다. 나는 당번을 정하는 시간이 끝난 직후 그 친구에게 달려갔다. 그 친구 역시 꿈에 대한 집착이 보통이 아니었기에 이 자리는 절대 양보할 수 없는 것이나 마찬가지였다고 생각했기 때문이다. 그래서 물었다. 왜 양보했는지 말이다. 친구의 답은 충격적이었다. "명색이 또래 상담사를 목표로 한다는 사람이 이런 양보조차 하지 않으면 어찌 되겠어?" 망치로 머리를 한 대 맞은 느낌이었다. 친구의 말엔 틀린 구석이 하나도 없었다.

친구의 말을 들은 이후 나는 양보를 하나씩 하기 시작했다. 급식 줄을 양보한다거나, 나의 의견을 꺾고 다른 사람의 의견을 받아들여 절충안을 만드는 등 다양한 부분에서 양보를 실천했다. 처음에는 심리 상담사를 위한 과정이라 생각했지만, 나중에는 양보라는 행위 자체에서 행복을 느끼기 시작했다. 친구들의 얼굴에 미소를 보는 것이 보람찼고, 감사 인사를 듣는 행위가 소중하게 느껴졌다. 심리 상담사라는 목표가 사라진 지금도 나는 양보한다. 양보라는 행동이 주는 감정이 너무나도 소중하기 때문이다. 그렇기에 나는 양보를 '나를 바보로 만드는 단어'라고 정의한다.

쿨한 게 아니라 너를 아끼는 거야

　마음에 드는 물건이 있으면 가지고 싶고, 먹고 싶은 음식이 있으면 먹고 싶은 것. 인간의 당연하고 본능적인 욕구이다. 내가 할게. 내가 가질게. 내가 먹을게. 때로는 그런 욕구의 화살표를 상대방에게 돌린다. 바로 양보이다. 당연하고 본능적인 욕구를 당연하지 않게 하는 것이다. 너 해. 너 가져. 너 먹어.

　동생과 마라탕을 먹다가 하나 남은 고구마 떡을 동생의 그릇에 덜어주며 '너 먹어' 한다. 연인과 같이 서서 가던 버스에서 자리가 하나 생긴 걸 보고 '너 앉아' 한다. 친구와 포토부스에서 사진을 찍고 고를 때 맘에 드는 사진이 다르면 '너 하고 싶은 거 해' 한다. 고구마 떡 하나 정도는 안 먹어도 되고, 못 앉더라도 다리 좀 아프면 되고, 내가 못 나온 사진이라도 추억으로 남기면 그만이다. 이유는 없다. 친구든 가족이든 연인이든 그들 앞에서는 나를 생각하는 마음보다 남을 생각하는 마음이 커지기에 자연스레 나오는 말이고 행동이다.

　어떻게 네가 원하는 걸 나에게 양보할 수 있냐고 묻는다면 '너니까'라고 답할 것이다. 갖고 싶은 걸 얻지 못해도 별로 아쉽지 않다. 오히려 기분이 좋기만 하다. 내 양보로 하여금 너의 기분이 좋아지면 그거야말로 내가 원하는 것이니까. 우리의 관계가 나의 양보로 더 끈끈해질 수 있다면 백 번이고 천 번이고 더 할 수 있으니까.
　'너 되게 쿨하다.', '너 되게 착하다,' 그런 나에게 간혹 돌아오는 말들인데, 그럴 때마다 입에 맴도는 한 마디가 있다. 쿨한 게 아니라 너를 아끼는 거야. 내가 먹고 싶은 거, 하고 싶은 걸 포기할 만큼 너를 생각하는 마음이 큰 거야.

　이런 경우도 있다. 그 정도로 아끼진 않지만 괜히 내 욕심을 내보이고 싶지 않을 때. 사이가 어색하거나 이제 막 친해지기 시작했을 때 내가 양보해서 관계를 잘 만들어 나가고 싶을 때 말이다. 최근에 친해지기 시작한 언니와 같이 양식집을 갔다. 나는 토마토 파스타가 더 먹고 싶었지만 언니는 크림 파스타를 더 먹고 싶어 하는 것 같았다. 그래서 내가 먹고 싶은 토마토 대신 크림을 시키자고 먼저 말을 꺼냈고, 좋다고 말하는 언니를 보고 다행이라는 생각이 들었다. 내가 먹고 싶은 거 한 번 참으면 되지 뭐, 하면서. 굳이 내 욕심을 보이지 않으니 마음도 편하고 한편으론 뿌듯하기도 했다.

    반대인 경우도 있다. 가족, 친구, 연인에게 양보할 때가 더 많지만 나의 욕심을 그대로 내보이고 싶을 때. 편한 사이기에 가끔은 양보 대신 투정을 부리게 된다. 난 이걸 더 먹고 싶고, 이걸 더 갖고 싶다고. 솔직한 마음을 내비치는 것이다. 그럴 때마다 상대방은 내가 하자는 대로 해줄 때가 많았다. 그 모습이 쿨해보였지만, 아마 나와 같은 마음이었을 것이다. 쿨한 게 아니라 너를 아끼는 거라고. 네가 웃는 모습을 보는 게 더 좋기에 네 투정과 욕심을 그대로 들어준 거라고. 아끼고 사랑하는 사람에게 양보하는 이유를 묻는다면 누구나 이렇게 말할 것이다. 너를 생각하는 마음이 더 중요해서 나의 욕심 정도는 숨겨서라도 양보할 수 있어. 난 별로 쿨하지 않은 사람이야.

당신이 생각하는 '양보'는 어떤 의미인가요?

그릇되게 해석하거나 뜻을 잘못 앎. 또는 그런 해석이나 이해.

- 지금까지 당신이 생각했던 '오해'는 어떤 의미인가요?

~~~~~~
~~~~~~
~~~~~~
~~~~~~

어떤 선을 제거해야 할지 알 수 없는 폭탄

　오해는 인간관계를 어렵게 만든다. 오해는 못 풀어도 문제, 풀어도 문제이기 때문이다. 오해를 해결하지 못하면 오랫동안 쌓아왔던 인간관계가 한 번에 무너지게 된다. 오해를 해결해도 멀어진 관계를 다시 이어붙이기까지 시간이 오래 걸린다. 무엇보다 오해가 생기고 나면, 예전의 인간관계로 돌아갈 수 없게 된다.

　오해는 어디서 시작되는 걸까? 나의 경험을 생각해보면, 대부분 상대방에 대한 불신과 편견에서 오해가 시작되었던 것 같다. 상대방에 대한 확실한 신뢰가 없으면 상대방의 행동이나 말을 혼자 상상하고 판단하게 된다. 그렇게 만들어진 오해는 갈등을 만든다. 오해로 생긴 갈등은 관계나 사람, 상황에 따라 푸는 과정이 천차만별로 달라진다. 때문에 오해를 푸는 완벽한 해결책을 미리 준비하거나 대비해 놓을 수 없다. 이렇듯 단순한 오해로 시작되었어도 오해를 푸는 과정은 복잡하기만 하다.

　앞에서도 말했듯이 비슷한 오해를 해도 사람에 따라, 지금까지 쌓아온 관계에 따라, 오해를 푸는 과정과 방법이 달라진다. 관계에 따라 오해의 크기도 달라진다. 작년에 휴대폰을 잃어버려 삼일 정도 연락을 받지 못했던 적이 있다. 교양 수업에서 친해진 지 얼마 안 된 친구들은 내가 시험공부에 열중하느라 연락을 받지 않은 줄 알았다고 했다. 반대로 소꿉친구들은 내가 연락을 받지 않자 부모님께 따로 연락을 해 내가 잘 있는지 확인했다. 소꿉친구들은 나의 안전을 걱정할 정도로 큰 오해를 한 것 같았다.

　휴대폰을 새로 산 날, 교양 수업이 시작되기 전에 교양 수업 친구들에게 휴대폰을 잃어버려 연락을 받지 못한 거라고 간단하게 말해 오해를 풀었다. 반대로 소꿉친구들은 학교 수업이 끝난 뒤 따로 카페에서 만나 휴대폰을 왜 잃어버리고 휴대폰이 없었던 삼일 동안 어떻게 살았으며 휴대폰을 어떻게 다시 사게 되었는지를 하나하나 설명하며 친구들을 안심시켰다. 교양 수업에서 친해진 친구들과는 관계를 오래 이어온 사이가 아니었기 때문에 간단하게 나의 말을 전하는 식으로 오해를 풀었다. 하지만 10년 지기 소꿉친구들과는 쌓아온 관계가 두텁기 때문에 오해를 풀기까지 시간이 조금 더 오래 걸렸다. 이 일이 일어난 뒤로 교양 수업에서 친해진 친구들은 내가 연락을 받지 않아도 그것에 대해 따로 말을 꺼내지 않는다. 소꿉친구들은 내가 연락을 받지 않으면 '휴대폰 또 잃어버린 거 아니지?'라고 묻는다.

   사실 연락을 받지 않는 나에 대한 오해는 큰 갈등으로 이어지지 않았다. 하지만 오해는 늘 작은 의견 차이와 사소한 사건에서 시작되기에 어떤 오해가 갈등으로 이어질지 정확히 알 수 없다. 또 관계의 깊이와 각자가 처한 상황에 따라 오해의 크기도 달라지기에 오해를 푸는 과정이 더욱 복잡하게 다가오는 것 같다.

   오해는 어떤 선을 제거해야 할지 알 수 없는 폭탄과 같다. 이전의 관계로 돌아갈 수 없는 시간이 점점 다가오지만 오해를 푸는 과정이 복잡해 초조해하는 모습이, 마치 시간이 촉박해지지만 어떤 선을 제거해야 할지 알 수 없는 폭탄을 제거하는 모습과 닮아있다. 오해라는 폭탄을 제거하는 과정은 늘 복잡하기에, 오해가 생기지 않도록 상대방과의 관계를 신중하고 섬세하게 쌓아야 할 것 같다.

타들어 가는 도화선

'도화선'이라는 단어에는 두 가지 뜻이 있다. '폭약이 터지도록 불을 붙이는 심지'와 '사건이 일어나게 된 직접적인 원인'이라는 뜻. 도화선에 불을 붙이면 얼마 안 있어 펑 소리를 내며 폭약이 터진다. 도화선을 후자의 의미가 담긴 단어로 사용할 때는 '이 사건이 도화선이 되어'와 같이 표현하기도 한다. 폭약이 터지든, 어떤 사건이 발생하든 도화선은 그 결과의 원인과 관련된다. 그런 도화선은 오해와 잘 어울리는 듯하다. 오해는 사건의 원인이 되는 경우가 많으니까.

오해로 인한 등장인물들의 갈등은 이야기 진행을 더 흥미롭게 만들기에 드라마나 영화에서 흔히 쓰이는 소재이기도 하다. 특히 두 남녀 주인공의 사랑 이야기를 다루는 작품이라면 '오해'는 정말 단골 소재다. 남자친구의 사촌 누나를 낯선 이성으로 오해한다든가, 여자친구와 닮은 사람을 여자친구로 착각해서 여자친구가 바람을 피운다고 오해한다든가 하는 것들 말이다. 이런 오해는 대부분 상대의 귀여운 질투 정도로 끝난다. 그래서 나는 오해는 풀기 쉽다고 생각했었다. 그러나 현실은 누군가 만들어내는 드라마나 영화가 아니었다. 어떤 오해이든지 간에 늘 쉽게 풀리는 게 아니라는 말이다.

고등학교 3학년 때 친해진 친구가 있었다. 서로 얼굴과 이름만 아는 사이였다가 3학년 때 같은 반이 되고 같은 학원을 다닌다는 걸 알게 난 후, 우리의 관계는 급속도로 가까워졌다. 학원 보강 수업을 핑계로 야자를 빼고 떡볶이를 먹으러 가고, 카페에서 같이 공부를 하자 해놓고 수능특강을 펼치지도 않은 채 얼음이 다 녹을 때까지 수다만 떨다 학원으로 향하는 날도 많았다. 같이 있는 시간이 너무 즐거워서 정말 오래 유지하고 싶은 관계였다. 이런 게 사람들이 말하는 '베프'고 '소울메이트'라고 생각했다. 그래서 우리는 졸업하고도 만나자는 말을 입버릇처럼 말했다. 둘 중 누가 그 이야기를 꺼내면 다른 사람은 당연한 소리 좀 하지 말라며 답하곤 했다. 그러나 음식을 빨리 먹으면 체하듯이, 빠르게 가까워진 사이는 쉽게 틀어질 수도 있다는 걸 뒤늦게 알게 됐다.

오해가 생긴 건 한창 수시 원서를 접수하던 시기였다. 친구는 나에게 어느 대학교에 원서를 넣었냐고 물어보았고, 나는 합격하지도 않은 상태에서 말하기엔 민망해서 대충 얼버무리며 질문에 답을 하지 않았다. 친구도 내 답변에 그냥 넘어가는 듯싶었다. 원서 접수 이후에는 최저니 면접이니 하는 것들 때문에 같은 반에 있어도 이야기할 수 있는 시간이 별로 없었다. 기껏해야 매점을 같이 가는 정도였고, 학원 가는 시간도 달라져 이전처럼 함께 오래 있지는 못했다. 수능이 끝나고 입시 결과가 하나 둘 나오면서 그 친구에게 제대로 답을 할 수 있었다. "나 그때 어디 어디 대학에 원서 넣었는데 어디 대학교 붙었어." 하고 말이다. 그 친구는 시큰둥하게 "그래? 잘 됐네."라고 답했다. 이제껏 느꼈던 분위기와 말투가 아니라 당황했지만, 친구의 입시 결과가 아직 안 나와서 그런 걸 수도 있겠다 싶었다. 나중에 다시 말을 걸면 다르겠지 싶었지만, 그 뒤로 졸업식까지 그 친구와 말하는 일은 없었다.

이렇게 끝나버리는 관계는 처음이라 어떻게 해야 할지 몰랐다. 내가 뭘 잘못한 게 있나 싶어 다시 연락을 해봐야 하나 싶었다. 그러다 졸업 이후 다른 친구를 만나 멀어진 이유를 알게 되었다. 결론부터 말하자면 오해였다. 물어볼 때는 답도 안 하고 넘어가다 나중에 가서야 어느 대학에 붙었다고 말하는 게 자기를 무시하는 것 같았다고 했다. 난 그런 뜻으로 말한 게 아니었는데 그 친구에게는 그렇게 들렸던 거다. 지금 생각하면 그냥 연락해서 풀면 됐을 텐데 싶지만, 그때는 자존심이 뭐라고 끝까지 먼저 연락하지 않았고, 그렇게 우리 사이는 끝이 났다.

불이 붙어 터지는 폭약이 관계의 끝을 의미한다면, 오해는 타들어 가는 도화선이다. 나와 그 친구 사이의 오해는 둘 중 아무도 비벼 끌 생각을 안 해 결국 터져버렸다. 그러나 목적지를 향해 타들어 가는 불꽃을 발로 비벼 끈다면 폭약은 터지지 않는다. 오해를 풀어 관계를 다시 이어나갈 수도 있다는 말이다. 타들어 가는 도화선을 꺼버리느냐, 방치하느냐. 그것은 관계를 지속하기 위한 중요한 열쇠가 된다.

그깟 자존심이 뭐라고

    우리는 살면서 셀 수 없을 정도로 오해를 산다. 대화 한 번으로 풀릴 만큼 아주 간단한 오해도, 절대 풀리지 않을 오해도 산다. 그리고 오해는 다툼을 불러온다. '내가 생각했던 이 사람은 그런 사람이 아닌데?'라는 생각을 하면서도 '만약 맞다면…?'을 가슴 속에서 지울 수 없기 때문이다. 오해를 풀기 위해서 가벼운 언쟁을 하며, 몸으로 격한 다툼을 한다.

    '남자의 세계'라고 아는가? 그곳에선 자존심이 그 무엇 보다 우선시된다. 그래서 오해를 인정하며 뒤로 물러나는 일은 거의 없다. 고등학교 시절, 슬슬 머리가 굵어지고 그에 따라 자존심이 강해질 때 한 번씩 생기는 오해는 무수한 다툼을 불러왔다. 말 한마디를 오해해 싸움이 난 적도 많고 연을 끊은 사람도 있었다.

    고등학교 2학년 때 싸움이 꽤 크게 났다. 마치 축구처럼 22명이 패로 갈라져 서로 싸웠다. 싸움이 난 직후 나는 '커다란 갈등이 있었구나. 성적이나 돈처럼 중대한 무언가가 원인이 아닐까?'라는 생각을 하며 싸움의 원인이 심각한 줄 알았다. 그러나 알고 봤더니 아주 간단한 오해였다.

    운동을 좋아하는 A 집단과 B 집단이 있었다. 그 두 집단은 평소 사이가 좋지 않았다. 강당이 좁아 두 집단이 함께 들어가면 제대로 놀 수가 없기 때문이다. 어느 날 B 집단에 속한 C가 친한 친구의 부탁으로 A 집단의 조별 활동에 도움을 준 적이 있다. A 집단과 C는 티격태격하면서도 열심히 활동해 거의 만점에 가까운 점수를 받으며 조별 활동을 마무리했다. 어느 날 A 집단에 속한 D가 장난식으로 'C 말이야, 생각보다 그리 대단한 도움은 아니었어.'라고 말했다. 자신이 한 일을 과장해서 자존심을 챙기는, 흔히 볼 수 있는 일이었다. 문제는 그걸 C가 들었다는 것이다. D는 C가 자신의 말을 들었다는 것을 알았지만 굳이 찾아가서 오해를 풀지 않았다. 직접 그렇게 말하면 자존심이 상하기 때문이다.

    다음날, A 집단과 B 집단의 사이는 더욱 나빠졌다. 급식줄이 두 집단의 말싸움 때문에 멈추는 일이 잦아졌고 두 집단이 주로 충돌하던 강당은 사람은 꽉 차 있었지만 소름 돋게 조용했다. 불편한 분위기는 오래가지 않았다. 일주일도 채 안 된 시점에서 두 집단이 운동장에서 축구를 했다. 이유는 모르겠다. 아마 두 집단은 모두가 모이는 것을 원했을 것이다. 경기가 시작되고 곧 휘슬이 울었다. 직접 보지는 못했으나 아마도 페널티와 관련된 문제였을 것이다. 하지만 그건 중요하지 않았다. 명분이 중요했으니 말이다. 언성이 조금씩 높아졌고 곧 운동장에서 그들은 뒤얽혀 싸웠다.

분명 서로는 오해인 것을 알았을 것이다. 말하는 어투가 시비 거는 말투가 아니었고 조별 활동의 결과가 그리 나쁘지 않았으니 말이다. 오해를 풀 시간도 충분했다. 두 집단은 매일같이 강당에서 충돌했으니 말이다. 심지어 D는 평소 말이 매우 많은 사람이었다. A 집단에게 그것이 오해라는 말을 안할 리가 없었다. 그러나 자존심 때문에 물러나지 않았다. 오해했다고 인정하며 서로 잘못했다고 사과한다면 깔끔하게 끝날 일인 걸 알았지만 그러지 않았다.

오해인 걸 알면 물러나고, 잘못했다고 사과하는 게 그렇게나 어려운 것일까? 인정하는 게 그토록 싫은 것일까? 자존심이 중요하지 않은 건 아니다. 그러나 자존심은 이 세상 그 무엇보다 소중하지는 않다. 관계가 끝나버릴 정도의 오해인 걸 알면서도 한낱 자존심 때문에 그걸 풀지 않으면 안 된다. 나에게 있어 오해는 '그깟 자존심이 뭐라고'이다.

댕의 정의

담배꽁초

담배를 피우고, 담배꽁초를 처리하는 방식은 사람마다, 상황마다 다르다. 오해도 마찬가지다. 오해를 푸는 방식은 사람마다, 상황마다 다르다. 다 태운 담배꽁초를 재떨이에 넣으면 그 안에서 붉은 불씨가 사라지고 원래 형태에서 짧아진 꽁초만 남는다. 오해를 내 마음속에 없애는 것이다. 오해를 품고 있다가 제삼자의 말, 혹은 오해하게 된 사람의 행동에 의해서 자연스레 오해가 풀린다. '아, 오해였네.'하고선 말이다.

동생과 밤늦게 통화하지 말자는 약속을 했었다. 내 방에서 공부를 할 때 동생이 통화를 하면 방음이 잘 되지 않아 방해가 되기 때문이었다. 하지만 어느 날 동생의 방에서 말소리가 들렸고, 나는 또 동생이 통화하는 줄 알고 동생에게 한소리 하려고 방문을 열고 들어갔다. 그러나 동생은 통화를 하고 있는 게 아니라 공부하면서 혼잣말을 하고 있었다. '왜?'라고 물어보는 동생에게 미안한 마음이 들어 오해했다고 미처 말하지 못하고 '같이 공부할까?'라며 괜히 웃어 보였다. 작은 오해라는 불씨가 내 마음속이라는 재떨이에서 스스로 사그라들었다.

.다 태운 담배꽁초를 바닥에 버려서 지지면 재떨이에 버려진 것과 같이 붉은 불씨가 사라지지만 버려진 형태는 다르다. 꽁초가 눌려있거나 아예 형체를 알아볼 수 없을 정도로 망가져 담뱃재와 이리저리 흐트러져 있다. 상대방과 같이 오해라는 담배꽁초를 짓밟는 것, 즉 상대방과 오해를 푸는 것이다. 눌리고 흐트러진 건 오해를 푸는 과정에서 생긴 상처의 흔적이다

B라는 친구는 나와 A라는 친구를 이간질하려고 A에 대한 안 좋은 얘기를 지어내서 나에게 말었다. 난 그때 B와 더 친했기에 아무 의심 없이 그 얘기를 믿었다. 멍청하게도. 그 얘기를 믿은 나는 A에게 정이 떨어져서 왠지 모르게 피하게 됐고, 그렇게 나 혼자 불편한 사이가 됐다. 아니, 될 뻔했다. 우리 사이에 왠지 모를 거리감이 생긴 것 같아서 속상하다고, 요즘 왜 자꾸 날 피하냐는 A의 말에서 시작된 진솔한 대화

덕분에 오해가 풀렸다. 사실 정확한 대화가 기억이 나지 않는다. 이간질한 B가 못된 애였다는 걸 알았고, A에게 미안한 마음에 몇 번이나 사과를 했고, 내가 밉지만 이해한다는 A의 사려 깊은 마음만 기억난다. 당연히 B와는 인연을 끊었고, A와는 더 가까워졌다. 오해를 푸는 것부터 시작된 진솔한 대화가 우리 사이를 더 끈끈하게 만들어 줬다. 멍청한 오해를 친구와 함께 짓밟아서 없앴다. 그래서 이 두 가지 경우는 오해로 인해 관계에 위기가 오더라도 잠깐일 뿐 대부분 좋게 마무리되기 때문에 관계가 끊어지진 않는다. 오히려 더 좋아지는 경우도 있다.

 그러나 다 태운 담배꽁초를 완전히 지지지 않으면 붉은 불씨가 사라지긴 커녕 그 작은 불씨가 큰 불이라는 거대하고 잔인한 결과를 낳는다. 산이든 건물이든 작은 불씨로 인해 거대한 규모로 타버린다. 마음속의 작은 오해가 관계에 큰 해를 끼치고, 서로에게 상처를 준다. 그리고 결국엔 관계가 끊어진다. 오해 때문에 관계가 끊어졌던 경험은 없지만 언제 생겨도 이상하지 않을 만큼 무서운 게 오해이다. 관계에 독이 되는데도 그걸 푸는 과정은 쉽지 않기 때문이다. 그래서 우리는 화재를 예방하기 위해 담배꽁초를 재떨이에 버리거나 바닥에 지져서 버리듯 관계 속의 작은 오해라도 풀어야 한다. 방심하는 순간, 작은 불씨가 거대한 화재로 이어질 수도 있으니까.

당신이 생각하는 '오해'는 어떤 의미인가요?

- 팀별 인터뷰 : 디자인팀장 이수연 -

Q1. 간단한 자기소개 부탁합니다.

A1. 안녕하세요! 약 1년 동안 ㅊㅊㅊ팀의 디자인 팀장을 맡은 이수연입니다. 여기서 유일하게 국문과가 아닌, 시각디자인을 전공하고 있습니다. 평소에 글을 읽는 것도, 쓰는 것도 좋아하는데요. 다양한 지역에 거주하는 국문과 학생들이 모여 써 내려간 각자의 정의를, 하나의 책으로 엮는다는 주제가 정말 매력적이었어요. 그래서 제 전공을 살려 이 프로젝트의 디자인에 참여하게 되었습니다. 각자의 색이 뚜렷한 작가님들의 글이 담긴 책을 디자인할 수 있어서 즐거웠어요.

Q2. 원고를 작성하는 과정에서 가장 신경 쓴 부분이 있다면?

A2. ㅊㅊㅊ의 정체성을 드러낼 수 있는 책을 만들고 싶었습니다. 흔하게 볼 수 있는 디자인이 아니면서도, 눈이 피로하지 않아야 했죠. 그래서 컬러 구성에 가장 신경을 썼던 것 같아요. 메인 컬러를 차분한 진녹색을 컬러로, 생기 있는 연두, 분홍을 서브 컬러로 구성했습니다. 또한 단어를 다루는 책이라는 점에서 그 성질이 비슷한 워드 퍼즐 페이지도 삽입했어요. 사실, 관계의 영역은 우리 모두가 다르기 때문에 정답은 없다고 생각해요.

Q3. 가장 재밌었던 에피소드를 하나 이야기 해주세요.

A3. 재밌는 에피소드라기보단, 흥미로운 점이 있었습니다. 디자인 비전공자들이 전공자보다 더 아이디어 스케치에 능할 때가 많다는 것을 깨달았어요. 저는 실현 가능성을 염두에 두고 구성하는 반면, 비전공자 팀원들은 아이디어에 한

계를 두지 않더라고요. 또한 생각지도 못한 레퍼런스를 디자인에 접목하는 것이 저에겐 정말 새롭게 느껴졌습니다. 너무 멀리 내다보는 것이 어쩌면 더 좋은 아이디어를 덮어두는 행위일 수도 있겠다는 생각이 들었네요. 그들 덕분에 저도 그어놓은 선을 벗어나 좀 더 자유로운 디자인을 할 수 있었습니다.

Q4. 책을 받아보실 분들이 이 점을 신경 써서 봐줬으면 하는 점이 있다면?

A4. 단어의 사전적 정의를 읽은 직후 당신의 정의를 짧게 쓰고, 네 작가의 글을 읽고 난 다음 다시 한번 정의를 써 내려간다. 이 순서를 지켜보는 것이요. 물론 매번 이 순서를 따라야 할 필요는 없지만, 한 번쯤은 꼭 해보시길 추천드려요. 당일에 일기를 써야만 감정과 기억이 왜곡되지 않고 오롯이 적히는 것처럼, 이 책도 그렇습니다. 네 작가들의 글을 읽기 전과 후, 여러분의 정의가 어떻게 바뀌었는지를 비교해 보면 정말 재미있을 거예요. 여러분이 내릴 또 다른 정의가 궁금해지네요.

Q5. 마무리 인사

A5. 이 책을 읽어주셔서 감사합니다. 여러분과 함께 쓴 이 책이, 오래도록 당신의 책장 한편에 남아있으면 좋겠습니다. 앞으로도 팀 ㅊㅊㅊ의 행보를 기대해 주시고, 응원해 주세요!

외로움
[외로움/웨로움]

홀로 되어 쓸쓸한 마음이나 느낌.

• 지금까지 당신이 생각했던 '외로움'은 어떤 의미인가요?

썬의 정의

혼자 보다 함께일 때 자주 느끼는 감정

외로움과 고독함을 헷갈릴 때가 종종 있다. 외로움과 고독함 모두 '쓸쓸함'을 내포하고 있기 때문이다. 나는 보통 사색에 빠질 때 고독함을 느낀다. 고독함은 비록 혼자이지만, 나 자신으로 존재하고 있음을 감각하게 만든다. 반대로 외로움은 완전히 혼자가 되었을 때, 또는 고립되거나 소외되었을 때 느낀다.

고등학생 때, 두 명의 친구와 함께 카페에 갔던 적이 있다. 나와 친구가 나란히 앉고 나머지 한 명의 친구는 바로 맞은편에 앉았다. 학교에서의 일상부터 시작해 다양한 주제로 이야기를 하다 좋아하는 가수에 대해 이야기하게 되었다. 나는 케이팝 아이돌을 좋아했지만 나머지 두 명의 친구는 국내 인디 밴드를 좋아했다. 대화의 주제는 자연스레 국내 인디 밴드로 넘어가게 되었다. 둘만 아는 인디 밴드의 이름이 하나 둘씩 언급될 때마다 나는 대화에 참여하기 점점 어려워졌다. 나는 대화에 낄 수 없어 머쓱한 미소를 지으며 음료수만 홀짝였고, 그 모습을 발견한 친구들이 내 눈치를 보며 급하게 다른 주제로 대화를 이어나갔다.

바뀐 대화 주제는 영화였다. 하지만 나는 영화를 즐겨 보는 편이 아니었다. 영화를 본다고 해도 주로 흥행하는 영화를 봤고, 예술 영화나 독립 영화에는 큰 흥미를 느끼지 못해 항상 도중에 잠들어버리곤 했다. 두 친구의 영화 취향은 나와 완전히 반대였다. 그 둘은 내 말에 귀를 기울여주려고 노력했으나 내가 별 말을 하지 못하자 자연스레 둘만의 대화를 시작했다. 방금 전까지만 해도 나와 내 옆에 있는 친구를 번갈아보던 맞은편에 앉은 친구의 시선은 어느새 한 쪽으로만 향해 있었다. 내게서 시선이 완전히 거둬지자 나 자신이 이곳에서 소외되었다는 사실을 깨달았다. 친구들이 바로 옆에 있고 바로 앞에 있는데도 대화를 나누는 그들의 목소리가 아득하게 들렸다. 두 명의 친구가 하이파이브를 하며 '너도 그 장면이 가장 인상 깊었어?' '응. 역시 너도 그 장면이 제일 좋았구나.'라고 말할 때마다, 서로의 말에 맞장구를 칠 때마다, 그들에게서 점점 멀어지는 것만 같았다.

그 감각은 외로움이었다.

대화에 끼지 못 한 채 눈알만 요리조리 굴리며 대화를 조금이라도 따라가려고 애쓰는 스스로가 초라하게 느껴졌다. 음료수는 이미 바닥을 드러낸 지 한참이었지만, 그 상황에서 내가 할 수 있는 건 친구들을 따라 어색하게 웃으며 얼음만 남은 음료수 컵을 들었다 내렸다, 하는 것뿐이었다. 내 옆에 앉은 친구가 그제야 대화에 끼지 못한 나를 발견했는지 내게 어깨동무를 하며 말했다. 너무 우리 얘기만 했네. 우리. 분명 이 카페에 들어와 의자에 앉을 때까지만 해도 '우리'에는 나도 포함되어있었던 것 같은데. 어느새 '우리'에 나는 없었다.

외로움은 혼자일 때보다 함께 일 때 더 자주 만나게 되는 감정인 것 같다. 분명 함께인데 함께인 것 같지 않고, 바로 옆에 앉아 대화를 나누는데도 대화하는 것 같지 않고, '우리'를 '우리'라고 부르는 게 한 순간에 낯설어질 때, 나는 외로움을 느낀다.

뫼비우스와 시시포스

　지나가던 사람을 붙잡고 '지금까지 살면서 외로움을 느낀 적이 있으신가요?'라고 묻는다면 질문을 받은 사람의 열에 아홉은 그렇다고 답할 것이다. 그만큼 외로움은 보편적인 감정이다. 늦은 밤 독서실에서 집으로 돌아왔을 때 불빛 하나 없이 조용한 집안, 친구들과 걷다 신발끈이 풀려 다시 묶고 고개를 들었을 때 저 멀리 가버리고 없는 친구들, 자취를 막 시작했을 때 집의 서늘함과 적막함. 외로움은 늘 곁을 맴돌다가 아무렇지도 않게 불쑥 나에게 찾아든다.

　나와 내 친구들은 고대 그리스에 살고 있는 사람들도 아니고, 소크라테스나 플라톤 같은 철학자도 아니지만 한 번 흥미로운 이야깃거리가 주어지면 우리는 그 순간부터 광장에 모인 아테네의 시민이 된 것처럼 이야기를 몇 시간 동안 이어나간다.

　그날도 친구들과 이런저런 이야기를 나누고 있었다. 그러다가 연애에 대해 이야기를 나누게 되었고, 누군가가 '아— 연애하고 싶다'라는 말을 내뱉었다. 나는 '왜?'라고 물었고 그 친구는 '외로우니까 연애하고 싶은 거지'라고 답했다. 그 답변을 듣고 '연애하면 외로운 게 사라지나?'라는 생각이 들었다. 연애를 많이 해본 연애박사는 아니지만, 연애를 하면서 외롭다는 감정이 완전히 사라졌다고 느낀 적은 단 한 번도 없었기 때문이다. 그렇게 그날의 토론 주제는 '외로움이란 연애하면 사라지는 감정일까?'가 되었다. 무심코 던진 한마디가 열 마디의 답변으로 돌아오는 순간이다.

　외로움이 연애를 통해 소멸되는 감정이라면 '연애하고 있는데 외로워요'와 같은 고민들은 왜 있는 걸까? 만약 누군가와의 연애를 통해 외로움이 사라진다면 그 사람과 헤어진 뒤에는 또다시 외로워지는 걸까? 그렇다면 외로움은 결국 뫼비우스의 띠 같은 감정이 아닐까? 결국 외로움이란 풀리지 않는 난제 같은 걸까? 도대체 외로움이라는 감정은 어떤 것일까? 국립국어원 표준 대사전에는 '홀로 되어 쓸쓸한 마음이나 느낌'으로 정의되어 있는데, 그럼 누군가와 함께 있다면 외로움을 느끼지 않을 수 있는 걸까? 그럼 타인과 함께 있으면 외로움은 소멸되는가? 결국 돌고 돌아 다시 원점이다.

 그날의 토론은 흐지부지 끝나버렸고, 외로움은 누군가 함께 한다는 것만으로도 소멸되는 감정인지 묻는 질문에 여전히 나는 명확한 답을 내릴 수 없다. 다만 그날의 토론을 통해 외로움은 참 복잡한 감정이라는 걸 알게 되었고, 내가 이 감정에 대해 제대로 알기 위해서는 참 많은 시간이 필요하겠다는 걸 짐작할 수 있었을 뿐이다.

 외로움은 영원히 끝나지 않는다. 어릴 적 읽었던 그리스 로마 신화 속 시시포스가 떠올랐다. 신을 속인 죄로 무거운 바위를 산 위로 밀어올려야 했던 시시포스, 그가 매번 산 정상까지 바위를 밀어올려도 바위는 늘 아래로 굴러 내려갔다. 그래서 시시포스의 형벌은 영원히 끝나지 않는다. 우리는 외로움이라는 바위를 뫼비우스의 띠 위에서 굴리는 시시포스다. 외로움이란 무엇인가에 대해 이야기를 하면 그 답을 알아가는 듯싶다가도 다시 원점으로 돌아온다. 외로움의 바위를 정상으로 올려놓아도 다시 굴러떨어져 허무하게 만든다. 그래도 좀 더 알아보면 정말 알 수 있지 않을까 싶은 마음에 또다시 질문을 하며 바위를 굴린다. 끝인 줄 알았으나 바위는 또다시 굴러 내려간다. 우리의 질문은 끝날 줄 모른다.

의도치 않게 막다른 길을 맞닥뜨렸을 때

    외로움은 갑작스럽게 찾아오지 않는다. 숨 가쁘게 학교에 다니며 친구를 만나고, 가족이 아닌 다른 사람과 생활하다 보면 마음속에는 내가 해야 할 일들이 떠오르고 그로 인해 만나야 할 사람이 떠오르기 때문이다. 만나야 할 사람이 떠오르면 내가 혼자라는 느낌은 받지 않는다. 때문에 외로움이란 감정은 쉽게 느낄 수 없는 감정이다.

    때는 고등학교 졸업식 이후였다. 밖에 나가 육체적인 활동을 싫어하던 나의 성향과 끝나지 않은 코로나19가 겹쳐 나는 자연스레 집에 바위처럼 박혀 조용히 컴퓨터와 휴대폰으로 각종 작업과 자격증 공부, 그리고 게임을 했다. 가족을 제외한 사람은 만날 구석이라곤 없는 철저한 은둔 생활이었다. 시간이 지나고, 대학교에 입학했다. 대학은 슬프게도 아직 코로나로 인해 비대면 수업을 운영했기 때문에 동기를 만날 수 없어 사람과 사귈 기회 자체가 별로 없었다. 대학에 가서 가장 많이 이야기한 게 도서관 사서일 정도이니 말이다. 그렇게 하루하루 시간이 흘러갔다.

    병역판정검사, 통칭 신검을 받으러 가는 날이었다. 나는 내가 당연히 2급 현역일 줄 알았다. 신체 능력이 조금 떨어지기는 하지만 건강상 큰 문제가 없기 때문이었다. 그런데 놀랍게도 우울증 직전이라는 판정을 받았다. 왜 그럴까, 라고 곰곰이 생각하니 자연스레 답이 나왔다. 내 우울증의 원인은 외로움인 것 같았다. 가족 외에 가깝게 지내는 사람 없이 하루하루를 방 안에서 지냈으니 어찌 보면 당연했다.

    외로움이란 감정은 부정적인 감정과 밀접하게 맞닿아 있다. 사람의 향기를 맡지 않으니 오직 자신에게만 집중하게 되고, 그동안 사람에 치이다 보니 미처 나오지 못한 가슴속 깊은 곳에 묻힌 자책감, 열등감이 고갤 치켜들었다. 부정적인 감정들은 빠르게 내 마음 모든 곳을 점령했다. 긍정적인 감정이 움직이려 해도 흔적만 남긴 채 사라졌다.

    대구에 간 적이 있다. 서점에서 대학 교재를 사기 위해서였다. 교재를 챙기고 나오는 길에 지금은 이름조차 기억나지 않는 한 책을 발견했다. 그리고 홀린 듯이 책을 읽었다. 그 책에는 이런 말이 적혀있었다. 네가 사는 인생을 길이라 생각했을 때 너의 길은 무엇이냐고. 넓은 8차선대로인지, 작고 구불구불한 골목길인지, 한적한 시골길인지.

나의 길은 늪이었다. 앞으로 가면 갈수록 천천히 가라앉았다. 어느 순간 정신을 차려보니 주변에는 아무도 없어 날 구해줄 사람이 없었다. 긍정적인 감정이 한껏 꿈틀대도 위로 떠오르기란 불가능에 가까웠다. 온갖 부정적인 감정들이 진흙처럼 나를 붙잡고 앞으로 나아가지 못하게 했다. 그리고 진흙의 가장 아랫부분에는 외로움이 겹겹이 쌓여있었다.

나는 이 외로움을 어느 정도 떨쳐냈다. 주변 환경을 완전히 바꿔버리니 해결이 되었다. 내키지는 않지만, 집 안에서 나와 밖을 돌아다니고, 친구를 만나 술을 마셨다. 적극적으로 팀플레이에 참여했으며 공부도 열심히 했다. 내가 외로움을 느낄 시간을 주지 않았다. 나의 삶에서 여유를 없앴다. 이런 극단적인 방법을 사용하여 나는 가까스로 외로움이라는 늪에서 빠져나왔다.

내가 정의하는 외로움은 천천히 가라앉는 것이다. 외로움은 사람을 천천히 좀먹어 간다. 어느 순간 문득 정신을 차려보니 너무 깊이 와있고 주변에는 아무도 나를 구해줄 사람이 없다. 위로 떠오르기에는 너무나도 주변의 부정적인 감정을 떨쳐내기 너무나 어렵다. 긍정적인 감정조차 작은 파문만을 남긴 채 사라졌기에 도저히 이 상황을 떨쳐낼 방법이 보이지 않는 것이다.

소나기

　사람이 살면서 겪어보지 못했던 감정은 뭐가 있을까. 잘 모르겠지만 확실한 건 외로움은 없다. 너무 흔해 빠져서 누구든 꼭 한 번은 경험했을 것이다. 여름날의 소나기처럼 말이다. 웃긴 건, '또 소나기야?'할 만큼 익숙한 것 같더라도 새로운 관계에서의 외로움은 처음 느껴보는 것 마냥 낯설어 한다. 피하려고 하고, 경험하고 싶지 않아서 몸부림친다. 갑작스럽게 내리는 빗줄기에 익숙해졌다 하더라도 그걸 뚫고 걸어갈 자신은 없는 것과 똑같다. 그래서 소나기는 외로움의 시작과 닮았다.

　장마철인 요즘, 잘 게 있어 들른 곳에서 얼마 안 있다가 나왔는데도 불구하고 하늘에서 비가 내린다. 소나기다. 하늘을 쳐다보며 '금방 그치겠네.' 하고 중얼거린다. 분명 그칠 거라는 확신이 있기 때문이다. 이처럼 외롭다는 감정을 느껴도 얼마 안 가 사라질 거란 확신이 드는 관계가 있다. 앞에서 말한 것과 달리, 외롭다는 감정이 깊어지는 관계도 있다. 비가 그칠 기미를 안 보이듯, 외로움도 잠잠해질 기미가 안 보이는 그런 관계. 어쩔 수 없이 거센 빗줄기를 가장한 외로움과 닿았을 땐 당연히 쓸쓸하고, 슬퍼서 눈물을 흘리기도 한다. 그러다 외로움을 조용히 혼자 삼켜내기도 하고, 글이나 말로 마구 쏟아내기도 한다. 그래서 소나기는 외로움의 절정과 닮았다.

　한꺼번에 쏟아지는 소나기가 있는 반면 어디서 물이 튀긴 건지 의심이 들만큼 조금씩 떨어지다가 종국에야 비가 억수같이 쏟아지는 소나기가 있다. 그럼 난 이렇게 쏟아지려던 비였구나, 하고 깨닫는다. 이것도 외로움과 닮았다. 한 번에 몰려드는 감정일 수도 있지만 사소한 것들로부터 시작돼서 '나 지금 외로운가?' 라는 의문을 갖다가, 갑자기 휩싸이는 감정에 그제야 외롭다고 느낀다. 사실 의문을 가졌다는 건 아예 몰랐던 게 아니다. 다가오는 외로움을 무시하고 있던 거다. 그냥 조금씩 떨어지다 그치는 비이길 바라는 것처럼 더 커지기 직전에 작은 감정으로 정리되길 바라는 거다. 외롭다는 감정을 깨닫고 싶지 않아서, 깨닫고 나면 더 외로워지는 것 같아 애써 외면한다.

결국 마주했을 때, 외롭다는 감정은 관계에 변화를 준다. 얼마 안 가 그친 비에 하늘이 맑아지듯 관계가 좋아질 수도 있고, 그칠 생각을 안 하고 더 굵고 세차게 내리는 빗줄기에 날씨가 더 나빠지듯 관계가 악화될 수도 있다. 인연을 끊어버리거나, 끊지 않더라도 나도 모르게 곪아가는 관계에 계속 아파하는 것처럼 말이다. 그러나 외롭다는 감정이 항상 안 좋은 것이라고 생각하지 않는다. 소나기가 오면 농작물이 자라기도 하고, 지저분한 차를 씻겨내 깨끗하게 만들어주듯 관계가 개선될 수도 있다. 외로움으로 인해 비워진 내 마음을 누군가가 위로하며 그 자리를 다시 채워주는 것처럼 말이다. 그리고 그게 외로움을 느낀 근원지일 수도, 또 다른 존재일 수도 있다. 그래서 소나기는 외로움의 끝과 닮았다.

당신이 생각하는 '외로움'은 어떤 의미인가요?

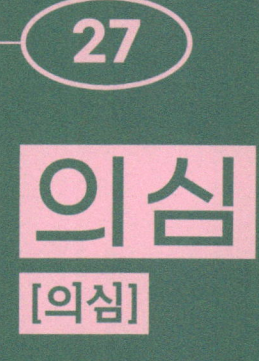

27 의심
[의심]

확실히 알 수 없어서 믿지 못하는 마음. ≒의회.

• 지금까지 당신이 생각했던 '사전'은 어떤 의미인가요?

썬의 정의

상대방과 나 사이에 이물감을 만드는 것

의심은 불신에서 시작된다. 관계의 기반이 되는 신뢰에 금이 가기 시작하면 의심을 막을 수 없다. 상대를 의심하다 보면 상대가 하는 모든 말이 거짓말처럼 느껴진다. 상대가 아무리 솔직하고 투명하게 말해도 그저 의심스럽기만 하다. 상대방의 모든 것을 의심하다보면 나와 상대방 사이에 불편함, 즉 이물감이 느껴진다. 점점 커진 이물감은 관계의 균열로 이어진다.

대학교 1학년 때, 처음으로 누구보다 신뢰했던 사람을 의심했던 적이 있다. 그 사람은 고등학생 때 나와 같은 학원을 다녔던 한 살 위 언니였다. 자습실에서 늦게까지 시험공부를 하다 친해진 그 언니는 밝고 긍정적이고 유쾌했다. 학원에서 모르는 사람이 없을 정도로 언니는 누구에게나 친절하고 다정했다. 성적도 좋고 말솜씨까지 좋아 모르는 문제가 있으면 선생님 대신 언니에게 물어본 적도 많았다. 그때 당시 막 고등학교에 입학한 내게 언니는 동경의 대상이었다. 언니가 졸업할 때는 졸업식에 찾아가 꽃다발을 선물하며 말했다. 언니를 만나서 너무 다행이라고, 앞으로 언니처럼 되고 싶다고, 기왕이면 언니가 합격한 대학교에 꼭 입학하고 싶다고. 나는 정말 언니와 같은 학교에 입학하게 되었고 언니는 나의 입학을 진심으로 기뻐하고 축하해줬다.

나는 언니의 권유로 스터디를 하게 되었다. 매주 문학 작품을 읽고 창작 작품을 한 편씩 써 오는 스터디였다. 학과 특성상 내게는 익숙한 활동이었기 때문에 가벼운 마음으로 스터디에 참여했다. 그런데 스터디 첫 날, 언니가 스터디에 나오지 않았다. 전화와 문자를 연달아 해도 아무런 답이 없었다. 나뿐만 아니라 스터디원들도 언니가 원래 이럴 사람이 아니라며 몇 번이고 전화와 문자를 했다. 한 순간에 언니와 연락 두절된 우리는 결국 참여한 사람들끼리만 스터디를 진행했고, 스터디가 다 끝날 때쯤이 되어서야 언니에게 '회사에서 급한 전화가 와 스터디를 갈 수 없었다'는 문자를 받았다. 나는 이해했다. 왜냐하면 내가 아는 언니는 성실하고 부지런한 사람이니까. 그런 사람이라는 것을 믿으니까.

하지만 언니는 다음 스터디에도, 그 다음 스터디에도 당일에 말없이 나오지 않았다. 그러고는 늘 스터디가 끝날 때쯤이나 스터디가 끝난 지 한참 지나서야 회사에서 급한 전화가 와 스터디에 참여하지 못했다는 문자를 보냈다. 언니는 현재 휴학을 하고 인턴으로 일하고 있다고 했다. 처음에는 언니를 믿었기 때문에 언니의 말도 믿었다. 하지만 스터디에 참여하는 횟수보다 참여하지 않는 횟수가 많아지고, 아무런 말도 없이 스터디에 참여하지 않고, 회사에서 급한 문자가 와 스터디에 참여하지 못했다는 문자를 매번 똑같이 보내는 언니를 점점 믿기 어려워졌다. 스터디원들은 더 이상 언니의 문자에 답장하지 않았다. 나도 답장하지 않았다. 언니가 보낸 그 문자를 더 이상 믿을 수 없었기 때문이다.

언니는 결국 한 번도 스터디에 참여하지 않은 채 스터디를 탈퇴했다. 스터디에 말없이 나오지 않기 시작하며 연락이 뜸해진 나와 언니는 언니가 스터디를 탈퇴하기 전날 오랜만에 문자를 주고받았다. 언니는 여전히 성실하고 부지런하며 밝고 유쾌했지만, 나는 어쩐지 언니의 그런 모습을 마주하는 게 불편했다. 뭔가를 숨기고 있다는 느낌이 들었다. 그래서 마음속에 맴돌던 말을 꺼냈다. '언니, 스터디 못 나온 거 진짜지? 안 나온 게 아니라?' 언니는 그날 나의 문자에 답장을 하지 않았고 다음날 스터디를 탈퇴했다.

불신에서 시작된 의심은 관계를 서서히 역방향으로 틀어버린다. 상대방의 말과 행동을 믿지 못하게 만들고 그렇게 대화를 잇지 못하게 만든다. 자꾸만 상대방과 나 사이에 이물감을 만드는 것, 그게 바로 의심이다.

한순간, 그러나 영원한

　사람들 간의 관계를 좀먹는 것들은 셀 수 없이 많다. '의심' 역시 관계를 좀먹는 것들 중 하나이다. 의심이라는 씨앗은 한번 뿌리를 내리면 좀처럼 뽑힐 생각을 하지 않기 때문에, 우리는 이 '의심'이라는 것이 마음속에 자리 잡지 않도록 경계해야 한다.

　하지만 아무리 경계해도 의심이 마음 한구석에 자리 잡는 순간이 온다. 냉장고에 넣어둔 간식이 자꾸 사라질 때, 늘 집에 언니가 있어 '언니가 자꾸 먹는 건가?' 하는 의심이 드는 순간처럼 말이다. 만일 그런 순간이 찾아온다면 의심이 더 이상 자라나지 않도록 조절해야 한다. 자라나는 의심은 꼭 식물 같다. 식물이 물과 햇빛으로 쑥쑥 커가는 것처럼, 의심은 또 다른 의심과 나만의 상상을 먹고 자라나기 때문이다. 그러나 우리가 자연의 물과 햇빛을 통제하기 어려운 것처럼, 의심의 양분 역시 제 마음대로 조절하기 어렵다. 그래서 나도 모르는 사이에 의심은 조금씩 자라나기 시작한다. 결국 완전히 자라나 싹을 틔우고, 열매를 맺은 의심은 결국 상대와의 관계를 잘라낸다.

　고등학교 때 새로 등록한 학원 근처에는 카페가 있었다. 단것을 좋아하는 친구는 그곳이 마카롱으로 유명하다며 나의 손을 이끌고 갔다. 간 김에 마카롱을 하나 사 먹었는데, 먹자마자 역시 유명한 데에는 이유가 있구나 싶었다. 일주일에 두 번, 학원을 가는 날마다 마카롱을 사서 집에 돌아갔다. 다음 날에 먹으려고 냉장고에 넣어두고, 학교를 다녀오면 마카롱은 늘 없어져 있었다. 처음에는 누가 먹었나보다 싶었다. 그러나 두 번, 세 번 반복되니 슬슬 짜증이 났다. 내 짜증과 의심은 나보다 늘 집에 일찍 돌아오는 언니에게로 향했다.

　그때 언니는 오전 수업만 듣고 집에 돌아오는 대학생이었고, 나는 보충 수업을 마치고 학원을 다녀오는 고등학생이었다. 물론 부모님도 그때는 나보다 일찍 들어오신다는 걸 알고 있었지만 내 의심은 자연스럽게 언니에게로 향했다. 언니는 늘 내가 사 온 것들을 아무 말 없이 쓰거나 먹었었기 때문이다. 그날은 집에 돌아가며 오늘도 냉장고에 마카롱이 없으면 언니에게 따져야겠다고 생각했다. 하지만 막상 집에 도착하니, 아빠가 나에게 그동안 마카롱을 어디서 사 왔던 거냐며 먹었던 게 너무 맛있었으니 앞으로도 자주 사 오라는 말을 했다. 알고 보니 매번 마카롱을 먹었던 사람은 아빠였던 것이다. 그 말을 듣고서야 언니를 향한 내 의심의 싹이 잘렸다. 하지만 잘리기만 했을 뿐, 비슷한 일이 일어나면 싹은 조금씩 다시 자라난다.

　의심은 '설마-'와 같이 불확실한 단어들로 시작하며, 찰나에 피어나고 순식간에 진다. 상대의 사소한 행동 하나에 '쟤가 설마-'하며 불쑥 의심이 솟아오르지만, '에이 설마-'하며 다시 사라지곤 한다. 그러나 정말 의심이라는 게 '사라지는' 것일까?

　한번 의심했던 상대가 수상한 행동을 반복한다면, '쟤가 진짜 설마-'하며 다시 불쑥 나타나는 것이 의심이다. 그러므로 의심은 사라지는 게 아니라 잠시 잊히는 것인 거다. 이런 의심은 어쩌면 곰팡이 같기도 하다. 어느 순간 피어나고, 쉽게 사라지는 듯해도 잊을만하면 다시 나타나니까. 한순간에 피어나 의식하지 않는 곳에 영원히 숨어있는 것, 그것이 바로 의심이다.

관계의 균열

관계가 무너지는 이유는 뭘까? 내가 생각하기에 가장 정답에 가까운 것은 의심이다. 정말 서서히 서로 간의 관계에 대해 불신을 갖게 하는 것, 최초의 균열을 만들어내는 것. 그것이 관계에서 의심이 하는 역할이다.

의심은 생각보다 별거 아닌 것에서 생겨난다. 학창 시절 너무 피곤해 자려고 준비할 때 나와 가장 친한 친구가 화장실을 같이 가자고 했다. 별거 아닌 정말 간단한 일이지만 그 순간 너무 졸려서 나는 그것을 거절했다. 그러자 친구는 조금 화가 난 듯 쿵쿵대며 혼자 걸어갔다. 훗날 나는 친구에게 내가 거리를 두려는 줄 오해했고 의심했다는 말을 들었다. 일종의 서운함에서 의심의 도화선에 불이 붙는다. 거절당했을 때의 서운함은 명확한 문장으로 표현할 수 없을 만큼 미약하지만 내가 이 관계를 의심하고 있다는 증거이다.

서운함이 계속해서 쌓이면 '이 사람이 먼저 관계를 끊을 것 같아'라는 말 같지도 않은 이유 때문에 '먼저 관계를 끊어내자!'라는 기적의 결론에 도달한다. 먼저 관계를 끝내 상처받고 싶지 않은 방어기제다. 그리고 우리는 의심하기 시작한다. 과연 이 사람이 이 관계를 유지하려고 노력하는가? 이 사람과의 관계는 건전한 관계인가?

이러한 의심은 얼마 지나지 않아 확신으로 변한다. '이 사람은 나와의 관계를 지속할 의사가 없다.'라고 제멋대로 판단하고 일방적으로 관계를 끊어낸다. 관계에 작은 금이 가고, 그것이 균열로 변하고, 산산이 부서지기까지 그렇게 오랜 시간이 걸리지 않는다. 우리는 생각보다 더 비이성적이고 감정적이다.

고등학교를 졸업할 때 나는 친구들과 카톡방을 하나 만들었다. 앞으로도 잊지 말자고, 연락하고 지내자고 하면서 말이다. 카톡방에는 정말 다양한 사람이 있었다. 나와 '절친'이라 부를 정도로 친한 친구가 있었고 이름만 알만큼 친분이 없는 사람도 있었다. 대학교에 들어가기 전까지는 '카톡!'이라는 특유의 알림 소리가 끊이지 않았다. 그러나 대학교에 들어가고 점차 바빠지기 시작하자 점차 주기가 길어졌다. 그러자 한 가지 생각이 머릿속에 맴돌았다. 사실 내가 생각하는 것만큼 우리가 친하지 않은 게 아닐까? 어쩌면 카톡방의 사람들은 서로 멀어지고 싶은 게 아닐까?

시간이 흐르고 1학기 중간고사가 끝날 무렵 한 사람이 카톡방에서 나갔다. 잠깐의 일탈일 것으로 생각했지만 그것이 시작이었다. 마치 댐에 뚫린 구멍처럼 천천히 알람이 오다 1시간쯤 지나자 쉴 새 없이 알람이 울렸다. '~님이 카톡방에서 나갔습니다.'라는 차가운 메시지와 함께 줄줄이 사람들이 나갔다. 내가 생각한 의심이 현실로 일어난 것이다. 20명 가까이 있던 카톡방은 순식간에 단둘만이 남았다. 한 명은 나였고 다른 한 명은 나와 가장 친한 친구였다. 친구와 나는 허심탄회하게 말했다. 생각보다 카톡방에 있던 사람들은 친하지 않았던 것 같다고 말이다.

관계에 있어서 의심이란, 균열이다. 무시할 만큼 작던 서운함이 커지고 커져 어느 순간 관계 전체를 뒤덮는 불신이 된다. 언제라도 매울 수 있는 작은 금이 더는 상처 하나 없이 고칠 수 없는, 계속 방치하다가는 관계라는 타일 전체가 한 번에 깨질 수도 있는, 최초의 균열이다.

그 누구도 아닌 나를 갉아먹는 거야

 살다보면 의심할 상황이 많지는 않다. 내가 최근에 누굴, 왜, 의심했나 떠올려보면 기억도 잘 안 난다. 하지만 그렇게 가끔 생긴 의심은 시작되면 걷잡을 수 없이 파고든다. 의심은 애초에 상대방을 믿지 못해서 피어나는 불쾌한 마음이기에 의심하는 사람도, 받는 사람도 기분이 썩 좋지는 않다. 그럼에도 의심하는 이유는 진실을 알기 위해서다. 진실을 마주하고서라도 관계를 끊어내고 싶어서. 반대로 의심하지 않는 이유는 진실을 외면하기 위해서다. 진실을 외면하더라도 관계를 지키고 싶어서.

 외면한다고는 하지만 속으로 끙끙 앓게 되는 건 어쩔 수 없어서일까, 어쩔 때는 마주하는 것보다 외면하는 게 더 마음이 아프다. 의심하던 가설이 진실로 내게 다가왔을 때, 그 상실감을 감당하지 못할 것 같아서 모른 체 하려고 애쓴다. '그걸 감당하는 것보다 혼자 앓는 게 나아.'하고. 관계를 지키고 싶은 마음에 의심을 꽁꽁 숨겨두는데, 그건 관계를 지키기 위한 거지 나를 지키기 위한 것이 아니다. 너도 지키고, 나도 지키고, 우리를 지키려고 했던 게 나만 갉아먹는 줄도 모르고 깊은 곳에 숨긴다.

 의심을 하면서도 입 안에서 간절하게 읊조린다. 아닐 거야. 진짜 아닐 거야. 아니어야만 해. 그리고 의심이 확신이 되었을 때, 아닐 거라고 굳게 믿었던 나는 주저앉는다. 누구는 멍청하다고 할 수 있다. 한심하고 이해 안 간다며 삿대질을 할 수 있지만, 겪어보지 않은 사람은 모를 거다. 얼마나 지키고 싶었으면 나를 갉아먹기까지 하며 그 관계를 꽉 끌어안았는지. 그래서 사랑하는 사이에 가장 상처가 되는 건 의심이 아닐까 싶다. 의심은 관계가 무너지는 시작점일 테고, 무너지는 과정에서 서로에게 상처를 남기니까.

 진실이 어떻든 의심했다는 사실 하나만으로도 평온했던 관계가 흔들리기 시작한다. 의심은 불신을 만들어 내고, 불신은 관계를 벼랑 끝으로 몰아낸다. 벼랑 끝에서 위태하게 버텨도 의심의 눈초리가 다시 떠오르고, 상처의 흔적이 관계를 쿡쿡 쑤신다. 그러다 결국 떨어진다. 의심이 파고든 관계의 결말은 처참하기 그지없다. 무너진 신뢰를 다시 쌓아올리려고 애써도 소용없다.

 어느 누구도 나에게 '너 지금부터 저 사람을 의심해.'라고 명령을 내리지 않는다. 오로지 내 마음에서 비롯된 것이라 의심하게 된 출발점도, 결과가 드러나는 도착점도 내가 책임져야 한다. 나는 그런 책임도 지기 싫고, 불쾌한 기류가 싫어서 의심하는 걸 피한다. 그리고 무엇보다 내가 의심하지 않는 이유는, 진실은 언제나 수면 위로 떠오른다고 믿기 때문이다. 가벼운 거짓은 묵직한 진실에 모래 위로 떠밀려온다는 그런 믿음이 내게 있다. 하든, 안 하든 어차피 알게 될 거 굳이 나를 괴롭히면서까지 하지 않는다. 그래서 진실을 알기 위한 의심은 어쩌면 쓸데없고, 나를 갉아먹는 자해일 수도 있겠다.

나의 정의

당신이 생각하는 '의심'은 어떤 의미인가요?

인사
[인사]

마주 대하거나 헤어질 때에 예를 표함. 또는 그런 말이나 행동.

- 지금까지 당신이 생각했던 '인사'는 어떤 의미인가요?

썬의 정의

삼삼한 호의

'안녕하세요. 안녕히 가세요.' '안녕. 잘가.' '만나서 반갑습니다. 앞으로 잘 부탁드립니다.' 우리는 처음 보거나 자주 만나는 사람과 항상 인사를 한다. 사람을 만날 때마다 매번 안녕을 바라는 마음을 담아 인사한다면 좋겠지만, 그러기는 쉽지 않다. 인사는 우리에게 너무나 익숙하고 당연해서 '인사를 해야겠다.'라는 의지 없이도 상대방에게 손을 들어 인사를 건넬 수 있다. '인사치레'라는 단어가 괜히 만들어진 게 아니다.

하지만 그럼에도 불구하고 '인사 해볼까.' '인사를 건네 봐야겠어.'라는 작은 의지를 갖고 조심스레 손을 들어 올릴 때가 있다. 그런 마음을 지닌 채 인사를 받을 때도, 인사를 건넬 때도 있다.

주말마다 중국집에서 홀서빙 아르바이트를 한다. 음식을 나르고 옮기는 게 전부인 것 같지만, 홀서빙 아르바이트의 주 역할은 손님 응대다. 중국집에서 아르바이트를 하며 가장 기억에 남는 손님은 진상 손님도 음식을 남김없이 먹고 가는 손님도 아니다. 계산을 하며 잘 먹었다고 말해주고, 가게를 나서며 다음에 또 오겠다고, 다음에는 다른 메뉴를 꼭 먹어보겠다고 말해주는 손님이다. 나는 그 말 한마디가 작지만 성의 있는 인사라고 생각한다.

인사를 하는 손님들 중 대부분은 많은 말을 하지 않는다. 이 메뉴의 어떤 점이 괜찮고 별로였는지를 일일이 따져가며 평가하거나 이 가게의 오랜 단골로서 가게에 도움이 되는 조언을 해주겠다며 굳이 하지 않아도 될 훈수를 두지도 않는다. 그저 한 마디만 건넨다. "맛있게 잘 먹었어요." "다음에 또 올게요." 그들은 자신의 솔직하고 간단한 진심만을 건넨다. 부담스럽거나 격렬하지 않은 삼삼한 호의. 그런 인사들은 삼삼해서 더 오래 기억에 남는다.

무엇보다 그런 인사들은 음식을 나르고 옮기기만 하는 내게 큰 뿌듯함을 안겨준다. 비록 음식을 요리하지도 연구하지도 않는 한 명의 아르바이트생에 불과하지만,

인사를 건네고 식당을 나서는 손님을 향해 나도 삼삼한 인사를 건넨다. "감사합니다. 다음에 또 오세요." 식당을 나서는 손님에게 매번 기계처럼 하는 인사이지만, 가끔은 진심을 담아 인사를 한다. 그리고 바라게 된다. 나의 인사가 손님에게 잘 전달되기를. 가벼운 인사에 담긴 나의 진심이 무사히 손님에게 닿기를.

 만나는 모든 사람에게 매번 진심을 담아 최선을 다해 인사를 건넬 수는 없다. 인사는 타인과의 만남에서 아주 짧게 시작해 끝나기 때문이다. 안녕, 한 마디는 길어야 3초 안에 끝나버린다. 하지만 가끔 고마운 마음을, 인사를 가볍게 건네고 싶어질 때가 있다. 버스 운전기사께서 나를 향해 고개 숙여 인사하거나, 먼저 건물에 들어간 사람이 나를 위해 문을 잡아주거나, 단골 음식점에서 서비스로 튀김 하나를 더 주었을 때 등, 일상에는 사소하지만 따뜻한 호의를 받을 때가 있다. 그러니 받은 만큼 돌려주면 된다. 부담스럽지 않을 만큼만 인사를 건네면 된다. '감사합니다.' '잘 먹을 게요.' '정말 맛있어요.' 삼삼한 호의는 우리가 인사치레를 더 이상 인사치레라고 말할 수 없게 만든다.

채의 정의

표현은 달라도 의미는 같은

'인사'라는 단어를 들으면 어떤 것이 가장 먼저 떠오를까? 아마 대부분은 '안녕'을 떠올리지 않을까? '안녕'이라는 말이 가장 흔한 인사 표현이긴 하지만 사실 인사는 매번 표현이 달라진다. 매번 표현이 달라진다는 것에 초점을 맞춰 이 말을 다시 생각해 보면 인사라는 건 꽤 재밌다.

우선 인사를 건네는 상대방이 누구냐에 따라 달라진다. 친한 친구라면 짧고 간단하게 '안녕'이라고 말하지만, 예의를 차려야 하는 상대라면 좀 더 정중하게 '안녕하세요.'로 바꾸어 말하는 것처럼 말이다.

인사는 시기에 따라 달라지기도 한다. 새해에는 '새해 복 많이 받아.', '새해 복 많이 받으세요.'가 인사말이 되며, 추석에는 '풍성한 한가위 보내세요.'가 인사말이 되는 것처럼 말이다. 또, 더운 날에는 '날이 많이 더워졌는데 몸보신하세요.', 추운 날에는 '날이 쌀쌀한데 감기 안 걸리게 조심해.'와 같이 날씨와 관련된 인사말을 건네곤 한다.

나라마다 인사 표현이 달라지기도 한다. 똑같이 '안녕'이라는 말을 해도 영어를 사용하는 나라에서는 'Hi' 혹은 'Hello'가 되고, 중국어를 사용하는 나라에서는 '니하오'나 '닌하오'가 되며, 불어를 사용하는 나라에서는 'Bonjour'나 'Salut'가 되는 것처럼 말이다. 그리고 흥미로웠던 것은, 시간대에 따라 인사말이 바뀌는 나라의 말이었다. 중국어와 불어를 배우며 내가 알고 있던 인사말이 전부가 아니라는 걸 알게 됐다. 중국어는 '니하오', 불어는 'Bonjour'가 기본 인사말이고, 그것만 알면 된다고 생각했었다. 그러나 언어를 배우며 내가 아는 것이 전부가 아니라 시간대에 따른 인사, 격식을 차릴 때 쓰는 인사 등 다양한 표현들이 있다는 걸 알게 됐다.

글을 쓰다 문득 프랑스를 배경으로 하는 영화를 보며 그들의 인사 방식에 신기함을 느꼈던 기억이 떠올랐다. 그들의 인사 방식은 상대방과 양쪽 볼을 번갈아 맞대며 인사하는 '비쥬'였다. 대부분은 입으로만 쪽 소리를 냈지만, 뺨에 가벼운 입맞춤을 하는 영화 속 등장인물들을 보며 놀랐던 기억이 있다. 그런 비쥬를 보고 있자니 사회 시간에 배웠던 다양한 인사 문화들이 생각났다. 물이 중요한 아프리카의 한 부족은 침을 뱉는 것이 그들의 인사 방법이었고, 뉴질랜드의 마오리족은 서로의 코를 비비며 인사한다는 내용이 담겨있었다.

  타국의 인사 문화에 대해 배우며 알게 된 것이 있다. 인사는 말뿐만 아니라 행동으로도 표현되며, 비록 말과 행동은 모두 달라도 결국 뜻하는 바는 같다는 것이다.

  '인사'라는 것은 상대에게 마음을 전달하는 하나의 표현이다. '얘는 뭐 이렇게 당연한 걸 이제야 깨닫나.' 싶은 사람도 있을 것이다. 물론 나라고 이 사실을 몰랐던 건 아니다. 그냥 곱씹어 생각할수록 인사라는 것이 신기하게 느껴졌을 뿐이다. 내가 하는 말이 '안녕'이든, 'Hi'든, '니하오'든, 내가 전하고자 하는 바는 상대에 대한 반가움이다. 내가 지금 이 글을 읽는 독자에게 글을 읽어줘서 감사하다는 의미를 전달하고 싶다면 '감사합니다', 'Thank you', 혹은 'Merci'라고 표현하면 된다.

  표현은 달라도 전달되는 의미는 결국 같으니까. 셰셰!

여유의 척도

　엘리베이터를 탄다. 1층에서 올라가는 버튼은 누른다. 약간의 지루함을 느끼며 휴대폰을 괜히 만지작거린다. 잠시 뒤, 지하 주차장에서 올라온 엘리베이터가 띵- 하면서 문이 열린다. 안에는 사람이 한 명 있었다. 잠시 눈빛이 오가고 서로 약간 고개를 숙인다. 그리고 말한다. 안녕하세요.

　인사는 경계가 모호하다. 군인들의 '충성!' 이것도 인사이고 흔한 '안녕'도 인사다. 상사의 곁눈질 한 번이 인사가 될 수도 있고 친구가 사준 커피 한 잔이 인사가 될 수도 있다. 무엇이든 인사가 될 수 있다. 그러나 가끔 인사를 하지 않을 때가 있다. 너무 바쁘거나, 인사할 힘도 없거나. 차마 남에게 신경쓰지 못할 만큼 여유가 없는 상태가 바로 그렇다.

　중학교 때의 일이다. 매일 붙어 다녀서 단짝 친구라고 불릴만한 친구가 있었다. 어느 날부터 그 친구는 인사를 누구에게도 하지 않았다. 정확한 이유는 아무도 몰랐다. 그리고 인사를 하지 않게 된 순간부터 점점 쌀쌀맞게 굴었다. 사소한 것에서부터 사사건건 충돌했고 조금이라도 큰일이 벌어질 것 같으면 기를 쓰면서 추진을 반대했다. 그렇게 한 달이 지나자 그 친구는 모든 사람에게서 차츰 멀어져갔다. 지나치게 이기적이었고 모든 일에 짜증을 내는 사람을 좋아하는 사람은 적어도 우리 학교에는 없었다. 그렇게 그 친구는 중학교에서 점차 잊혀갔다. 나중에 알고 봤더니 그 친구의 어머니가 돌아가셨다고 한다. 마음의 여유가 전혀 없었던 것이다.

　한번은 이런 일이 있었다. 동생이 학교 갔다가 와서 인사를 해줬다. 그러나 동생은 아무런 말도 하지 않았다. 내가 묻는 말에 '응', '알았어'라고 정말 성의 없이 대충 답하며 씻고 실내복으로 갈아입었다. 그 뒤 침대로 몸을 던졌다. 다음 날 일어난 동생에게 왜 내 말을 무시했냐고 물어보았다. 동생은 너무 피곤해서 그랬다고 답했다. 일단은 알겠다고 했지만, 속으로는 그게 그렇게나 피곤한가, 라고 생각하며 그 일을 넘겼었다.

얼마 뒤 친구와 술을 먹고 만취해서 집에 들어왔다. 잘은 기억나지 않지만 동생이 인사를 했다. 그러나 너무 힘든 나머지 나는 대답도 하지 못하고 그대로 방바닥에서 잠들었다. 술에서 깬 뒤 나는 동생의 말을 이해할 수 있었다. 너무 힘들면 남의 인사를 무시할 수도 있다는걸.

반대로 자신의 기분에 따라 인사의 퀄리티가 달라지던 친구가 있었다. "안녕!"이라는 말과 동시에 편의점 캔 커피를 땅! 내려놓던 적이 한두 번이 아니다. 그 친구는 공부를 아주 잘했다. 학창 시절 그 친구의 경쟁 상대는 학교 친구들이 아니라 전국의 학생들이었다. 그래서였을까, 학교에서 그 친구는 늘 웃으며 생활했다. 유머러스한 성격, 좋은 성적, 좋은 운동신경이 합쳐져 소위 엄친아라 불릴 만큼 여유가 넘치던 친구였다. 나는 그 친구를 보며 이렇게 생각했다. 도대체 얼마나 많은 여유가 있어야 저런 인사를 할 수 있는 것일까?

인사는 여유의 척도이다. 내가 얼마만큼 마음에 여유가 있냐에 따라 인사하는 방법이 달라진다. 군인의 '충성!'은 나라를 지키는 데에 여유가 없고, 서로가 그것을 알기에 짧고 굵게 말하는 것이다. 친구가 기분 좋을 때 들고 오던 커피는 자신이 그만큼 여유가 넘치기 때문에 그걸 사 들고 왔던 것이다.

댕의 정의

가까울수록 옅어지고 멀어질수록 짙어지는 것

친구와 약속 장소에서 만났을 때 하는 인사를 생각해 봤다. 인사라고 하면 흔히 떠올리는 '안녕'이라는 인사말은 거의 나누지 않는다. '왔어?'라며 우리가 만났다는 걸 표현하거나, '어디 갈까?'라며 다음 목적지를 생각하거나, '뭐 먹을래?'라며 함께 먹을 메뉴를 정하는 걸로 인사를 대신한다. 이외에도 다른 말들이 많겠지만 확실한 건 흔히 떠올리는 인사말보다 의미가 옅어진 말들이 우리 사이에서 오간다는 것이다. 헤어질 때 하는 인사도 만났을 때 하는 인사와 별반 다르지 않다. '잘 가~'라며 조심히 가라는 말을 하거나, '또 봐~'라며 다음 약속을 기약한다거나, '연락해~'라며 집에 도착해서 잘 들어갔다는 말을 남기고 계속 연락을 주고받자는 표현을 한다. 이처럼 두 상황 모두 '안녕'이라는 인사말이 함축된 문장으로 인사를 건넨다.

반면 아르바이트를 할 때 사장님께 하는 인사도 생각해 봤다. '안녕하세요.'라며 인사라고 했을 때 자동으로 떠오르는 말을 건네거나, '저 왔어요~'라며 출근했다는 표현을 한다. 서먹한 사이가 아닌데도 불구하고 왠지 모르게 친구와 만났을 때보다 인사라는 의미가 짙어진 말들을 건넨다. 헤어질 때도 마찬가지다. '안녕히 계세요~'라며 먼저 퇴근한다는 뜻을 전하거나, '토요일 날 봬요~'라며 다음 근무 때 뵙겠다는 약속을 하거나, '수고하셨어요~'라며 오늘 하루 가게에서 같이 일한 사람으로서 고생했다는 인사를 건넨다. 이처럼 인사의 의미가 짙은 말들로 만남과 헤어짐을 장식한다.

인사는 가까운 사이일수록 옅어지고, 먼 사이일수록 짙어진다. 가까운 사이라고 인사를 안 한다는 게 아니다. 좀 더 암묵적인 의미가 담긴 말로, 색이 옅어진 말로 서로에게 반가움을 표한다. 친밀감이 들어가면 인사가 옅어진다는 것에서 왠지 수채화가 떠올랐다. 물감에 물을 많이 섞을수록 색이 투명해지고, 적게 섞을수록 색이 불투명해지는 게 인사와 닮았다고 생각했기 때문이다. 수채화는 물감에 물을 얼마나 섞느냐에 따라 색의 투명도가 달라진다. 인사는 관계에 친밀감이 얼마나 더해지냐에 따라 인사말의 형태가 달라진다. 물론 모든 관계가 옅고 짙음으로 명확히 나눠지진 않는다. 옅지도 짙지도 않은, 가깝지도 멀지도 않은 애매한 사이가 있다. 물을 많이 섞지도 않고, 적게 섞지도 않은 그런 관계 말이다. 그럼 사람들은 그 애매한 위치에서 나눌 인사말을 찾아내 서로에게 건넨다. 갈수록 인사가 옅어졌다고 해서 속상해하지 않아도 된다. 친해진 만큼 물이 많이 섞였기 때문이다. 즉, 친밀감의 표시라는 거다. 그런 인사치레가 없어도 서로를 이해할 만큼 관계가 가까워졌다는 걸 의미하니까. 이처럼 모든 관계가 동일하지는 않기에 표현되는 형태 역시 다양하다. 그럼에도 가까운 사이에서 손을 흔드는 것, 먼 사이에서 머리를 꾸벅이는 것 모두 다 서로를 위한 인사이다. 다른 누구도 아닌 너를 반가워하고 나를 반가워하는 서로의 표현이다.

당신이 생각하는 '인사'는 어떤 의미인가요?

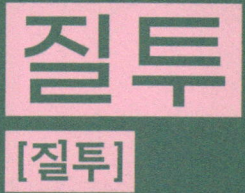
[질투]

부부 사이나 사랑하는 이성 사이에서 상대되는 이성이 다른 이성을 좋아할 경우에 지나치게 시기함. ≒강샘, 모질, 투기.

다른 사람이 잘되거나 좋은 처지에 있는 것 따위를 공연히 미워하고 깎아내리려 함.

• 지금까지 당신이 생각했던 '질투'는 어떤 의미인가요?

썬의 정의

나의 강점과 약점에 골고루 사용할 수 있는 도구

질투를 느끼는 순간 나 자신이 불쌍해진다. 내가 갖지 못한 것을 가진 상대방을 보다 보면 나 자신이 보잘 것 없고 초라하게 느껴지기 때문이다. 질투를 느끼는 것은 상대방이 가진 매력이나 능력, 장점을 알아챘다는 의미이기도 하다. 그래서 상대방의 장점은 누구보다 빨리 알아채면서 정작 스스로의 장점은 쉽게 발견하지 못하는 내가 더 안쓰럽게 느껴진다.

중학교 3학년 때, 나와 비슷한 재능을 가진 친구에게 엄청난 질투심을 느꼈다. 그 친구와 나는 서로 글 쓰는 것을 좋아하고 잘했다. 글쓰기와 관련된 활동에서 우리는 항상 나란히 좋은 점수를 받거나 상을 받았다. 서로에게 비슷한 취미와 재능이 있다는 것을 알게 된 친구와 나는 자연스레 독서와 창작 등 글쓰기에 관한 이야기를 많이 나눴다.

나는 중학교 2학년 막바지부터 문예창작과 입시를 준비했다. 일찍이 글쓰기 과외를 받고 소설을 쓰다 보니 글쓰기에 대한 자부심이 있었다. 처음 친구의 글을 읽고 글쓰기에 관한 이야기를 나눌 때는 즐거웠다. 독서와 관련된 대화를 나눌 수 있는 친구가 많지 않았기 때문에 나와 같은 생각과 고민을 가진 친구의 존재가 고맙기만 했다. 하지만 글쓰기와 관련된 교육은 한 번도 받지 않은 친구가, 나와 비슷한 실력을 가졌다는 점이 점점 신경 쓰이기 시작했다.

벅찬 얼굴로 참신한 아이디어나 상상력에 대해 말하는 친구를 볼 때마다, 나는 왜 저런 아이디어를 생각할 수 없을까, 라고 자책했다. 나만 가졌다고 생각한 장점을 다른 사람도 갖고 있다고 생각하니 괜히 나의 재능을 뺏긴 것 같았다. 무엇보다 내가 1년 가까이 과외를 받아 겨우 완성해낸 작품을 친구는 어려움 없이 만들어 왔다. 나보다 글을 잘 쓴다는 것을, 내가 가진 장점이 사실은 나만의 것이 아니었다는 사실을 맞닥뜨리자 친구가 미워졌다. 친구를 미워하고 질투하는 스스로를 견딜 수 없었다. 어느 순간 글쓰기에 관한 이야기를 나눌 때면 웃는 사람은 친구뿐이었다. 친구의 글쓰기 실력에 질투가 나 제대로 웃지도 못하고 고개만 간신히 끄덕였기 때문이다.

하지만 질투심에 눈이 멀어 친구를 미워하고 싶지도, 질투심을 느끼는 스스로를 미워하고 싶지도 않았다. 나는 내가 가진 질투심을 유심히 들여다보기로 했다. '내가 갖지 못한 것을 친구가 가진 것처럼, 상대방이 갖지 못한 것을 나는 갖고 있지 않을까?' 라는 생각으로 질투를 다루다 보니 내가 가진 강점이 눈에 들어오기 시작했다. 나의 강점을 확인하니 마냥 질투의 대상으로만 보이던 친구의 강점을 배우고 싶어졌다. 내가 가진 것은 더 강화하고 내가 갖지 못한 것은 상대방을 보며 배우고 채워 가면 되는 것이었다. 나는 어느새 친구와 편하게 웃으며 글쓰기의 기쁨과 슬픔에 대해 말하고 있었다.

질투는 상대방에 의해 생긴 감정 같지만, 가만히 들여다보면 나에 의해 생긴 감정이다. 질투도 결국 나의 몫이기 때문에, 질투를 질투로만 두지 말고 자기 자신의 강점과 약점에 골고루 사용할 수 있는 도구로 써먹는다면, '질투'를 열린 마음으로 받아들일 수 있지 않을까?

질투는 나의 힘

   수능을 준비하기 위해 각종 문제집을 풀면서 시집, 대본, 소설 등 장르를 가리지 않고 수백 개의 문학 작품을 봤다. 인강을 듣고, 해설을 읽으며 달달 외웠던 작품들인데 수능이 끝나니 모두 기억에서 휘발되었다. 시간이 지난 뒤에도 기억나는 작품은 몇 안 되는데, 그중 하나가 바로 기형도 시인의 〈질투는 나의 힘〉이다. 이 작품이 기억에 오래 남은 이유는 두 가지다. 첫 번째로 '나의 생은 미친 듯이 사랑을 찾아 헤매었으나/단 한 번도 스스로를 사랑하지 않았노라'라는 마지막 두 행이 현대인의 모습을 정확하게 집어낸 것만 같아 인상 깊었고, '질투는 나의 힘'이라는 제목을 보고 질투를 다른 시각에서 바라볼 수도 있다는 걸 깨달았기 때문이다.

   대부분의 사람들은 질투를 부정적인 이미지라고 생각하고, 나 역시 부정적인 단어라고 생각했다. 그도 그럴 것이 질투는 늘 부정적인 맥락에서만 존재하는 단어 같았기 때문이다. '사촌이 땅을 사면 배가 아프다.'라는 속담처럼, '진정한 친구는 기쁘고 행복할 때 진심으로 함께 기뻐해 주고 축하해 주는 것'이라는 말처럼 남의 행복을 진심으로 축하해 주기보다는 시기하고 질투하는 모습만 비치니 그런 이미지가 당연하게 느껴졌다. 그러나 '질투는 나의 힘'이라는 제목을 보고 '이 감정을 잘 다룬다면 자기발전의 원동력이 될 수 있지 않을까?'라는 생각이 들었다.

   이 생각이 좀 더 확고해진 건 한 영상을 본 이후다. 영상에 나온 한 안무가는 본인 실력의 비결이 '자격지심, 열등감, 잘난 친구'라고 말했다. 보통은 꾸준한 연습이라 답할 텐데 예상하지 못했던 답변이 나와 신기했다. 답변을 듣고 질문자가 '내가 쟤(잘난 친구)한테는 지지 말아야겠다.'라는 생각이 들어 그런 것이냐 물었다. 그러자 안무가는 그것보다는 '쟤(잘난 친구)한테 어울리는 친구가 되어야 한다.'라는 생각에 실력을 키울 수 있었다고 답했다. 답변을 듣고 그 안무가가 대단한 사람같이 느껴졌다. 자신보다 뛰어난 사람에게 열등감과 자격지심을 가졌지만 오히려 그런 생각들을 이용해 스스로를 성장시켰기 때문이다. 그래서 나도 질투라는 감정을 발전의 계기로 삼아야겠다고 다짐했다. 나보다 글을 잘 쓰는 사람을 보고 질투하기보다는 '나도 더 많은 글을 읽고 써서 더 좋은 글을 쓰는 사람이 되어야지.', 학점을 잘 받은 동기를 보고 '다음 학기에는 더 열심히 공부해서 좋은 학점 받아야지.'라고 생각하는 사람이 되고 싶었다.

　결국 질투는 내가 마음속에서 어떻게 다루느냐에 따라 달라질 수 있는 감정이다. 그 감정을 그냥 질투라는 감정으로 내버려 둘 것인가, 아니면 나를 성장시키는 원동력으로 삼을 것인가. 이 두 선택지 중에서 전자를 택한다면 그 사람과의 관계를 좀 먹을지도 모른다. 감정은 숨기려 해도 마음처럼 쉽게 숨겨지지 않기 때문이다. 그러나 질투라는 감정을 이용한다면 상대와의 관계가 망가질 걱정을 하지 않아도 되고 스스로를 성장시킬 수 있다. 그래서 질투는 발전의 원동력, 나의 힘이 될 수 있다.

위와 아래를 결정짓는 방법

'인간은 질투의 동물이다.' 책, 미움받을 용기에 나오는 말이다. 사람은 누구나 질투하며 산다. 정확히 말하자면 남과 자신을 비교하며 산다. 빈부의 격차가 생기고 그로 인해 발생하는 불합리함을 견디기 위해, 자신의 사회적 위치를 정확히 파악하기 위해. 인간은 질투하며 살아왔다.

질투에는 종류가 많다. 출생에 대한 질투, 결과에 대한 질투, 운에 대한 질투, 노력에 대한 질투. 정말 많은 것들에 대해 질투한다. 그러나 질투하는 방법은 몇 가지로 고정되어 있다.
남을 험담하며, 헐뜯고 남을 끌어내리기를 선택하는 질투가 있고. 남을 선망하며, 자신이 노력하여 스스로 올라가는 질투가 있다.

남을 끌어내리는 질투는 수없이 많다. 인터넷에 연예인 기사에 악플을 다는 것이 질투이고, 단순히 뒷담화를 까는 것도 질투이다. 그러나 이런 질투는 일차원적이다. 돈을 많이 번다고, 외모가 아름답다고 욕을 한다. 그 이면에 숨은 노력, 자기 관리에는 관심 갖지 않는다.
남을 선망하며 따라잡기 위해 하는 질투는 적다. 그 이면에 숨은 노력을 알기에, 의지를 알기에 무작정 질투만을 할 수는 없는 것이다. 내가 현역 작가를 질투하듯 말이다. 그들의 능력, 노력을 인정하지만, 마냥 그것을 질투만 하고 멈춰있을 수는 없다. 따라잡아야 한다.

사람은 자신이 절대적으로 열등한 위치에 있는 것을 인정하지 않는다. 무슨 수를 쓰든, 내가 상대방보다 아래에 위치할 수도 있다는 가능성 자체를 배제한다. '나도 노력만 한다면', '내가 운만 좋았어도'. 무수한 'If'의 스토리를 펼치고 어떻게든 자신의 존재가치를 증명하고자 한다.

대학교에 다니면서 수많은 사람을 봤다. 순수한 열의로 가득 찬 사람, 자신이 가진 자그마한 것들에 만족하며 살아가는 사람, 그리고 아무것도 갖지 못한 자신을 혐오하며 살아가는 사람까지. 조금 신기한 것은 아무리 잘난 사람도 그보다 위의 사람을 질투했다는 점이다. 아무것도 가지지 못한 사람은 단 1개라도 가진 사람을. 적게 가진 사람은 많이 가진 사람을. 많이 가진 사람은 전부 가진 사람을. 아무리 못났건, 잘났건, 모두가 질투하며 살았다.

그러나 질투하는 방법은 제각각이었다. 아무것도 갖지 못한 자가 하는 질투는 추했다. 상대방의 모든 것을 헐뜯었고, 온 세상이 적인 것 마냥 행동했다. 자신이 가진 것에 만족하며 살아가는 사람의 질투는 인간적이었다. 자신의 강점을 믿고, 그것을 살렸다. 그러나 자신의 단점을 두려워했다. 아무것도 가지지 못한 자가 하는 질투가 자신의 단점을 물어뜯을까 숨기기 급급했다. 단점을 고치려는 시도조차 하지 않았다. 많은 걸 가진 사람이 하는 질투는 존경스러웠다. 자신이 가진 단점을 부끄러워하지 않았다. 그 단점을 장점으로 바꾼 사람을 질투했기에, 질투를 넘어 선망했기에, 그것이 자신의 목표였기에. 그들이 하는 질투는 본능적인 영역에서 하는 질투가 아니었다. 현실적으로, 자신이 질투하는 사람의 위치에 도달하기 위해 하는 질투였다.

내가 정의한 질투는 '위와 아래를 결정짓는 방법'이다. 마음의 넓이에, 폭에 따라 질투하는 방법이 달라진다. 질투하는 방법에 따라 우리는 아무것도 갖지 못할 수도, 많은 것을 가진 사람이 될 수도 있다. 많은 것을 가져 위로 올라갈지, 아무것도 가지지 못한채 아래로 내려갈지는 우리의 선택이다.

댕의 정의

안 해 본 사람 없을 걸?

　세상에 질투를 안 해본 사람이 얼마나 있을까? 질투라는 감정을 느껴본 적 없는 사람이 있긴 할까? 중학생 때 소위 말하는 짝사랑을 했는데 얼마 안 가 그 선배에게 여자 친구가 생겼다는 소식을 들었다. 그래서 그 여자 선배를 질투했다. 내가 좋아하는 사람과 사귀는 사이니까, 내 입장에선 그 자리가 내 자리였음 하니까. 내가 정말 갖고 싶었던 모자가 있었는데 구하지 못했을 때. 그걸 드디어 구했다며 자랑하는 사람을 질투했다. 내가 갖고 싶은 걸 가진 사람이니까. 내 입장에선 그 모자가 내 거였음 하니까. 욕심에서 비롯된 마음이다. 무언가를 얻고자 하는 마음.

　욕심에서 비롯된 질투라는 감정을 가장 많이 느끼는 관계는 연인 관계와 친구 관계라고 생각한다. 정확히 기억은 안 나지만 학창 시절에 친구를 질투한 적이 있다. 나는 A라는 친구와 더 친해지고 싶었는데 그 친구에게 꼭 붙어서 항상 친해질 기회를 뺏는 B가 있었다. A와 대화를 하고 있으면 교무실을 가자며 무작정 데려갔고, A와 공기놀이를 하고 있는데 갑자기 와서 손깍지를 끼며 놀이를 더 이상 하지 못하게 방해했다. 그래서 난 B를 질투했다. 교무실로 무작정 데려가는 팔짱을 냅다 끊고 싶었고, 방해하는 행동에 그러지 말라며 확 소리 지르고 싶었다. 내가 더 친해지고 싶은 A와 멀어지게 하는 B가 짜증났고 둘이 있는 모습에 질투가 났다.

　연인 관계에서는 질투가 더했다. 남자친구와 친하게 지내는 여자 후배가 있었다. 웃으면서 대화하고, 은근히 남자친구를 터치하는 행동에 질투가 났다. 둘이서 친해진 지 얼마 안 됐기에 여자 친구가 있는 사람에게 저런 행동을 하는 게 이해가지 않았다. 반대로 남자친구는 여자친구가 있으면서 여자 후배의 저런 행동을 자꾸 받아 주는 것도 짜증났다. 사실 남자친구가 없었던 과거의 나는 애인의 이성친구 문제를 이해할 수 있을 거라 생각했다. 나와 사귀는 사이라고 해서 이성의 접근을 막는 건 너무한다고 생각했다. 그래서 짜증나는 감정을 숨겨보려고 했지만 이미 입은 삐죽 나와 있고 눈은 그들을 노려보고 있었다. 이해할 수 있을 거라 생각했던 과거의 내가 웃겼다.

이해를 못한다는 게 아니다. 이해하려고 해도 상대방을 소유하려는 욕심에 어쩔 수 없는 감정이 피어난다. 한 마디로 소유욕이다. 내가 소유하려는 욕심, 나만 소유하려는 욕심. 하지만 질투가 비윤리적인 행동으로 변질되면 안 된다. TV드라마나 영화에서 질투라는 감정에 눈이 멀어 남을 해치거나 망하게 하려고 악을 쓰는 장면을 볼 수 있다. 그 사람은 악역이 된다. 누군가를 아끼고 사랑하는 감정이 누군가를 괴롭게 하는 행동으로 바뀌면 안 된다. 악역이 되면 안 된다는 것이다.

어렸을 때 놀이터를 가는 길에 풀숲에 핀 빨간 장미가 눈에 들어왔다. 너무 예뻐서 가만히 쳐다보다가 친구들에게 자랑하고 싶은 마음에 장미에 손을 댔고, 보이지 않았던 가시에 찔렸다. 욕심에서 비롯된 상처였다. 예쁘게 생겨서 갖고 싶은 마음이 들었지만 쉽게 가지지 못했다. 질투도 그렇다. 무언가를 가지려고 무리하게 애쓰다 보면 결국 얻는 건 상처다. 가지지 못한 건 내가 노력해서 가져야 한다. 남을 해치면서 가지려고 하면 그건 얻은 게 아니라 뺏은 거니까.

당신이 생각하는 '질투'는 어떤 의미인가요?

SNS
[에스엔에스]

소셜 네트워크를 형성하여 다른 사람들과 교류할 수 있도록 응용 프로그램이나 누리집 따위를 관리하는 서비스.

• 지금까지 당신이 생각했던 'SNS'는 어떤 의미인가요?

알고 싶지 않은 정보까지 기어코 알게 만드는 것

　최근에 인스타그램을 새로 깔았다. 고등학교 1학년 때 어쭙잖게 인스타그램 감성을 따라하다 내가 할 게 못 되는구나 싶어 바로 앱을 지웠다. 고등학생 때는 친구들과 같은 학교, 같은 반, 같은 일상을 공유했기 때문에 인스타그램이 없어도 친구들과의 소통에 아무런 지장이 없었다. 하지만 대학생이 된 뒤로, 뿔뿔이 흩어진 친구들의 일상을 만날 공간은 인스타그램 밖에 없었다. 요즘 뭐하고 지내냐는 물음에 10년 지기 단짝친구조차 '너 내 인스타 스토리 안 봤냐?'라고 대답했으니, 인스타그램을 새로 깔 수밖에 없었다.

　인스타그램을 다시 시작하고나서 가장 좋았던 점은 다양한 프로젝트나 공모전, 대외활동, 강연 등의 기회를 가장 빠르게 접할 수 있다는 점이었다. 아무 생각 없이 인스타 스토리를 넘기다 보면 눈길을 끄는 대외활동이나 공모전 포스터를 어렵지 않게 볼 수 있었다. 손가락 한 번 움직였을 뿐인데 내게 필요한 정보가 나의 앞에 펼쳐졌다. 언젠가 정보가 넘쳐나는 세상 속에서 중요한 건 자신에게 필요한 정보를 쏙쏙 골라내는 능력이라는 말을 들었던 적이 있다. 인스타그램은 그 능력을 내게 아무런 노력 없이 쥐어줬다. 인스타그램을 깔고 일주일 정도는 앱을 다시 깔아서 다행이라는 생각을 했다.

　하지만 그 생각은 그리 오래 가지 못 했다. 내게 필요한 정보를 얻으려면 내게 전혀 필요하지 않은 정보를 먼저 접해야 했다. 팔로우한 타인의 지나치게 사소한 일상을 수시로 마주해야 했다. 가깝지 않은 지인이나 처음 보는 사람의 깊숙한 일상과 감정을 느닷없이 마주치다 보니 점점 인스타그램을 할 때마다 피로해졌다. 피로감이 쌓일 때마다 의문이 생겼다. '어떻게 아무렇지 않게 자신의 일상과 감정을 불특정 다수에게 보여줄 수 있는 걸까?' 물론 그 일상과 감정마저 그들의 아주 작은 일부에 불과하겠지만, 타인에게 굳이 보여주지 않아도 되는 일부마저 보여주는 것이기 때문에 나는 잘 이해할 수 없었다.

무엇보다 인스타그램을 깔지 않았으면 절대 알지 못 했을 타인의 멋들어진 모습을 보며 내 자신이 한없이 작아지는 게 느껴졌다. 누구는 여행을 가고 누구는 다이어트에 성공하고 누구는 연애를 하고……. 타인의 잘 다듬어진 한 장면을 마주칠 때마다 불편한 감정이 꿈틀거렸다. '나는 여행에 가지도 않았고, 다이어트에 성공하지도 않았고, 연애도 못 하고 있는데' 라고 중얼거리며 손가락 한 번 움직이면 다른 정보에 밀려버릴 사진 한 장에 이리저리 흔들렸다. 알고 싶지 않은 타인의 정보와, 알고 싶지 않은 나의 초라한 단면을 인스타그램 하나로 마주해버리고 말았다.

요즘엔 의식적으로 인스타그램에 들어가지 않는다. 가끔 내가 팔로우한 계정만 검색해 내게 필요한 정보만을 수집한 뒤 곧장 앱에서 나간다. 이렇게 단호하지 않으면 알고 싶지 않은 정보의 홍수에 휩쓸리게 된다. 알고 싶지 않은 정보까지 기어코 알게 된다. 때문에 나는 인스타그램과 절대 친해지지 않을 것이다. SNS와 거리를 두려 계속 애쓸 것이다. 최대한 타인의 깊숙한 속 이야기를 모를 수 있도록, 나에게 필요한 것만 알 수 있도록. 그렇게 SNS 속 수많은 정보의 홍수 속에서 나를 건져낼 수 있도록.

손에 손잡고, 벽을 넘어서

    텔레비전 광고였나, 라디오였나. 어디서 들었던 건지 기억도 못 하는 노래가 있다. 그 노래의 제목도, 뒤에 이어지는 가사와 멜로디도 모르지만 '손에 손잡고, 벽을 넘어서—'라는 가사만은 기억 속에 선명하다. 이제껏 찾아볼 생각조차 않다가 이번 원고를 쓰기 위해 노래의 가사를 검색해 봤다. 1988년, 서울 올림픽 공식 주제가로 작곡된 '손에 손을 잡고'. 내가 태어나기도 전에 나온 노래였다.

    어디까지나 주관적인 견해지만, '손에 손잡고, 벽을 넘어서'라는 말은 SNS를 설명하기에 적합하다고 생각한다. SNS는 시간과 공간의 제약 없이 자유롭게 이용 가능하며, 많은 사람들이 함께 할 수 있도록 도와주니까.

    SNS는 내가 원하는 것에 손쉽게 접근할 수 있도록 도와준다. 그 손쉬운 접근은 주로 해시태그(#)나 공유 기능을 통해 이뤄지곤 한다. 내가 자기 전 침대에 누워 파리의 모습이 보고 싶으면, SNS에 접속하여 파리와 관련된 해시태그를 검색한다. #PARIS, #MEINPARIS, #PARISMOOD와 같이 말이다. 낯설고 새로운 장소, 이국적인 풍경에 감탄이 나오면 손은 자연스럽게 공유 버튼을 향한다. 그리고 위에 뜨는 친구를 꾹 누른다. 친구에게 게시물이 전송되었다는 알림이 뜨면, 손가락을 움직인다. "야, 너 이거 봤어?" 하고 말이다.

    인종, 성별, 국적과 관계없이 사람들을 하나로 뭉치게 만드는 것도 SNS다. 한창 인종차별 문제가 대두되었을 때 SNS 피드를 가득 채웠던 게시물이 있었다. 아무런 사진도 없는, 그냥 까만 화면이 전부였다. 넘겨도 넘겨도 같은 게시물만 뜨길래 다들 뭘 올리는 건가 싶어 게시물을 눌러 자세히 읽어봤다. 게시물에는 긴 문장이 구구절절하게 적혀있지 않았다. 그저 #BlackLivesMatter라는 해시태그가 하나 달려있었을 뿐이다. 친구들은 흑인 인종차별을 반대하는 게시물들을 공유하고 있었던 것이다. 사진을 보다 몇 년 전 수많은 연예인들이 올렸던 사진과 영상이 생각났다. 아이스버킷 챌린지(#icebucketchallenge), 루게릭병 환자를 돕기 위한 기부 캠페인 말이다. 그때나 지금이나, 수많은 해시태그 운동들은 SNS를 통해 보다 많은 사람들의 관심을 불러일으키고, 참여하게 만들었다.

뿐만 아니라 우리는 SNS를 통해 오래전 소식이 끊겼던 이들과 마주치기도 한다. 초등학교 졸업 이후 번호가 바뀌어 연락이 끊겼던 반 친구라든가, 고등학교 졸업식 날 함께 사진 찍었던 선생님이라든가. 오랜 시간의 단절과 의외의 만남은 반가움을 배로 증폭시킨다. 우연히 발견한 친구의 SNS의 계정을 통해 친구와의 대화가 시작된다. 그동안 어떻게 지냈는지, 지금은 어떻게 살고 있는지부터 함께 추억을 공유하는 것까지.

나 또한 SNS를 하다 오래전에 연락이 끊겼던 친구를 발견한 적이 있다. 그러다가 서로 연락하게 됐고, 친구와 만날 날짜까지 잡고 나니 문득 이런 생각이 들었다. '나 애랑 단둘이 만날 정도로 친했었나?' 하는 생각. 사실 돌이켜 보면 그다지 친하지 않았던 친구였는데, 몇 년 간의 단절과 그때 함께 했던 추억 때문에 그 친구가 몇 십년지기 친구처럼 친근하게 느껴졌던 것이다. 이 생각까지 미치고 나니 약속을 괜히 잡았나 싶었지만 막상 약속된 날짜가 되어 친구와 만나니 만나길 잘했다는 생각이 들었다. 몇 년이라는 긴 시간의 벽을 뛰어넘게 해준 SNS에게 고마울 정도로 말이다.

자신의 좋은 일상을 평가받는 공모전

    요즘 세상은 어딜 봐도 SNS가 보인다. 뉴스를 틀면 SNS에 쓰인 사연이 올라오고 유튜브를 보면 SNS와 관련된 영상이 올라온다. 그렇지만 나는 사실 아직도 SNS가 뭔지 잘 모르겠다. 트위터, 인스타그램이 SNS인 것은 안다. 그것들은 명확하게 자신의 이야기를 올리고 다른 사람들과 교류하는 소통의 장소이기 때문이다. 하지만 인터넷 커뮤니티나 뉴스 댓글도 SNS인가, 라는 질문에는 명확하게 옳다, 아니다를 구분하지 못한다. 단지 자기 생각의 편린만을 드러내며 오직 대댓글로만 소통하기 때문이다. 그래서일까, 내가 SNS라 확신하는 것들과 나머지는 조금의 차이점이 있었다. SNS에는 자신의 약점, 나쁜 점, 숨기고 싶은 것들을 절대 드러내지 않았다.

    중학교 때, 친구가 트위터를 하는 것을 구경한 적이 있다. 친구의 피드엔 강아지, 고양이 사진과 음식 사진들이 단색으로 이루어진 별, 하트 등의 단조로운 모양과 함께 올라와 있었다. 스크롤을 내리며 이렇게 생각했다. 참 의미 없다고. 친구가 내게 말한 트위터를 하면 자존감이 올라간다, 사람들과 더욱 많이 이야기할 수 있다 등의 장점이 내겐 전혀 보이지 않았기 때문이다.

    트윗에 있는 사진을 보며 '잘 찍었어요!', '음식 맛있어 보이네요!' 등과 같은 가벼운 감상평은 그저 의례적으로 말하는 듯했고, '음식 그렇게 조리하면 안 된다.' '이걸로 칭찬받을 생각을 했냐?' 와 같은 불편한 댓글을 모두 차단해 대화의 축에도 끼지 못하는 것으로 보였기 때문이다. '이런 게…SNS인가?'라는 생각을 하며 나는 친구에게 차갑게 말했다. "SNS 안 하는 게 좋아 보인다. 해봤자 의미가 없어 보인다."라고 말이다.

    심지어 친구는 중간고사를 망친 당일 잔뜩 울상을 쓰며 집에 들어갔는데 그날의 SNS에는 무척이나 행복하다고 글을 올렸다. 나는 생각했다. 자신의 불편한 점은 올리지 않는 건가? 자신이 기분 나빴던 일은 SNS에 올리면 안 되는 특별한 이유라도 있나? 이런 의문이 들어 친구에게 말했다. 친구는 가볍게 웃으며 말했다. "어차피 다들 이런 거 알면서 그러는 거야. 남에게 상처받은 행동, 약한 모습을 보여주면 현실에서 날 아는 사람이 그걸 이용할까 봐 무섭잖아."

요즘 인스타그램이 대세인 거로 알고 있다. 10대 20대들이 가장 많이 사용하는 SNS라고. 인스타그램을 한 번씩 들어가서 보면 조금 신기한 점이 있다. 올리는 게시글이 무언가 비슷하다. 유행하는 옷을 입고, 어디선가 본 듯한 구도의 사진과 포즈를 취하곤 이게 자신의 일상인 것처럼 글을 쓴다. 그래서일까, 인스타그램을 보다 보면 마치 공모전 같다고 생각을 한다. 인스타그램만이 아니다. 트위터도, 페이스북도 저마다 다르지만, 일정한 양식과 규격에 맞춰 그것에 벗어나지 않으려 하면서 자신만의 독특한 매력을 뽐내려 한다. 하지만, 그 어디에서도 자신의 약점, 불편한 점을 노골적으로 말하지는 않는다. 마치 그것이 심사기준이라도 된 것처럼 절대 그러지 않는다.

나는 SNS를 하지 않는다. 그래서 SNS에 사람들이 글을 쓸 때 무슨 생각을 하고 무슨 생각으로 댓글을 다는지 모른다. 보통의 SNS 게시글의 성격도, 기준도 모르기에 어찌 보면 완벽한 문외한이라 할 수 있다. 하지만 그렇기에 볼 수 있는 것이 있다. SNS에는 자신의 약점을 절대 드러내지 않는다는 공통점을 말이다. SNS란 자신의 좋은 일상을 평가받는 공모전이다.

댕의 정의

내 멋대로 할 수 있는 세상

　없다는 게 상상이 안 갈 정도로 SNS는 세상을 꽉 쥐고 있다. 단순히 사람들과 소통하는 것에서 그치지 않고 자신을 그곳에 드러내며 수많은 사람과 취향을 공유한다. 실명이든, 익명이든. 때론 집단을 만들어 한 가지 큰 주제에 대해서 이야기를 나누는데, 커뮤니티가 가장 활발할 때는 익명의 힘을 빌릴 수 있을 때이다. 그때 사람들은 의견을 스스럼없이 내놓는다. 그 중에서 익명성이라는 특징이 가장 잘 나타나는 트위터만 봐도 그렇다. 어쩔 때는 눈살이 찌푸려질 정도로 말이다. 찬반의 의견이 극명하게 갈리는 인터넷실명제가 대두된 것도 익명이라는 그림자 뒤에 숨어서 악마가 되는 사람들이 많아졌기 때문이다.

　그렇다고 익명성이 매번 사람들을 악마로 만드는 것은 아니다. 그 힘이 SNS에 어떻게 영향을 미치는 지 보자. 유튜브를 보면, 그곳에는 사람들이 한 번도 다루지 않았던 주제를 찾기 어려울 정도로 많은 주제의 영상들이 난무한다. 그 가운데 자신의 얼굴이나 직업 등 말 그대로 '나'를 드러내며 일상을 공유하고 구독자와 소통하는 사람들이 있는 반면 나를 드러내지 않은 채 한 가지 또는 여러 가지 테마로 자신의 취미나 특기를 공유하는 사람들이 있다. 일상 브이로그 채널과 음악 플레이리스트 채널의 성격이 다른 것처럼 말이다. 자신을 보여줄 수 있으면서도 자신을 보여줄 수 없다. 이건 SNS가 가진 모순이다. 하지만 그 모순이 매력적이기에 지금 이렇게 세상을 뒤흔들고 있는 게 아닐까.

　인스타그램도 마찬가지다. '나 이런 사람이에요.'하고 자신의 개성을 표현하며 피드를 채워나간다. 반면 나를 드러내지 않은 채 내 취미나 특기로 피드를 채우는 사람들도 있다. 연예인이나 인플루언서 계정과 인스타툰이나 사진 계정의 성격이 다른 것처럼 말이다. 나를 보여줄 수 있는데도 보여주지 않는 것. 나를 보여주지 않을 수 있는데도 보여주는 것. 어떻게 보면 내 의지다. 채널의 주인이 나인 것처럼, 계정의 주인이 나인 것처럼 내 의지로 그 세계에 뛰어든다. 뭘 어떻게 보여주든 어차피 '나'니까.
　나를 보여주는 과정 속에서 동시에 남을 보기도 한다. 그들이 자신을 있는 그대로 다 드러냈는지, 일부만 드러냈다면 어떤 이면이 숨겨져 있을지, 그건 모른다. 그저 자신의 의지로 드러낸 그들의 단면적인 모습만 보는 거다. 그래서 SNS는 고작 작은 화면으로 볼 수 있는 게 전부지만 실존하는 세상보다 더 큰 세상 같다. SNS가 아니라면 발 벗고 뛰어다녀도 몰랐을 모습들을 작은 화면에서도 쉽게 볼 수 있으니 말이다. 나를 포함한 수많은 사람이 자신을 마구 표현하며 '나'라는 존재를 세상에게 인식시킨다. 내 멋대로 할 수 있는데도 아무도 뭐라고 하지 않는 세상. '네 인생의 주인공은 너야'라고 말해주는 것 같은 세상이다. 그게 내가 그 세상을 자주 찾는 이유이다.

당신이 생각하는 'SNS'는 어떤 의미인가요?

- 팀별 인터뷰 : 기획팀장 변희철 -

Q1. 간단한 자기소개 부탁합니다.

A1. 안녕하세요. 출판 프로젝트 팀ㅊㅊㅊ의 기획/운영 업무를 돕는 기획팀장 변희철입니다.

Q2. 원고를 작성하는 과정에서 가장 신경 쓴 부분이 있다면?

A2. 기획팀의 주된 업무는 총괄팀을 보조하여 프로젝트가 계획대로 진행될 수 있도록 돕고, 팀원들의 성장과 화합을 위한 활동들을 기획하여 실행하는 일이었어요. 책이 만들어지기 위해 직접적으로 기여했다기 보다는, 프로젝트의 원활한 진행을 위해 일했다고 보시면 될 것 같아요. (웃음) 굉장히 바쁘고 일정대로 정확하게 돌아가야 하는 팀인데, 제 역량의 한계로 놓친 부분이 많았던 것 같아요. 기획된 결과물을 기다렸을 총괄팀과 다른 팀원들에게 이렇게밖에 하지 못해 미안하다고 말하고 싶네요.

Q3. 가장 재밌었던 에피소드를 하나 이야기 해주세요.

A3. 첫 대면 활동을 꾸리던 때가 생각나네요. 활동 비용 지급이 늦어져 대면 활동을 계획할 시간이 일주일 정도밖에 남지 않았었는데, 총괄팀장님과 기획팀 모두가 힘을 합쳐 짧은 시간 안에 계획한 대면 활동을 성공적으로 마무리할 수 있었어요.

Q4. 책을 받아보실 분들이 이 점을 신경 써서 봐줬으면 하는 점이 있다면?

A4. 저는 저희가 만든 책을 읽는 책이 아니라 담는 책이라고 표현하고 싶어요. 책에 수록된 작가님들의 글을 읽으면서 그 안에 담긴 다양한 뜻을 느끼는 것도 좋은 경험이 될 테지만, 앞선 작가님들의 글을 참고하여 자신만의 정의를 책에 담아보는 걸 추천해요. 의식하지 못했던 새로운 나의 모습을 발견할 수 있을 거예요!

Q5. 마무리 인사

A5. 팀ㅊㅊㅊ의 두 번째 책, 「관계의 재구성」 많이 사랑해주세요. 감사합니다!

맺음말

마지막 페이지를 만나게 된 당신께.

이런
흉기를
만들어서
미안해.

안녕하세요, 총괄팀장 김재유입니다. 약 400페이지라는 기나긴 여행을 끝나고 이 페이지에 당도하게 된 당신에게 우선 사과의 말씀을 먼저 드립니다. 미안합니다. 작가팀도, 디자인팀도, 기획팀도 모두 온 힘을 다한 결과 400페이지 풀 컬러 도서라는 어마 무시한 책이 나오게 되었습니다. 이 책이 독자 선생님들의 머리, 목, 어깨, 팔, 손목, 발목 중 어딘가를 부수지 않았기를 간절히 바랍니다... 하지만 후회는 없습니다. 이런 책을 또 언제 만들어 보겠습니까. 입방정은 여기까지만 하겠습니다. 다음 책이 또 400페이지 풀 컬러가 될까 두려우니까요. 그런데 왜인지 다음 책도 이럴 것만 같은 기분이 드는 것은 착각이겠지요.

이 책을 읽으면서 여러분들은 무슨 생각을 하셨습니까. 늘 자연스럽게 주변에 있는 것들이 자연스럽지 않음을 깨달으셨습니까? 나도 모르던 내 안의 사전과 마주하셨습니까? 나도 모르던 내 안의 문장가를 만나셨습니까? 이 책이 당신에게 있어서 그런 계기가 될지도 모르겠습니다만, 그렇지 않았다고 하더라도 괜찮습니다. 이 책과 당신이 함께했다는 사실을 잊지 마십시오. 언젠가 내가 나 자신에 대해 알려는 노력을 했음을 잊지 마십시오. 언젠가 다시 그런 노력을 하고 싶은 날이 올지도 모르는 일이니까요.

책을 만드는 사람으로서 영광스러운 순간은 어느 순간에, 문득, 뭐 예를 들자면 햇살이 너무 좋아서 그때 그 책 좋았는데 다시 읽어볼까 하는 순간이라고 생각합니다. 가끔 인생에 있어서 그런 순간들이 있곤 하잖아요. 무심결에, 아무 생각 없이 떠올렸는데 '아, 그때 좀 괜찮았던 것 같아.'하고 생각나는 순간들이요. 이 책이 여러분들에게 있어서 그런 순간들이길 바랍니다. 명작이 되고 싶은 욕심은 없습니다. 몇 만부를 팔겠다는 생각도 없습니다. 단지, 누군가의 마음에 남는 책이고 싶습니다. 그게. 책을 만드는 사람으로서의 거의 유일한 욕심입니다. 유일하다고 단언하지 못하는 것은, 결국 책을 만드는 사람은 책을 파는 사람이기 때문에 상인으로서의 마음을 버리지 못했음에 대한 양심 고백 입니다.

 이 책은 한 번 읽어서는 맛을 알 수 없는 책이라고 생각합니다. 이 책을 도대체 왜 샀는지 기억이 안 날 때쯤 한 번 더 펼쳐보세요. 그 속에 새로운 의미가 있을지도 모르는 일이니까 말입니다. 그런 말을 들었던 것도 같습니다. 사람은 위스키와 같아서 해를 묵을수록 진국이 된다는 말 말입니다. 사람은 위스키가 될 수 없습니다만, 사람이 해가 갈수록 묵어간다는 것은 맞는 말이라고 생각합니다. 당신이라는 열매가 익었을 쯤에 다시 한번 이 책을 열어보고 익기 전의 나는 무슨 생각을 했는지, 익은 후의 당신은 무슨 생각을 하는지에 대해 한 번쯤 들여다봐주면 좋겠다고 생각합니다.

 마지막까지 희망 사항이 참으로 길었습니다. 이것은 당신이 이 책을 나만큼 사랑했기를 바라는 일종의 희망과도 같다고 생각합니다. 이 세상에 이 책을 태어나게 한 사람이 들인 품과, 마음과, 열정을 독자는 대신할 수 없는 법이라 생각하는 사람도 있을지도 모르겠습니다만은, 제 생각은 다릅니다. 독자가 책에 있어서 가지는 애정이 지필가가 가지는 애정보다 크다고 믿습니다. 책을 읽은 당신이 당연하다는 듯이 이 조금 초라한 마음을 비웃고 내가 당신보다 이 책을 사랑한다고 말해주기를 바랍니다.

 당신에게 있어서 이 책이 새로운 여행의 시작이 되었기를 바라며.
 숲 속의 작은 배가 정박한 항구에서.
 그 배의 선장이.

 어느 춘삼월 바람이 곱디 고와 어디든 떠나고 싶은 마음이 드는 계절에.
 돛대를 올린 채로.
 당신께 적어서 올립니다.

김재유 배상.

특별히 감사드립니다.

1년동안 함께 해온 팀 ㅊㅊㅊ의 멤버들

김재유
김희진
변희철
원은채
이수연
정성원
정시윤
최서진

텀블벅을 통해 후원해주신 분들

권태우
김다솔
김서현
김채원
박선진
송엘리자벳
오윤겸
이안철
이지우
이채린
전진우
정서연
조한빈
최양하

아차어차여차 : 하면 달라지는 단어들 _ 관계의 재구성

2023년도 03월 15일 태어남.
2024년도 8월 10일에 2판 1쇄를 함.

아차어차여차 제작위원회가 만듦.
(김재유, 김희진, 변희철, 원은채, 이수연, 정성원, 정시윤, 최서진)

도서 출판 일:상일의 김재유가 담당자.

숲 속의 작은 배에서 최초 발행함.
지금은 일:상일에서 찍어내는 중

대표전화 : 02-865-8180
이메일 : contactus@ilsangil.com